企業経営原論

小島 大徳

税務経理協会

はしがき

　経営学は経営資源を管理する学問である。だが，現代社会に必要なことは，企業，なかでも大規模株式会社自体を社会システムのなかで管理することである。毎日，次々と発生している大型企業不祥事は，人の財産や生命を容易に奪っていく。だからといって，企業に対して責任を押しつける風潮には，易々と賛同できない。私たちは，企業の経営活動を媒体として，今日の経済的繁栄を受けているからである。

　本書の核心的テーマは「自由と存立」である。人も企業も生まれながらにして，何の束縛も受けない自由を有している。自由を謳歌しつつ成長していくと，自由が故に深く自問する壁にぶち当たる。その壁の種類や規模は，人それぞれであろうが，自己とは何なのかという存立に関わることである。自己の存在が小さく感じる人もいれば，自己を正当化する根拠として考える人もいる。だが，その思考過程がどのような流れを汲んでいたとしても，何によって存在しているのかというのは，人間にとって一番の関心事である。

　人と企業の最大の相違は，「見えるか見えないか」ということである。人は，目によって相手の存在を確認し，手によって自分の存在を確認することができる。しかし，企業は，目によっても手によっても，人の五感によって存在を確認することができないのである。その見えない企業が，最悪の場合に，私たちの生命や財産を脅かすのである。この不可解な企業というものの本質を解明しなくては経営学の発展に重大な支障をきたすことになる。つまりは，経営学と株式会社との関係の解明なのである。ただ，この研究において注意しなければならないのは，関係の解明および制度の再構築という論になる場合に，本質的な性質を限定する道程を辿ることである。その道程をある程度進むと，責任を負わせるという議論にも行き着き，企業の本来持つ良き面が失われてしまう懸念を生じる。

　私は，「経営学」あるいは「経営」という裏に，「自由」という言葉が隠され，

あるいは土台にある気がしてならなかった。それが思いこみではないことを，本書で明らかにしよう。また，究極の自由は無の空間であるが，社会が存在する以上，自由の権原を紐解かねばならない。その権原を探る旅が，「存立」である。このように，企業の「自由」を解明するために，本書では，「自由と存立」という基本的な権利を人および企業が，どのように享受し発展させていくのかという疑問を基礎として，企業と社会の関係を論理的に確立することを目的とするため執筆した。人類は，そう遠くない過去，国家と市民の関係を激しく論じたように，そう遠くない将来，企業と市民の関係を真剣に論じるのである。その基礎を，本書が示すのだと，力強く世の中に送るものである。

2009 年 9 月 12 日

小島　大徳

目　次

はしがき
図表目次

序　企業経営課題への挑戦 … 3

第 I 部　企業の論理

第 1 章　経営学と株式会社論 … 11
1　経営学とは何か … 11
2　経営の学と経営学の学 … 12
 (1) 経営学の概要と基本思想 … 12
 (2) 経営学の起源 … 13
 (3) 経営学の展開 … 14
3　株式会社の矛盾と課題 … 16
 (1) 株式会社制度の矛盾と現代社会 … 16
 (2) 株式会社の矛盾と利害関係者 … 18
 (3) 株式会社と市民社会 … 19
4　経営学と株式会社論とコーポレート・ガバナンス論 … 19
 (1) コーポレート・ガバナンス論の展開 … 19
 (2) 株式会社論の位置付け … 20
 (3) 株式会社論の必要性 … 21
5　株式会社の内部的問題と外部的問題 … 22
 (1) 株式会社制度の内部的問題 … 22
 (2) 株式会社制度の外部的問題 … 24
6　株式会社論の確立 … 25
 (1) 株式会社論の全体像と核領域 … 25
 (2) 株式会社論における 3 つの主要領域 … 26

(3) 株式会社論における3つの副次的領域 ………………………… 27
　7 ポスト株式会社 ……………………………………………………… 28
　(1) 株式会社の発展か，新たな企業形態か ……………………… 28
　(2) 株式会社史と株式会社論 ………………………………………… 30

第2章　企業倫理の理論 …………………………………………… 33

　1 企業と社会と企業倫理 …………………………………………… 33
　2 企業原理と企業倫理 ……………………………………………… 34
　(1) 企業原理と企業目的 …………………………………………… 34
　(2) 市民社会と企業経営活動 ……………………………………… 35
　(3) 企業経営における利潤活動と法令遵守 …………………… 36
　3 企業倫理と企業経営活動 ………………………………………… 37
　(1) 企業倫理の概要 ………………………………………………… 37
　(2) 企業倫理の性格と内容 ………………………………………… 38
　(3) 制度的企業倫理論と哲学的企業倫理論 …………………… 39
　4 企業システムと企業倫理論 ……………………………………… 40
　(1) 企業倫理論の視座と特徴 ……………………………………… 40
　(2) 企業倫理論の視座と具体的相違 ……………………………… 41
　(3) 企業倫理とコーポレート・ガバナンス …………………… 42
　5 株式会社と新しい会社制度 ……………………………………… 44

第3章　企業社会責任の理論 ……………………………………… 45

　1 社会的責任論の高揚 ……………………………………………… 45
　2 企業の社会的責任に関する議論の展開 ……………………… 46
　(1) 変化する社会から企業への要請 ……………………………… 46
　(2) 日本における企業の社会的責任の契機と動向 …………… 47
　(3) 新しい企業の社会的責任と企業の社会貢献活動 ………… 49
　3 企業の社会的責任に関する学説 ………………………………… 50
　(1) 企業の社会的責任に関する議論と特徴 …………………… 50
　(2) 企業の社会的責任肯定論に関する学説 …………………… 51
　(3) 企業の社会的責任否定論に関する学説 …………………… 57
　4 国内外の企業の社会的責任に関する潮流 …………………… 59
　(1) 日本における企業の社会的責任に関する潮流 …………… 59
　(2) 世界における企業の社会的責任に関する潮流 …………… 59
　5 企業の社会的責任から企業社会責任へ ……………………… 62

第Ⅱ部　営利企業の論理

第4章　市民社会と企業経営 …………………………………………… 69
1　市民社会のなかの企業という考え方 ……………………………… 69
2　市民社会とコーポレート・ガバナンスの内容と概要 …………… 70
(1) 市民社会とコーポレート・ガバナンスの概要とコーポレート・ガバナンス原則 ……………………………………………………… 70
(2) 市民社会という概念の提示 ………………………………………… 71
(3) 市民社会論に対する3つの疑問と批判 …………………………… 72
3　利害関係者論は不要である ………………………………………… 73
(1) 利害関係者論から市民社会論へ …………………………………… 73
(2) 利害関係者論と今日の企業経営 …………………………………… 74
(3) 企業経営の利害関係者の画定と市民社会論 ……………………… 75
(4) 市民社会論に立脚した企業経営 …………………………………… 77
4　企業所有者論争と企業所有者の概念 ……………………………… 78
(1) 企業所有論とコーポレート・ガバナンス ………………………… 78
(2) 企業所有者論争の基本的スタンス ………………………………… 78
(3) 企業は市民社会のものである ……………………………………… 79
5　企業の所有者論争と社会的所有 …………………………………… 81
(1) 市民社会による所有の意味／社会的所有と所有の3段階 ……… 81
(2) 企業の所有者理論 …………………………………………………… 83
(3) 社会所有（含有）という見方 ……………………………………… 85
(4) 支配と所有の概念と社会所有の関係 ……………………………… 87
6　企業の社会的責任における規準化への批判 ……………………… 88
(1) 企業の社会的責任の規準化とコーポレート・ガバナンス原則 … 88
(2) 企業社会責任の規準化への疑問 …………………………………… 89
7　個人と組織と経営学 ………………………………………………… 90

第5章　自由の対立 ……………………………………………………… 95
1　自由の反対概念は責任なのか ……………………………………… 95
2　会社制度の存立根拠 ………………………………………………… 96
(1) 人たる権利の実現 …………………………………………………… 96
(2) 政府機構の移り変わりと企業経営機構の変遷 …………………… 97
3　前国家的権利から国家形成そして会社制度形成から株式会社発展 …… 99

(1)　会社制度の史的起源と制度的根源 …………………………………… 99
　(2)　人の前国家的権利と国家形成および会社制度の形成と発展 ………… 100
　(3)　人と国家の関係および人と会社の関係 …………………………… 101
　(4)　会社制度抵抗権と会社制度改革権 ………………………………… 102
 4　会社が存立する国家的作用と会社制度作用 ……………………………… 103
　(1)　人の自由権の保持と政府による社会権の実現 …………………… 103
　(2)　政府による会社への自由権と社会権の復委任 …………………… 104
　(3)　コーポレート・ガバナンスからみる今日の会社における諸問題 ……… 105
　(4)　企業競争力と企業不祥事発生時の今日的諸問題 ………………… 107
 5　会社経営の「自由」………………………………………………………… 108
　(1)　「自由」という概念 …………………………………………………… 108
　(2)　会社にまつわる自由の種類 ………………………………………… 109
　(3)　「経営の自由」による3つの対立と経営諸学問 …………………… 111
 6　会社経営の「責任」………………………………………………………… 113
　(1)　「責任」という概念 …………………………………………………… 113
　(2)　同じ自由を保持する者同士の対立と責任 ………………………… 115
 7　社会システムのなかの責任と自由 ……………………………………… 117

第6章　コーポレート・ガバナンス原則論 ……………………………… 121

 1　経営学とコーポレート・ガバナンス原則論 …………………………… 121
 2　コーポレート・ガバナンス原則の今日的役割と使命 ………………… 122
　(1)　コーポレート・ガバナンスの根本的役割 ………………………… 122
　(2)　コーポレート・ガバナンス原則とコーポレート・ガバナンスの範囲 … 123
　(3)　公的国際機関によるコーポレート・ガバナンス原則の意義 ……… 125
 3　コーポレート・ガバナンス原則のグローバルな展開 ………………… 126
　(1)　コーポレート・ガバナンス原則の横断的展開 …………………… 126
　(2)　コーポレート・ガバナンスと社会システム ……………………… 127
 4　本国（基本社会システム）の企業経営の根拠と枠組み ……………… 129
　(1)　本国の国際社会および国内社会と政府—レベル1— ……………… 129
　(2)　本国の政府と企業法制度—レベル2— …………………………… 129
　(3)　本国の企業経営と市民社会—レベル3— ………………………… 131
 5　本国と他国（1国）間の企業経営の根拠と枠組み …………………… 132
　(1)　本国と他国（1国）間の国際社会および国内社会と政府—レベル1— … 132
　(2)　本国と他国（1国）間の政府と企業法制度—レベル2— ……………… 134
　(3)　本国と他国（1国）間の社会システムから読み解く数々の問題提起 …… 135

6　本国と多国間（多数国）の企業経営の根拠と枠組み ……………… 136
　　(1)　本国と多国間の国際社会と政府—レベル1— ……………………… 136
　　(2)　条約的効力説，実行指針策定説，国際会議支持合意説—レベル2—… 138
　　(3)　国際機関の市民社会との対話—レベル3— ……………………… 140
　7　原則の隠れたる任務と使命 ……………………………………………… 141

第7章　コーポレート・ガバナンス政策論 …………………………… 145

　1　企業の本質とコーポレート・ガバナンス政策論 …………………… 145
　2　コーポレート・ガバナンス政策論の基礎的考察 …………………… 146
　　(1)　コーポレート・ガバナンス原則による各主体のコーポレート・
　　　　ガバナンス活動 ………………………………………………………… 146
　　(2)　コーポレート・ガバナンスと社会政策・企業制度政策・経営政策 … 148
　　(3)　コーポレート・ガバナンス目的の第1の疑念 ……………………… 150
　　(4)　コーポレート・ガバナンス目的の第2の疑念 ……………………… 152
　3　コーポレート・ガバナンス政策とコーポレート・ガバナンス ……… 153
　　(1)　コーポレート・ガバナンス政策とコーポレート・ガバナンス原則 … 153
　　(2)　各政策論とコーポレート・ガバナンス …………………………… 154
　　(3)　コーポレート・ガバナンス政策論の役割 ………………………… 155
　　(4)　本国の国際社会および国内社会と政府 …………………………… 157
　4　本国と他国間の政府と企業法制度 …………………………………… 158
　　(1)　国際会議のコーポレート・ガバナンス政策 ……………………… 158
　　(2)　国際地域会議と経済協力会議のコーポレート・ガバナンス政策 … 159
　　(3)　多国間会議における役割と具体的国際会議 ……………………… 160
　　(4)　多国間会議におけるコーポレート・ガバナンス政策と原則の活用 … 162
　5　本国の企業経営と市民社会 ……………………………………………… 164
　　(1)　企業の利害関係者と市民社会 ……………………………………… 164
　　(2)　コーポレート・ガバナンスの主体と市民社会 …………………… 165
　6　社会システムとコーポレート・ガバナンス政策論 ………………… 167

第Ⅲ部　非営利企業の論理

第8章　営利企業と公益企業 ……………………………………………… 171

　1　営利企業の役割と公益企業への関心 ………………………………… 171
　2　営利企業と非営利企業の概念と存在意識 …………………………… 172

(1) 「責任」を論じる必要性 …………………………………… 172
  (2) 自由とCSR活動の行方 …………………………………… 173
  (3) CSR論の解決のために …………………………………… 174
 3 企業経営における「自由」……………………………………… 175
  (1) 社会システムと「自由」の概念 ………………………… 175
  (2) 自由の留保の内容 ………………………………………… 176
  (3) 市民社会における自由の留保 …………………………… 178
  (4) 国家機構における自由の留保 …………………………… 179
 4 自由の対立と自由の自制,自由の留保 ……………………… 180
  (1) 自由の自制 ………………………………………………… 180
  (2) 「国」「企業」「市民」の自由 …………………………… 183
  (3) 市民社会の構造と自由の留保 …………………………… 184
 5 新しい会社制度 ………………………………………………… 185

第9章 公益法人改革とコーポレート・ガバナンス ……… 189

 1 公益性とは何か ………………………………………………… 189
 2 公益法人改革の背景と概要 …………………………………… 190
  (1) 公益法人改革の背景と流れ ……………………………… 190
  (2) 公益法人改革の概要 ……………………………………… 192
 3 公益認定とその要件 …………………………………………… 194
  (1) 公益認定の目的 …………………………………………… 194
  (2) 公益法人の認定基準 ……………………………………… 195
 4 公益法人と営利法人の制度比較 ……………………………… 199
  (1) 公益法人の設立優位性 …………………………………… 199
  (2) 公益法人と営利法人の制度比較 ………………………… 200
 5 国営企業の民営化と公益法人 ………………………………… 202

第10章 企業制度の進化と本質 ……………………………… 205

 1 株式会社と企業制度 …………………………………………… 205
 2 日本の営利企業と非営利企業 ………………………………… 206
  (1) 営利企業における企業倫理問題と企業社会責任論 …… 206
  (2) 営利企業と非営利企業のガバナンス機構 ……………… 207
  (3) 営利企業と非営利企業の経営機構 ……………………… 209
 3 非営利企業と利害関係者の関係 ……………………………… 212
  (1) 株式会社の経営機構 ……………………………………… 212

(2) 社団法人の経営機構 ……………………………………………… 216
　(3) 財団法人の経営機構 ……………………………………………… 218
　4　新たな企業制度の構築にむけて …………………………………… 221
　(1) コーポレート・ガバナンスの非営利企業への影響 …………… 221
　(2) 利害関係者による経営参画 ……………………………………… 221
　(3) 営利企業におけるステークホルダー・ボードの役割 ………… 224
　5　企業論と経営学の本質 ……………………………………………… 226

結　経営学研究の旅 …………………………………………………… 229

あとがき ……………………………………………………………………… 235
邦語文献 ……………………………………………………………………… 237
外国語文献 …………………………………………………………………… 239
索　引 ………………………………………………………………………… 241

図表目次

序　企業経営課題への挑戦
図序-1　コーポレート・ガバナンスと企業改革の全体像 …………… 6

第1章　経営学と株式会社論
図1-1　経営学の学と経営の学の展開1 ……………………………… 16
表1-1　株式会社の矛盾と課題 ………………………………………… 17
図1-2　今日のコーポレート・ガバナンス議論の混迷原因 ………… 20
図1-3　経営学と株式会社とコーポレート・ガバナンス論 ………… 21
表1-2　株式会社制度の内部的問題と外部的問題 …………………… 23
図1-4　株式会社論の全体像 …………………………………………… 26
図1-5　経営学の学と経営の学の展開2 ……………………………… 29

第2章　企業倫理の理論
図2-1　2つの企業原理 ………………………………………………… 34
図2-2　市民社会からの利潤活動と法令遵守の要求と対立 ………… 36
図2-3　利潤活動と法令遵守の方程式 ………………………………… 37
図2-4　企業倫理の内容と性格 ………………………………………… 37
表2-1　企業からみた企業倫理の詳細内容 …………………………… 38
図2-5　制度的企業倫理論と哲学的企業倫理論 ……………………… 39
表2-2　企業倫理の視座と特徴 ………………………………………… 41
表2-3　企業倫理視座と具体的相違 …………………………………… 42
図2-6　コーポレート・ガバナンスと関連学問の関係 ……………… 43

第3章　企業社会責任の理論
図3-1　日本における企業の社会的責任に関する認識の変化 ……… 46
表3-1　第2次大戦後から2000年代初頭における
　　　　企業不祥事の内容と特徴 …………………………………… 47

表 3-2	企業倫理の課題事項―関係領域と価値理念―	48
図 3-2	企業の社会的責任と企業の社会的即応性	50
表 3-3	企業の社会的責任活動の体系	50
図 3-3	日本における企業の社会的責任に関する議論の内容と特徴	52
表 3-4	海外における企業の社会的責任に関する学説	53
図 3-4	企業の社会的責任(ピラミッド型)	54
表 3-5	日本における企業の社会的責任に関する学説(その1)	55
表 3-6	日本における企業の社会的責任に関する学説(その2)	56
表 3-7	企業の社会的責任否定論に関する学説	58
表 3-8	日本における企業の社会的責任に関する文書と提言	60
表 3-9	世界における企業の社会的責任に関する文書と提言	61

第4章　市民社会と企業経営

表 4-1	市民社会とコーポレート・ガバナンスの問題意識	71
表 4-2	市民社会論経営学に対する疑問や批判	73
図 4-1	今日の利害関係者と企業の経営活動	75
図 4-2	市民社会と利害関係者と企業の経営活動	76
図 4-3	これからの市民社会と企業の経営活動	77
表 4-3	企業の利害関係者の分類	80
表 4-4	共同所有形態と所有	81
表 4-5	企業という所有対象物の分析	83
図 4-4	会社における支配と所有の概念	86
表 4-6	支配と所有の概念と社会的所有の関係の詳細	88

第5章　自由の対立

図 5-1	政府機構と会社機構の移り変わりの対比	98
図 5-2	会社の自由権と社会権および市民社会の抵抗権と改革権	100
図 5-3	市民社会と国家の作用および会社制度作用	104
図 5-4	企業競争力の強化と企業不祥事への対処からみる諸問題	106
図 5-5	「経営の自由」の混在	108
表 5-1	「経営の自由」の混在と3種類の「自由」	110
表 5-2	「経営の自由」の対立	112
図 5-6	会社と会社の対立および政府と市民社会の関与	116

第6章 コーポレート・ガバナンス原則論

- 図6-1 コーポレート・ガバナンス原則とコーポレート・ガバナンスの範囲 …… 124
- 図6-2 コーポレート・ガバナンス原則に基づいた国際社会の提携と相互関係 …… 127
- 図6-3 コーポレート・ガバナンスと社会システム …… 128
- 表6-1 企業経営の差異 …… 133
- 表6-2 OECDの目的と内容 …… 137
- 表6-3 OECDコーポレート・ガバナンス原則の世界標準化 …… 138

第7章 コーポレート・ガバナンス政策論

- 表7-1 コーポレート・ガバナンス原則と各主体の政策 …… 147
- 図7-1 社会政策・企業制度政策・経営政策 …… 148
- 図7-2 今日のコーポレート・ガバナンス議論の混迷原因 …… 150
- 図7-3 コーポレート・ガバナンス政策とコーポレート・ガバナンス …… 153
- 図7-4 企業の存立と経営目的 …… 155
- 表7-2 コーポレート・ガバナンス政策論の詳細 …… 156
- 図7-5 コーポレート・ガバナンス原則に基づいた国際社会の提携と相互関係 …… 157
- 表7-3 多国間会議における役割と具体的国際会議 …… 161
- 表7-4 多国間会議におけるコーポレート・ガバナンス政策と原則の活用 …… 163
- 図7-6 コーポレート・ガバナンスにおける主体の概念図 …… 166

第8章 営利企業と公益企業

- 図8-1 自由の委任と自由の留保 …… 176
- 表8-1 自由の留保の具体的内容 …… 177
- 表8-2 市民社会における自由の留保 …… 179
- 表8-3 国家機構における自由の留保 …… 180
- 図8-2 従来の「自由」と「責任」の考え方 …… 181
- 図8-3 表裏一体な自由と責任 …… 182
- 図8-4 自由と自制 …… 183

| 図 8-5 | 現代における企業を巡る問題の関係図 | 183 |
| 表 8-4 | 郵政民営化問題に現れる自由の対立 | 185 |

第9章　公益法人改革とコーポレート・ガバナンス

図 9-1	法人の種類	190
図 9-2	公益法人改革の概要	193
図 9-3	公益法人認定の流れ	195
表 9-1	公益目的事業の種類	196
表 9-2	公益認定基準の内容の要旨	197
表 9-3	欠格事由	198
表 9-4	公益法人と営利法人における株式会社の経営形態の比較	201

第10章　企業制度の進化と本質

表 10-1	株式会社と非営利企業の設置機関	207
図 10-1	非営利企業の経営機構の種類	208
図 10-2	各経営機構の設置機関	208
図 10-3	株式会社と非営利法人の経営機構	210
図 10-4	株式会社の非営利法人への影響	211
図 10-5	監査役設置会社の経営機構	213
図 10-6	委員会設置会社の経営機構	214
図 10-7	理事会・監事・会計監査人設置社団法人の経営機構	217
図 10-8	会計監査人設置財団法人の経営機構	219
図 10-9	株式会社と非営利企業の接近	220
図 10-10	病院経営とコーポレート・ガバナンス原則	222
図 10-11	非営利法人制度の株式会社制度への影響	223
表 10-2	ステークホルダー・ボードの詳細	224
表 10-3	ステークホルダー・ボードの原則	225

企業経営原論

小島 大徳

税務経理協会

序
企業経営課題への挑戦

1　経営学研究の意義

　人は存在意義を人生に求め，人は生きる意味を問い続ける。企業も同様である。企業は存在意義を見出そうと懸命に経営活動を行い，企業は存続する意味を問い続ける。人と企業は実に似ている。企業に人としての倫理観や行動規範を当てはめようとするのは，人と企業を同視しているからに他ならない。そして，最終的に人は，企業に自らの生きる意味を含めた問いかけを重ね合わせるのである。

　これらの経営学研究の本質的な問題は，企業や社会の危機に直面した時に激しく議論される。この引き金を，企業が引くこともあれば，社会が引くこともある。前者が企業不祥事であり，後者が環境問題であることは，容易に想像がつく。つまり，経営学は企業という生き物を研究することで，人と社会の本質に迫ろうとする学問なのだ。経営学は，しかめっ面をした親父のような性格と無邪気に遊びまわる子供のような性格の両面を同時に持っている。多くの者は，子供に魅力を感じるだろうが，時には扱いにくい親父にも目を向けてみよう。案外，照れ屋で素直なのかもしれない。

　そこで，企業が社会のなかで必要とされた理由を考え，企業がどのような社会システムのなかで如何なる役割を有しているのかを理解する。そうすると，現代的な企業経営を取り巻く諸問題をも解決に導く確固たる基盤がみえてくるのである。それだけではない。決して完璧ではない株式会社制度の次なる進化形態をも見通すことができるのである。

2　現代的企業経営課題の出現と解決

　世界的に経済が発達し，企業の役割が増大するとともに，企業の負の部分が露わとなり，それを克服するために，企業の手綱を締める方策についての議論が活発化してきた。このような議論はコーポレート・ガバナンスと呼ばれる。しかし，このコーポレート・ガバナンスは，多くの企業問題に対処できる処方箋として使用されるにつき，本来解決すべき問題から議論が拡散し，今日では，コーポレート・ガバナンスの全体像を現すのが困難な事態となっている。この理由は後に言及するが，予想以上に企業と社会の摩擦が大きくなっていることと無関係ではない。企業は社会の縮図であると表現されることもある。社会をよく知るためには企業をよく知ることであり，企業をよく知るためには社会をよく知ることが重要なのである。

　そこで，本書において論を始める前に，現代における企業経営の問題が詰まったコーポレート・ガバナンス議論の流れと全体像をまとめよう。これによって，今日の企業を取り巻く諸課題が確かな形で浮き彫りになるのである。

3　企業不祥事とコーポレート・ガバナンス

　コーポレート・ガバナンス問題が引き起こる契機は，多くの場合において企業不祥事の発生である。この企業不祥事の発生は，まず，企業システムの改革へと導き，会社法改正や上場規則改正などによる組織改編や罰則の適用などへ向かわせる誘因作用がある。近年では，企業システムの改革だけで企業不祥事が無くならず，企業システムを改革してもなお企業不祥事が起こる事例が跡を絶たない。そこで，企業システムの改革が一通り済んだ後は，企業倫理の確立に向けた動きが起こるという道筋を辿っていく。

　また，企業運営は，必ず収益を伴わなければならない。そのため，企業は常に企業競争力強化を念頭に置いて経営にあたる。その際に，最も有効かつ簡便

な方策は，企業組織を効率化するという企業システムの改革である。もちろん，収益力を増加させることは，企業システムの改革だけによるものではないが，規模が拡大している企業においてこそ，この傾向が顕著にみられるのである。

この2つの企業経営の循環において，両者に共通するのは，行き着く先が企業システムの改革にあるということである。そのため，当初は，企業不祥事への対処として企業を統治する方策として，コーポレート・ガバナンスが議論されてきたが，企業競争力強化の目的も企業システムの改革であるのならば，コーポレート・ガバナンスの役割として，企業不祥事への対処と企業競争力強化との2つがあるのだとしても問題は無いと考えられ，同時に議論されてきたのである。

しかし，この企業不祥事への対処と企業競争力強化という2つの課題は，容易に両立しうる関係には無いのである。つまり，常に企業不祥事に対処する企業システムが企業競争力を強化する企業システムであることは証明しがたく，その逆も然りである。そうすると，コーポレート・ガバナンスに2つの機能があるとの説明は，あるいは少なくとも，2つの機能を同時に達成する可能性は，思いこみであった可能性が出てくるのである。

4　コーポレート・ガバナンスと企業経営

そもそも，不祥事発生を起因とする議論は，誰が企業に対して強制力を持った統制機能を発揮するのかという議論を経由して，強制力を持つ主体としての企業所有論に行き着く。そして，現代社会においては，直接的に命令や処分を下せるのは所有者であるとの法的思考が存在する。たしかに，人および企業は，契約により存在する社会的存在であると捉えるならば，企業は，特に法によって存在を認められた擬人物であるのだから，法的思考による所有論が語られることは，至極当然のことなのである。この議論の枠内で，社会的責任論を強調する者が多いのだが，論者は，自らの立ち位置を明確にできず，曖昧な論議に終始していることを戒めとして胸に刻まなければならないと考えている。

図序-1 コーポレート・ガバナンスと企業改革の全体像

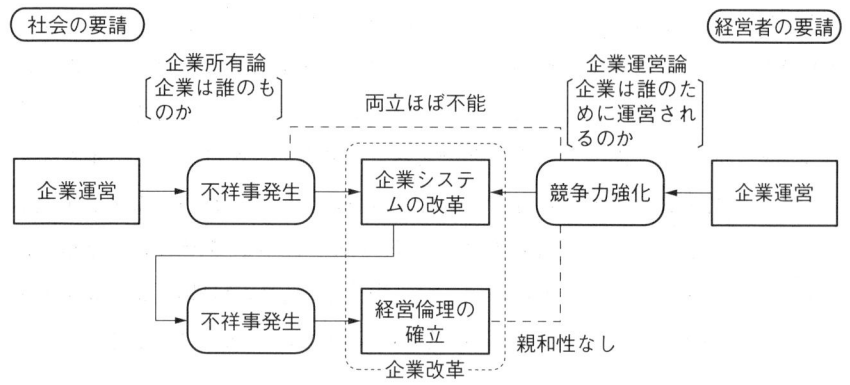

（出所）筆者作成。

　また，競争力強化を目的とする議論は，効率的な企業システムを作るのだという流行を経て，企業経営主体を作り上げたのだから，次は企業経営の対象を一緒にして考えるのだという流れに辿り着く。これは，信頼される企業を合い言葉として，消費者だけではなく，多くの企業に関係する者に対して，企業経営の影響力を行使するための論理が展開される。そして，企業は誰のために運営されるのかという企業運営論が語られることになる。この議論において，一見すると親和性がないと思われる社会的責任論は，実は密接に関係することになり，営利性と社会性の一体化へと繋がっていくのである。

5　経営学の将来

　コーポレート・ガバナンスの議論の深まりは，奇しくも今日の株式会社を中心とする企業システムの抱える諸課題を浮き彫りにする。そのうえ，これを解決するために，ほぼ両立不可能な目的と課題をコーポレート・ガバナンスに含んでしまったため，収拾のつかない状態に陥っているのである。
　資本主義経済を担っている株式会社を中心とする企業は多くの問題を抱えており，資本主義経済に身を置く者の全てが全力で立ち向かっているところであ

る。しかし，そのような流れとは別に，支流から本流へと立ち替わろうとする流れがある。営利を中心にしない企業群の発生である。これらは非営利企業と呼ばれたり公益企業と呼ばれたりする。いずれにしても，ボランティア精神を基礎とする経営や公益となる経営を目指して設立された企業組織が数多く見られるようになってきた。

市民生活レベルの向上と市場規模の拡大は，営利企業と非営利企業の経営を，それぞれが犯す結果となり，明確な役割分担がなされていないという状況を作った。これでは，社会政策としての非営利企業の育成に大きな障害となるばかりではなく，社会の健全な発達を阻害する要素となろう。たとえば，非営利企業の最たる事業体といわれる病院は，大きなジレンマに直面している。それは，病院であっても維持できる利益がなければ倒産し，管理体制が甘ければ人の命に関わる不祥事が起こってしまうというものである。この非営利企業における問題は，営利企業が抱える問題とも似ている。

本書は，既存の企業観に依拠せず，自由な発想で論じることを常に意識して執筆した。既存の理屈を基にしていては，思い切りの良い論を立てることができない。それに古典といわれる名著には，それまでの論を覆す力があったが，そこにはそれまでの定説を基にしたものはほとんど無い。そこで，本書では，批判を恐れることなく元気良く筆を進めようと考えている。経営学において株式会社制度は多くの欠陥を有しているが，株式会社制度よりも良い制度は未だこの世で発見されていない。だからといって，既存の制度に満足していては，人類の進歩や発展が無い。

それでは思い切って新たな会社制度を模索する旅に出よう。

第Ⅰ部
企業の論理

第1章
経営学と株式会社論

1　経営学とは何か

　「経営学とは何か」は，理解されているようで理解されていない難問である。経営学の歴史を振り返ると，ドイツでの数期にわたる大論争を経て，アメリカでの経験科学としての大系を辿り，日本での経営学の発展に至ったように，既に今日では，社会科学としての立場を確立したかに思える。しかし，この経営学は，まだまだ未熟で不完全であり，積極的に手を掛けて，そして見守らなければならぬ赤子のような学問なのである。

　このことは，経営学の中心的研究対象である企業を，どのように捉えるかにも影響する。もちろん，ある論者は企業と経営者を一体として説き，またある論者は企業と経営者を異なるものだと説く。だが，企業観は経営学を展開していく上で，最も基礎となる問題であり，せめてもの緩やかな共通認識を有していないと経営学の発展に著しい悪影響を及ぼすであろう。このような出発点の相違は，たとえば今日の企業観や企業目的観などに影響するだけではなく，現代の経営諸問題である経営者支配や利害関係者論にまで議論の対立を生むことにもなる。

　ただ1つ，胸を張って言えることは，経営学は分かり易く伝え理解がされ易い学問ということである。私たちが多くの時間を過ごす社会において，企業に接しない時間は少ない。そのため，私たちは経営学を比較的身近な学問であると感じることができる。身近な学問であるが故に発生する，「経営学は学問なのか」という大きな命題に，先人である尊敬すべき経営学者が，命を懸けて取

り組んできたことも忘れてはならない[1]。

本書の皮切りとなる本章では，経営学の全体像を今までにない視点から論じてみたい。そして，論を進めるにあたり，避けては通れぬ経営学と株式会社との関係に言及する。くわえて，この経営学と株式会社を遠く離し距離を置いて観察すると，ある重大な事実が浮き彫りになる。それは株式会社論を体系立て，既存の経営学理論の構築を行う必要があるということである。そこで，この副次的に出現した問題をも解決するため，最終的に株式会社論の全体像を提示し，その内容を詳細に説明する。

2　経営の学と経営学の学

(1) 経営学の概要と基本思想

経営学は，経営学が取り扱う範囲を画一的に定めることが困難な学問である。そこで，ひとまず経営学の学と経営の学に分けていく。まず，経営学の学とは，経営学説史に代表されるように，経営学の発展の歴史を深く考察し，その時代の経営学の特徴や，現代の経営学との相違を浮き彫りにする学問である。この学問分類での特徴は，次第に経営の対象範囲が広がることにより，数多くの学説が誕生していることにあろう。また，経営の学とは，実際の経営を観察し，企業経営の姿を浮き彫りにしようとする学問である。この学問分類での特徴は，如何に経営資源の管理を行うかに焦点が集まり，効率的な経営の姿を明らかにしようとすることに力が入れられることにあろう。

このように分類したとしても経営学の学と経営の学は，もちろん深く結びついている。経営学の学（学説）を知ろうと努力するときにも，経営の学（現実）を観察する必要があるし，その逆もまた然りである。特に，現代経営において，法規制の緩和（古典的には認可主義から準則主義）や企業の社会的役割が広く認識されるようになり，経営学の学と経営の学は，相互に行き来をしながら，経営学を形作っている。経営学を深く理解し研究することは，経営に関する研究（経営の学）の成果と，経営学に関する研究（経営学の学）の成果とを，広く深

く学ぶことによって，初めて可能となるのである。

　一方で，この両者を研究するにあたり，今はどちらを研究しているのかについて認識していなければ，経営の奥深い本質に行き着くことができない。そこで数多くの基本書や教科書では，各研究者の独自見解を交えながら，これらの問題に取り組み，世の中に分かり易く経営学を伝えようと努力しているのである。

　経営学者は，伝統的に，上述の2つの方法によって経営学を分類しつつ，経営学各論を論じてきた。だが，もう既に理解できる通り，この方法や分類による区別は，現実に厳格な分類ではない。経営学が生まれた頃は，工場における管理の問題に焦点が当てられていた。その後，経営学は大規模かつ製造業の株式会社の学として発展し，今日を迎えている。だが，このような基本的な経営学の捉え方は，今日の置かれる企業の実態に対して，適応可能であるかの問題を常に孕んでいるのである。

　なかでも問題となるのは，株式会社の存在である。この株式会社の成立間もない頃は，ここまで私たちの生活の隅々まで多大な影響を及ぼす制度に成長すると認識していなかった。それが近代株式会社制度が成立してから，たった100年もしないうちに，小国を凌駕するほどの財政力と経済力を持つ株式会社が現れてきたのである。

(2) **経営学の起源**

　経営学の学とは，伝統的な学説研究であるが，学説が形成されるまでの経験科学としての経営学をも含んでいる。経営学は管理の学問である以上，工場経営の効率的な管理方法の試行錯誤と積み重ねによって形成されてきた経緯がある。これらの経営学の起源としての原始経営学は，アメリカにおけるテイラー (F. W. Taylor, 1856-1915) などにより，経験が積み重ねられてきた。同時に，ドイツでも幾度となく論じられてきた金儲け論への批判，つまり科学としての経営学を模索する動きが活発化することになる。これらのアメリカとドイツにおける経営学に関する理解を基にして，経営学は全世界で大いに発展すること

になる。

　このような議論は，経済規模の拡大という時流も後押しをし，経営学は管理学としての発展を遂げることになる。さしあたり，人や道具，時間などの管理に重点が置かれ，その時々の経営に関する諸問題に対応することになる。なかでも分業や怠業，組織的怠業の問題は，その当時，最も重要な課題であったのだが，このことが経営学の課題を一層明確にし，その後の経営学が進まなければいけない道程を導くことになったのである。

　経営学の発展と経済規模の拡大は，経営学が管理しようとする対象である組織自体の大規模化を意味する。つまり，それまで漠然と定められた各種会社制度が確立したとともに，各種会社自体への管理の方向性が垣間見られることになる。各種会社制度のなかでも，利用する者および利用される者ともに，特に利用価値の高かったものが株式会社であった。そのため，日本における株式会社制度の発展は，諸外国と少々異にするが，世界の趨勢は，比較的早い時期に，株式会社制度の確立と発展に力点が置かれるようになったのである。

　株式会社制度の確立により，経営学の展開は，躊躇することなく次なる挑戦に向かうとになった。つまり，株式会社は資本の結集や経済全体に対する利用価値が高いと理解されただけではなく，株式会社制度により色々な経営資源を管理することが可能であると認識されるにつき，株式会社を中心にして，経営学を考えていこうという動きが活発化したのである。

(3)　**経営学の展開**

　経営学は，株式会社制度の出現と発展により，株式会社の管理問題へと舞台を移すことになる。ここでは，経営の学が中心に議論されることになる。株式会社は，巨大な組織となることを予定し，またはその可能性を内包している限り，組織管理の問題に焦点が集まる。ここでの中心問題は，経営組織論や経営管理論などの経営学の各論によって構成されるのである。もちろん，株式会社でなくても各論が論じられることもあるが，経営の学が現代の企業経営に役立とうとする実学であろうとするならば，現実的には株式会社が対象となる。こ

こに，「株式会社＝企業」という関係が成立することになるのである。

　組織の管理が行われることを前提として，その組織のなかにある経営資源の管理の問題が，過去の経営学において議論されたものを応用する形で論じられることになる。厳密に言えば，株式会社制度を中心とした資源管理論は，過去の経営学において議論されてきたことと同じではない。しかし，今日，教室で経営学が語られる際に，この両者を明確に分けて論じられることが少ない。この両者を明確に分けて論じなくとも，同じ結論を得ることができるだろうが，将来における経営学の発展を考えるならば，これからは努めて明確に分けて論じていくことが重要であろう。なぜならば，経営学の学と経営の学の展開を表した図1-1を見ると良くわかるように，経済の発展という脈絡のなかから生まれた管理学と株式会社を対象とした管理学は，厳密に言うと源流を異にするからである。

　さて，企業経営と経営学研究の有機的結合により存在感を，より一層露わにした株式会社は，種々の矛盾を抱えることになる。この矛盾こそ株式会社論の基本的かつ根本的な課題であるのだが，今日の株式会社制度の枠内で解決を図ろうとする。そこで出現したのが，企業の社会的責任論やコーポレート・ガバナンス論，そして企業倫理論なのである。これらの論に共通しているのは，本来の企業が目的とした営利性の程度を低くし，社会性を主張しているところにある。株式会社制度の理論的矛盾と，ここで論じている株式会社の現実的矛盾とが相まって，今日の経営学は複雑化しているのである。

　ここでひとまず図1-1のように経営の学をまとめると，第1次発展段階を株式会社の成立だと考え，第2次発展段階は組織管理論が当たる。そして，第3次発展段階は資源管理論に移り，今日では，戦略統治論が盛んに語られるという第4次発展段階に位置していると考えられる[2]。そして，この経営の学の主役は，何度も言うが株式会社なのである。

16　第Ⅰ部　企業の論理

図1-1　経営学の学と経営の学の展開1

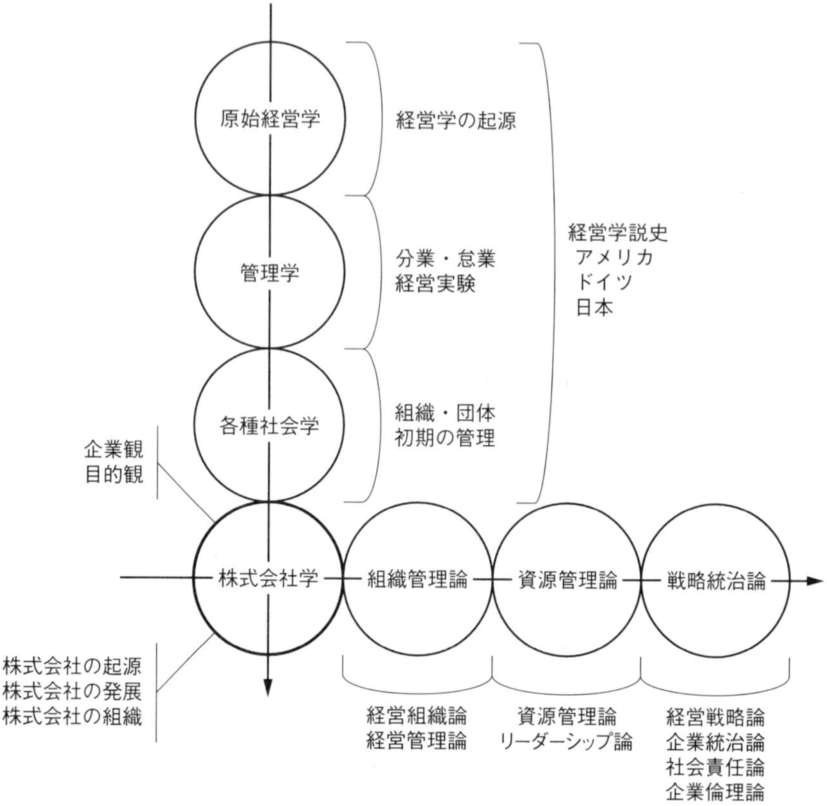

```
原始経営学 ─ 経営学の起源
管理学 ─ 分業・怠業／経営実験
各種社会学 ─ 組織・団体／初期の管理
                                    }経営学説史／アメリカ／ドイツ／日本

企業観
目的観

株式会社学 → 組織管理論 → 資源管理論 → 戦略統治論 →

株式会社の起源
株式会社の発展
株式会社の組織

                経営組織論     資源管理論     経営戦略論
                経営管理論     リーダーシップ論  企業統治論
                                            社会責任論
                                            企業倫理論
```

(出所) 筆者作成。

3　株式会社の矛盾と課題

(1)　株式会社制度の矛盾と現代社会

　株式会社は，そもそも矛盾を内包した制度である。はっきりと言えば，「経済成長の高度化か」か「市民社会との調和か」のせめぎ合いのなかに存在する中途半端な制度であるといえる。このことを如実に表すのが，企業の破綻であ

表1-1 株式会社の矛盾と課題

株式会社の両側面	課題の概要
経済成長の高度化と株式会社	〔概要〕 株式会社の株式を証券市場の発展とともに高度に流通させ市中の遊休資本を結集し，経営活動は経済発展と企業発展を主目的とする。
	〔特徴〕 (1) 株式の間接有限責任制度 (2) 経営者支配と法人資本主義
市民社会との調和と株式会社	〔概要〕 市民社会の一部として企業を位置付け，企業の最終的な目的は市民社会の繁栄にあるから，営利性は社会性の一部として捉えるべきである。
	〔特徴〕 (1) コーポレート・ガバナンス・企業社会責任・企業倫理の必要性 (2) 市民社会とコーポレート・ガバナンスの必要性

(出所) 筆者作成。

る。

　たとえば，1990年代後半から2000年初頭まで頻繁にみられた銀行の経営破綻によって，分かり易く説明することができる。銀行も株式会社である限り株主は存在する。株主は言うまでもなく，経営陣を選解任する役割を持つ唯一の利害関係者である。だが，その権利を行使するとなると，高度に発達した株式会社は経営者支配の状態にあるため困難である。また，株主はキャピタル・ゲインの確保に最も関心を抱いているため，株主が経営陣を選解任する権利を行使することは，全くと言っていいほど無い。さらに，株主は有限責任であるため，自己の出資した額以上に責任を負うことも無い。だとするならば，銀行が破綻したときに，税金によって負債などを肩代わりしたことは，最終的に責任を負ったのが市民であるのと同じ意味であることに，大いなる疑問を感じざるを得ない。

　このようにまとめると，株主だけに経営者の選解任を任せていてもよいのだろうか，そして，経営責任のほとんど無い市民に最終責任を負わせるのは矛盾していないのだろうか，という疑問が強く湧き上がるのである。

(2) 株式会社の矛盾と利害関係者

　もう1つ，同じような理屈で，今日の株式会社制度の矛盾が浮き彫りになる。それは，企業不祥事の問題である。たとえば，大型企業不祥事が起こったときに，その被害を受けるのは，株主や経営者などの第1義的利害関係者ではなく，地域住民や消費者などの第2義的利害関係者である。近年は食品会社の偽装問題や，賞味期限切れの食品販売問題などの企業不祥事が跡を絶たない。これらの企業不祥事により，直接的な影響を受ける者は第2義的利害関係者であるが，これらの利害関係者が企業経営に直接的な影響力を行使することは，株式会社の制度として予定していない。第2義的利害関係者が，彼らの可能な範囲で行動を起こしたとしても，不買運動などの消費者運動に留まる。そして，おかしなことに，唯一，経営陣に影響力を行使できるはずの株主や，市民社会から企業へのチェック機能を有しているはずの株主が，不祥事を起こした企業に対して，救済策としての資金提供や資本参加，業務提携を申し出るのである。

　これだけでも多くの矛盾を孕んでいるのであるが，追い打ちをかけるように，企業不祥事を起こした経営陣を退陣させる主体と方策は，株主による株主総会を通じた合法的な解任によるものではなく，マスメディアによって行われた報道（主にネガティブ・キャンペーン）によるのである。くわえて，これらの事象が株式会社制度全体による自主的な自浄作用だと考える向きもないわけではないが，だとするならば，企業不祥事が明るみに出る発端が内部告発であることを指摘せねばならない。内部告発は，日本社会において負の印象を持たれることが多いが，現実的に内部告発が辛うじて株式会社の体面を維持させているといえる。しかし，株式会社におけるモラルの向上や問題意識の高まりを維持している内部告発が，完全な制度として確立されていないのである[3]。

　このように突き詰めていくと今日の株式会社は，完成型に近いものだというわけにはいかない。経営学者だけではなく法学者や経済学者も，これらの矛盾に答えながら解決策を提示していくことが重要であろうと考える。

(3) **株式会社と市民社会**

　株式会社における種々の課題は，経営学の発展段階において，必ず起こるものである。この種々の課題を解決するための方策は，市民社会を前提とした株式会社制度である[4]。上記の企業破綻の問題だけではなく，企業不祥事の問題でも，全く企業経営に関係のない市民の生命や財産が侵される状態が生まれている。

　このような状態を今までの経営学における理論では解決することができない。そこで，新たな枠組みを提示する必要があるのである。そのなかでは市民社会と企業の相互存立の関係を最も重視し，経営学を思考していかなければいけないのである。ゆえに，今日における多くの問題について，「市民統治（市民社会による企業の統治に関する理論）[5]」という考え方に立脚して，これからの企業経営を論じなくてはいけないと提言している。

4　経営学と株式会社論とコーポレート・ガバナンス論

(1) **コーポレート・ガバナンス論の展開**

　さて，今日的な株式会社論を展開し，株式会社を研究する際に，一大トピックとして存在感を現しているコーポレート・ガバナンス論を取り上げる必要がある。このコーポレート・ガバナンス論の流れを概観すると，株式会社に関する議論の問題が抽出されることになるのである。日本の1990年代から今日は，日本における株式会社制度の混迷の時期であった。この状態を反映するかのように，コーポレート・ガバナンスを巡る議論は活発化したのであるが，同時にコーポレート・ガバナンスを巡る議論も混迷した。その大きな理由は，今日における株式会社に対する2つの両極にある目的を同時に達成しようとしていることにあろう。つまり，世界の主要国における企業競争力の低下が起こり，より一層自由な企業経営を行える制度の模索が起こるのと同時に，世界的に影響を及ぼす大型企業不祥事が多発し，企業内部者と企業外部者からのチェック機能を強化する2つを一緒に確保しようとする制度を手に入れようとしたからで

図1-2 今日のコーポレート・ガバナンス議論の混迷原因

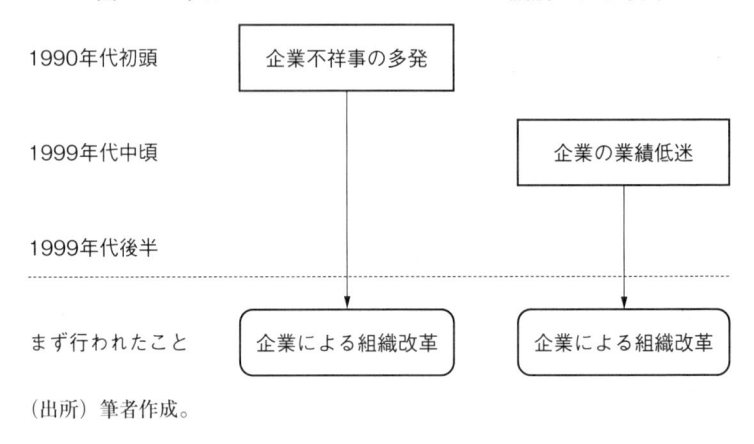

```
1990年代初頭      ┌─────────────┐
                 │ 企業不祥事の多発 │
                 └──────┬──────┘
                        │
1999年代中頃            │           ┌─────────────┐
                        │           │ 企業の業績低迷 │
                        │           └──────┬──────┘
1999年代後半            │                  │
- - - - - - - - - - - - ┼ - - - - - - - - -┼- - - - - - - -
                        ▼                  ▼
まず行われたこと  ┌─────────────┐   ┌─────────────┐
                 │ 企業による組織改革 │   │ 企業による組織改革 │
                 └─────────────┘   └─────────────┘
```

(出所) 筆者作成。

ある。

　コーポレート・ガバナンスは，実に色々な分野と角度から語られるが，主に企業競争力の強化と企業不祥事への対処を目的とする。それとともに，企業の利害関係者間の利害調整を図り，企業倫理の確立へと向かわせる企業経営の基礎的な経営理論である。今日においてコーポレート・ガバナンスが盛んに議論される理由は，今日の企業が抱える多くの問題を解決しようとする学問であることにあろう。このことは，コーポレート・ガバナンスを探求すると，株式会社の問題が強く浮き彫りになると言い換えることもできる。

(2) 株式会社論の位置付け

　さらに言及することを許されるならば，経営学と株式会社論とコーポレート・ガバナンス論の関係は，図1-3のようにイメージすることができる。むろん，この図1-3は，コーポレート・ガバナンスを中心に考えた場合であるが，今日の経営学の核心を外してはいない。この図を若干説明すると，一番の大外に経営学が位置し，その内に株式会社論が位置する。そして，核心がコーポレート・ガバナンス論となり，既述したように，企業不祥事への対処と企業競争力の強化の2つを解決するために存在する。

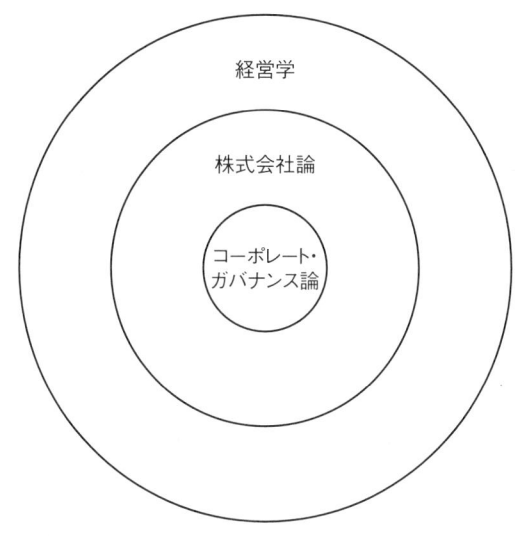

図1-3 経営学と株式会社とコーポレート・ガバナンス論

（同心円図：外側から「経営学」「株式会社論」「コーポレート・ガバナンス論」）

（出所）筆者作成。

このコーポレート・ガバナンス論は，他の経営問題や論へ波及している。たとえば，企業不祥事への対処は，企業の社会的責任（CSR）論や企業倫理論と深く結びつき，企業競争力の強化は，経営戦略論や経営組織論，経営財務論などと関係が深いのである[6]。

(3) 株式会社論の必要性

株式会社は，現代企業経営における中心的組織である。大規模に企業経営が展開される際に，必ず株式会社制度が使用される。しかし，この株式会社制度に言及する場合の内容は，独立の論が立てられて論じられることはなく，制度の運用と活用に重きが置かれて論じられてきた。このように論じるのには，2つの理由がある。まず，株式会社制度を形作る過程において理由を見い出すことができる。たとえば，株式会社制度は，現実の経済に即した継ぎ接ぎ的な制度の設計に終始しており，各方面の利害を調整しつつも理想とする制度論を論じる隙は，ほとんど無い[7]。また，株式会社制度を利用する過程において理由

を見い出すこともできる。たとえば、経営者の必要とする株式会社制度への理解、市場監督者が必要とする株式会社制度への知識、広く市民（消費者や潜在的起業家を含む）が必要とする株式会社制度への期待、などが全く異なり、市民の考えが株式会社制度に反映されることが極端に少ない。

　株式会社制度論を論じる際に、比較的バランスが取れた立場である経営学者も、制度論になると多くの者は口を閉じる。なぜなら、彼らは実定法体系（法律論・立法学）を知らないからである。これらの問題を解決する方策として、私はコーポレート・ガバナンス政策論を唱えている[8]。ここでは、株式会社に固執しないで、新たな制度をも視野に入れつつ、経営組織体としての基礎的理論を提示するのである。しかし、その前に、今この時点でできることとして、株式会社の実態を詳細に検討し、株式会社をより良くしていく方策を示さなければならない。

5　株式会社の内部的問題と外部的問題

(1)　株式会社制度の内部的問題

　私たちはいつの間にか株式会社を中心にして、経済を考え政治を語り将来を見通している。その思考の核となる制度が不完全であると、全ての存在が虚像となろう。さて、この株式会社の不完全性という問題は、表1-2のように株式会社制度の内部的問題と外部的問題に分けることができる。そして、それぞれ3つの主要な問題点を有している。

　それでは、表1-2の株式会社制度の内部的問題について具体的に説明する。株式会社制度の内部的問題の(1)経営者支配に基づく経営を如何に評価および改革するのかが定まっていない、については、経営者支配の概要を理解すると分かりやすい。たとえば、企業の株式を相互に持ち合い、経営者の思い通りの人事などを行うことができる状態などである。また、近年では、会社法の施行に伴って、旧商法よりも経営の自由度が増した。それは、金庫株の解禁や新株発行の容易さ、黄金株の創設などである。この経営の自由度は経営学において

表 1-2　株式会社制度の内部的問題と外部的問題

分　類	問　題　点
株式会社制度の内部的問題	(1) 経営者支配に基づく経営を如何に評価および改革するのかが定まっていない。 (2) 経営組織内部に外部の眼を入れることは本質的に不可能である。 (3) 経営的自由と社会的要請の両立が困難である。
株式会社制度の外部的問題	(1) 利害関係者が企業から受ける影響力に濃淡があり企業が経営政策を行うことが困難あるいは限定的となる。 (2) 利害関係者が企業にアプローチする方策に濃淡があり制度的不備もみられる。 (3) 企業の社会的責任などの企業市民としての役割を果たすことは本質的に消極的である。

(出所) 筆者作成。

も歓迎するべきであるが，その内容に問題がある。これらは，事実上，今までの株式相互持合いなどによる経営者支配の状態よりも，より完全なる経営者支配を可能にする制度設計である。この問題には，制度の設計を行う技術的作業者である法律学者ではなく，今まで企業経営の哲学や実践をつぶさに研究してきた経営学者が声を上げて問題提起し改善をしなければならない[9]。

　株式会社制度の内部的問題の(2)経営組織内部に外部の眼を入れることは本質的に不可能である，については，社外取締役制度を連想すると納得できる。たとえば，社外取締役についての詳細な調査がなされたことがないので，はっきりと言い切ることはできないのであるが，本来，社内取締役とは異なった目線でチェックを行うことを期待されている社外取締役は，おおむね経営者による人事によって招聘され易い。この事例は，エンロン社の倒産事件などを思い起こせばよい。エンロン社では，ほとんどの取締役が社外取締役であったが，経営者が指名した社外取締役であった。しかも，数年間も巨額な粉飾決算を見抜けなかったという過ちを犯してしまった。これでは，社外取締役にチェック機能を期待するどころか，経営者支配を助長する制度にすり替わってしまっていると言わざるを得ない。

　株式会社制度の内部的問題の(3)経営的自由と社会的要請の両立が困難である，については，二律背反する大問題を提起する役割と，市民自身に社会シス

テムについて考えさせる役割を担わせなければ、解決することができない。たとえば、企業経営は高度な自由が求められ、企業は資金を調達し自由な発想で経済活動を行う。近年では、それだけではなく、企業の社会的責任や環境問題が声高らかに叫ばれるようになり、企業市民として企業の発展だけではなく、地域や環境問題に対処することが求められている。また、これだけ環境問題が叫ばれているのに、市民には危機感が少ない。その市民が会社の従業員となり経営者となり、企業経営を動かしているのだから、企業の環境問題への取り組みに力が入るわけがないという悲観的な見方もできよう。つまり、企業で働く人は市民であるし、家庭よりも企業の方が高度な営利性を求められるのに、環境問題に本気で取り組めるとは、なかなか思えないのである。このように考えると、経営的自由と社会的要請は両立が困難であるし、企業と市民の本質的な欲求という問題も出現してくることになる。

(2) 株式会社制度の外部的問題

さらに、もう一方の表1-2の株式会社制度の外部的問題について具体的に説明する。株式会社制度の外部的問題の(1)利害関係者が企業から受ける影響力に濃淡があり企業が経営政策を行うことが困難あるいは限定的となる、については、企業不祥事の事例を取り上げると分かり易い。たとえば、企業経営の中心的役割であるプレーヤーは、経営者や株主、従業員などであると思われているが、昨今の企業不祥事をみていると、企業経営から最も影響を受けるのは、消費者である。今日では、株主重視経営や従業員中心経営などが華々しく叫ばれているが、当たり前のことである消費者中心経営を、今一度見直す必要があるともいえる。

株式会社制度の外部的問題の(2)利害関係者が企業にアプローチする方策に濃淡があり制度的不備もみられる、については、(1)と深く関係するので、(1)と同様に企業不祥事の事例を取り上げる。たとえば、企業不祥事により消費者の生命や財産に多大な影響を受けたとする。しかし、この消費者は、企業に対して損害賠償請求権を有するだけである。つまり、社会に悪影響を与えると思

われる経営者の退任や企業経営機構の変革を要求することはできない。それができるのは、制度上、株主だけであると定められている。だが、株主は株式会社制度の内部的問題(1)と絡んで、経営者支配状態に置かれているのだから、株主が消費者の期待する行動を取ることはない。ここに大いなる疑問が出現することになる。

　株式会社制度の外部的問題の(3)企業の社会的責任などの企業市民としての役割を果たすことは本質的に消極的である、については、先進諸国と発展途上国の環境問題への取り組みを検討すると分かり易い。たとえば、先進諸国が環境問題に熱心になると発展途上国にも二酸化炭素の排出量を削減するように求める。それ自体はとても正しいことであるが、先進諸国は今まで散々、二酸化炭素の排出をして経済を発展させてきたのであるから、発展途上国は今まで先進諸国が行ってきたことをする権利を有するとし、先進諸国の主張を受け入れにくいという。これは、企業経営にも当てはまる。つまり、企業は本来的に営利企業を本質とする。そこで営利性を抑制し社会性を重視するのは、大企業ならばできるであろうが、これから発展する可能性のある企業は、そのような余裕はないという。この問題には、社会的責任投資（SRI）のような金融商品を考え出すなど知恵を絞って社会的制度を作り対応しようとしている。しかし、根本的な解決には程遠いのが現状である[10]。

6　株式会社論の確立

(1)　株式会社論の全体像と核領域

　今日において、株式会社は、経営の中心的組織だけではなく、あらゆる経済活動の主体であり、社会生活の主役であるといえる。この株式会社は、既述のように多くの矛盾と大きな問題を抱えた制度であった。そこで、今一度、株式会社を論として立て直し、柔軟かつ完全な制度を探求する道を探る必要がある。そのために、私が考える株式会社論を提示する。株式会社論は、図1-4のように大きく分けて4つの領域からなる。それは、(1)市民社会を核として、(2)目

図 1-4　株式会社論の全体像

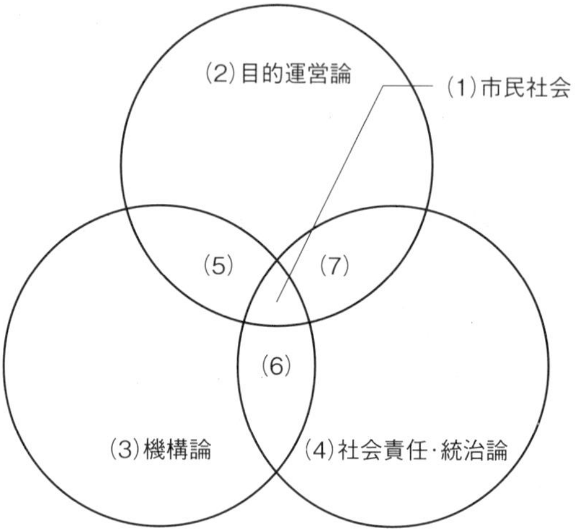

```
          (2) 目的運営論       (1) 市民社会

              (5)    (7)
                  (6)

      (3) 機構論        (4) 社会責任・統治論
```

(出所) 筆者作成。

的運営論，(3)機構論，(4)社会責任・統治論，である。

　それでは初めに，株式会社論の核となる(1)市民社会について論じることにする。株式会社の成立の根本的な制度は，市民社会が株式会社の成立を許容したということに求められる。株式会社は，株式を使用した資金調達や有限責任制度など，一般市民生活の所有と支配関係とは異なる面を多く持つ。このことは，最終的に市民社会の許容することのできない株式会社の経営活動に対する抵抗権（1段階の市民運動的抵抗と2段階の制度確立的抵抗）の行使という問題を孕んでくるのである[11]。そのため，株式会社の根本的な成立条件は市民社会であり，株式会社論の中心に位置するのである。

(2)　株式会社論における3つの主要領域

　まず，株式会社における主要領域の1つである(2)目的運営論について論じることにする。株式会社が，今日の経営学研究の対象あるいは手段として中心に位置することに異論はない。経営学の発展段階においても，今日に行き着いた経営組織体[12]は，株式会社であるのだから，経営学の発展段階における数々

の議論が全て凝縮された組織であると考えることができる。つまり，株式会社の権能は，最大公約数ではなく，最大数を取り入れた組織であるともいえる。

また，(3)機構論について論じることにする。株式会社は，その組織を如何に形作るかが最も主となる作業である。基本的かつ最低限のルールを法令により作成し，株式会社の目的および運営方針などを定款によって定める。経営の自由度を確保しつつ，如何にしたら最低限のモラルを企業に求めることができるのかについて探究するべきである。なお，近年の企業は，情報開示・透明性をより重視しようと努力し，(1)市民社会との調和を図ろうとしている。これは(6)の領域から導き出された結果であろうと考えられる。

さらに，(4)社会責任・統治論について論じることにする。如何に良く考えて制度を設計しても，制度を運営するのは人なのであるから，監視・監督をするシステムが必要である。また，株式会社は営利性を第1の目的としているのだから，株式会社の目的から社会性が薄まってしまうことも懸念される。そこで市民社会に立脚した株式会社の社会責任・統治論が必要とされることになる。なお，株式会社論における主要領域は，株式会社の制度設計に直接的に関わるのであるから，高度に理想的かつ政策的になる可能性を秘めている。一見すると，政策と理想は両立しないと思われがちであるが，政策は理想の体現である。

(3) **株式会社論における3つの副次的領域**

まず，株式会社における副次的領域の1つである(5)の領域について論じることにする。この領域は，(2)目的運営論と(3)機構論が重なり合うところである。ここでは，企業目的に合わせた経営機構を構築する方策に焦点が集まる。たとえば，代表的なものとして経営者論もこの分野に入ることになる。経営者も機関である以上，目的運営論に合致した機構の一部として経営者の存在を位置付けることになる。なお，昨今話題となっている経営者教育もこの部分で検討するべきであろう。

また，(6)の領域について論じることにする。この領域は，(3)機構論と(4)社会責任・統治論が重なり合うところである。ここでは，コーポレート・ガバナ

ンスの視点から経営機構を構築する方法論が検討されるべきである。たとえば，企業外部および内部のチェック体制や，社会責任への要請に応えられる体制などの探求である。特にコーポレート・ガバナンスの視点から企業経営機構の変革は，絶えず実行するべきものであり，両者の緊密な接近が期待されるところである。

さらに，(7)の領域について論じることにする。この領域は，(2)目的運営論と(4)社会責任・統治論が重なり合うところである。ここでは，企業運営は営利性と社会性が主たるものであるが，この企業運営を如何にして社会責任とコーポレート・ガバナンスに適合させていくのかが問題となる。たとえば，如何にして株式会社の目的運営論に社会責任やコーポレート・ガバナンスとしての市民の視点を導入していくのか，などが求められる部分である。

もちろん，これらの重なり合う(5)から(7)の部分は，それが1つずつ単独で論を構成されることはなく，この(5)から(7)の相乗効果として，株式会社論が形成されることが理解できるであろう。それはつまり，株式会社論は，(1)から(7)の全てが有機的に関係し合うことで初めて成り立つことをも意味しているのである。なお，この株式会社論における副次的領域は，両者の領域が重なり合うため極めて論理的になる。なかでも，(1)市民社会という概念を強く受けることになる。

7 ポスト株式会社

(1) 株式会社の発展か，新たな企業形態か

資本主義の枠内における制度として，株式会社制度は万能でもないし完全でもない。株式会社には，根本的な大きな問題と課題を抱えた限界があり，不完全な存在なのである。これは私が株式会社論を論じる必要があると感じる最も大きな動機である。そして，株式会社論からは，当然に，21世紀の企業形態の探求がなされる。つまり，ポスト株式会社である。これを論として確立しつつ本質を探求するためには，(1)株式会社に変わる新しい企業形態を設計する

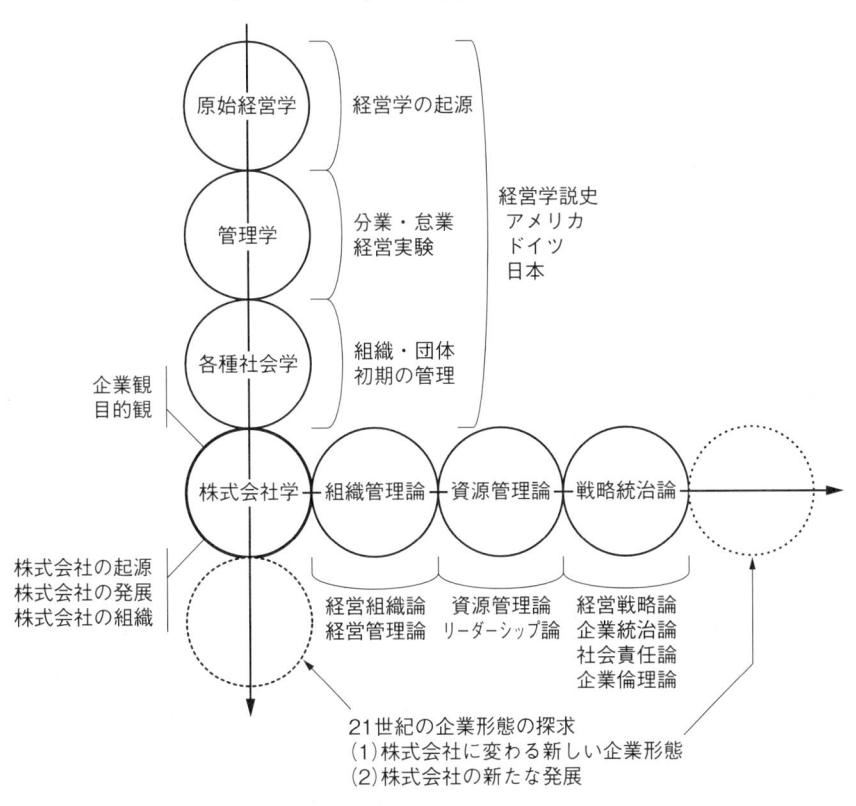

図1-5　経営学の学と経営の学の展開2

- 原始経営学 — 経営学の起源
- 管理学 — 分業・怠業　経営実験
- 各種社会学 — 組織・団体　初期の管理

経営学説史
アメリカ
ドイツ
日本

企業観
目的観

株式会社学 → 組織管理論 → 資源管理論 → 戦略統治論 →

株式会社の起源
株式会社の発展
株式会社の組織

経営組織論
経営管理論

資源管理論
リーダーシップ論

経営戦略論
企業統治論
社会責任論
企業倫理論

21世紀の企業形態の探求
(1) 株式会社に変わる新しい企業形態
(2) 株式会社の新たな発展

(出所) 筆者作成。

こと，(2)株式会社の新たな展開を実証的にかつ論理的に研究すること，の2つが絶対的に必要である。

それとともに，もう1つ注視しなければいけない大きな問題がある。それは，ポスト株式会社が実践経営学の延長線上にあるのか，論理経営学の延長線上にあるのか，ということである[13]。会社法の施行などにおいて，実際の企業経営で実施している制度の後追いが散見されることからすると，根本的に制度を創設するための方策は，論理経営学の延長線上にヒントが隠されていると認識するべきである。

(2) **株式会社史と株式会社論**

　今後は，株式会社という存在を，今までの研究者が行ってきた視点とは全く異なる視点から論じるとともに，株式会社に潜む大きな矛盾と課題を提示し，最終的に株式会社に代わる新たな会社形態の存在を明らかにし，その概要を示し，その制度を明らかにすることに力を入れていく必要がある[14]。

　今日まで，株式会社論として株式会社の史的展開をまとめる研究は，若干ではあるが存在したが，それも十分ではない。もちろん，株式会社の発展を巡る問題は，不明確な部分が多く，それを解明しようとしても資料が乏しいなど，解明する手段がないのにも問題があった。このような史的展開および現代の制度を理論的かつ実証的に理解した上で，株式会社の弱点を指摘し，制度的問題点を提示する研究は，ほとんど無いと言っても言い過ぎではない。このままの状態では，株式会社後の新しい会社制度を論じることができない。

　21世紀に入ってすぐに施行された会社法は，株式会社の基本的理論からも，経営学の本質的論理からも外れている。つまり，この会社法は，今まで経営学が培ってきた企業経営に関する問題に，真っ向から反している部分が多い。しかし，経営学者は，その点について，全く批判をしようとせず，新しい制度の説明に終始する。このような状態では，本章において示した，社会科学あるいは経営学の基本を理解できていないのか，忘れてしまったのかわからないが，株式会社制度後の姿を提示する力は無いと断定せざるを得ない。これを機会に，経営学の本質に真正面から立ち向かう必要がある。

注

1) 逆に他の学問では，経営のように分かり易く伝えることが困難であることが多く，難しく論を説明することを意図的にしているのではないかとすら感じることがある。
2) もちろん，この発展段階は，企業経営が活発化するにしたがって，高次元に発達することを意味しており，今日では，第4段階にあるといっても，第1から第3段階の各論を疎かにしてはならず，第1から第3の段階があってこそ，第4の段階が存在するのだと捉える必要がある。
3) 詳しくは，小島大徳[2007]第10章から第12章（172–225頁）を参照のこと。

4）ここまで示してきた株式会社の根本的な問題と解決策の核心は，小島大徳［2007］において詳しく論じている。
5）小島大徳［2007］184頁。
6）しかし，これらの相互関係は，今まであまり研究がなされていないことが残念である。
7）株式会社制度を設計する者は，国会議員であり法務官僚であり財界であるが，昨今の動向を検討すると，各者の利害がうごめき，理想的な制度設計が目指されているかに疑問を持たざるを得ない。
8）小島大徳［2007］256-258頁。本書では7章にて次なる展開を論じている。
9）小島大徳［2007］253-255頁。なお，ここでは経営学と法学の融合学問分野として，新しい経営法学を提言している。
10）社会的責任投資（SRI）は，財務的パフォーマンスだけでなく，環境や企業倫理，企業の社会的責任などへの取り組みに積極的な企業を選定し投資する行動のことである。しかし，この社会的責任投資が，企業のコーポレート・ガバナンス構築に役立つことは少ないと言わざるを得ない。なぜならば，投資家は環境や企業倫理，企業の社会的責任に大きな興味を抱くのではなく，最終的にパフォーマンスに興味があるからである。そのため，仮に環境や企業倫理，企業の社会的責任を活発に実践している企業の業績が低下した時に，投資家の投資行動がどうなるかは，おおむね想像がつくであろう。なお，日本経団連が行っていた1％クラブと同様の性質であると考えられる。
11）市民社会による企業に対する抵抗権については，小島大徳［2007］第10章（172-187頁）を参照のこと。
12）ここでいう経営組織体とは，より簡単な言葉で言えば執行組織である。
13）経営学を深く考察すると，実践経営学と理論経営学の2つに体系立てることができるであろう。実践経営学とは，企業経営を通じて経験を基礎とし経営科学を形作る。また，理論経営学は，社会のなかの企業とのバランスを高度に探求しながら企業の理論を形作る。他の科学としての学問と経営学で相違するのは，この両者は実に複雑に絡み合い，相乗効果を生みつつ，時には交わりながら経営学を作り上げていることである。これは経営学の特徴であると同時に，経営学の大いなる難問として立ちはだかる。
14）なぜならば，今日の大型企業不祥事などの企業経営における負の側面は，株式会社の制度疲労と時代とのミスマッチによって起こっているからである。

参考文献

菊池敏夫・平田光弘（編著）［2001］『企業統治の国際比較』文眞堂。

小島大徳［2007］『市民社会とコーポレート・ガバナンス』文眞堂。

小島大徳［2004］『世界のコーポレート・ガバナンス原則―原則の体系化と企業の実践―』文眞堂。

平田光弘［1982］『わが国株式会社の支配』千倉書房。

藻利重隆［1984］『現代株式会社と経営者』千倉書房。

第2章
企業倫理の理論

1 企業と社会と企業倫理

　企業不祥事が多発し，社会全体から企業経営者の倫理性が問われるなか，学問の世界でも企業倫理論の確立に向けて，ありとあらゆる方面から研究がなされている。もちろん，企業倫理に関する研究は，企業経営が大規模化し多様化してきたなかで論じられてきたわけであるが，特に最近，企業倫理の確立が目指されている。このような傾向は，21世紀に入ってから，ますます顕著となっている。

　企業倫理は，株式会社の発展とともに展開されてきたところに特徴を見出すことができる。つまり，会社が出資者と経営者の未分離状態にあるときは，企業経営者の倫理性を問うだけで良く，犯罪行為が行われても企業経営者を罰すればよいのであった。しかし，株式会社が高度化すると，出資者と経営者の分離（所有と経営の分離）が起こり，企業の責任主体が明確ではなくなる。それにつれて，執行の主体も明確にはならず，倫理を求められる主体が何処にあるのかは判然としない。また，責任主体が明確にならないのならば，経営に当たる経営者のモラルが低下するのは人として当然であることになる。一方，企業不祥事の多発は，社会システムのなかで捉え，解決を促さなければいけないという論が出てくる。この社会システムのなかで企業倫理を捉える方法は，時として経営者の自制を促す効果を持ち合わせるが，制限という側面を持つことになる。このように，人としての責任，社会システムの制限，という2つの方法によって企業倫理が捉えられることが多いのである。

34　第Ⅰ部　企業の論理

　上述のように展開される企業倫理を今一度整理し，新たな視点を提示することが本章の目的である。企業経営を考える上で，「会社」や「社会」の意味をじっくりと検討する必要がある。このことは，企業経営の幹となりつつあるコーポレート・ガバナンスだけではなく，企業の社会的責任（CSR）や企業倫理においても，共通の課題である。この機会に，今までの企業倫理論の議論をまとめ，これからの学問的な発展を望みつつ，論じていきたい。

2　企業原理と企業倫理

(1)　企業原理と企業目的

　企業経営において企業倫理論を検討する場合は，企業活動の根本的原理，つまり企業原理をはっきりと確認しておく必要がある。本来ならば，倫理は人の主に内心的事象を扱う分野であるから，企業の存立的基盤と経営事象の両側面から検討を始めなければ，行き詰まることになろう。

　まず，企業の存立理由は，一人ひとりでは為し得ない経済的発展および経済的受益のために，市民社会が会社という存在を認めたところから始まる。つまり，一人では経済規模の拡大と経営の多様化に対応できず，限界があることから，社団の必要を認識し，法人を作り上げたところにまで遡るのである。そこで，第1の企業原理は，営利性にあるというのが，経営学における共通の認識である。

　また，会社制度の確立によって，会社は資本主義社会において，中心的制度として確固たる地位を確立したのであるが，会社の規模が大きくなると，当初

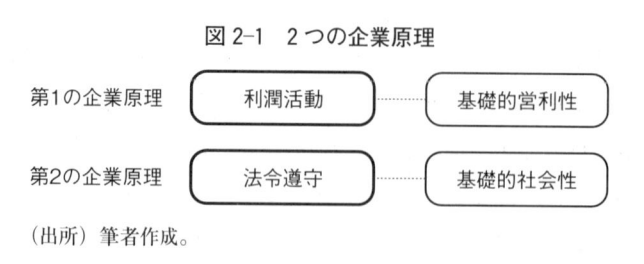

図2-1　2つの企業原理

| 第1の企業原理 | 利潤活動 | ⋯⋯ | 基礎的営利性 |
| 第2の企業原理 | 法令遵守 | ⋯⋯ | 基礎的社会性 |

（出所）筆者作成。

予定しなかった負の影響が次第に露わになり，規模も大きくなったのである。つまり，会社は営利活動を行うだけではなく，社会性も持ち合わせ，適正な社会を作り上げる義務を有するべきだというのである。そこで，第2の企業原理は，社会性にあるというのが，経営学における共通の認識である。

これらの第1の企業原理と第2の企業原理は，実際の会社の経営行動へと導かれたところの利潤活動および法令遵守と，極めて密接な繋がりがある。

(2) 市民社会と企業経営活動

市民社会は，企業を存立させるために，2つの企業原理である利潤活動と法令遵守を，制度のなかに込めた。まず，法令遵守については，企業存立の根拠として，企業の設立要件などの準則主義的要件を規定しつつ企業の経営要件などについて，活動範囲を画定している。もちろん，市民社会が設立したのであるから，人としての自由の範囲外に存在することは皆無である。ただ，企業の倫理性を担保するために，自主規則遵守や社会規則遵守を行うことは，なんらの妨げもない。つまり，自己で自己の自律を行うことは，市民社会の一員でありたいと欲するかぎり，限りなく正当化される事象として評価するべきであるし，評価されようと努力することを賞賛するべきである。

また，利潤活動については，経済を成長させるために，市民社会の構成員である一人ひとりで為すことができない団体としての利益を受けつつ，企業経営の自由を享受する。このことは，市民社会が経済的利益を最大限に受益するために設立したのであるから，人の自由と同様の権利を認める必要がある。ただ，人の自由と企業の自由が対立したときに，高度な企業社会責任が生まれる余地が多分にある。つまり，人の自由と企業の自由は，時代によって範囲が拡大したり縮小したりする傾向が強いため，裁判や裁判外紛争解決手続（ADR）による調整機能の多様化が探求されることになろう。

この段階においては，市民社会から授権を受けた企業における，利潤活動と法令遵守が，協調関係にある。なぜならば，市民社会からの直接的授権を受けているため，市民社会による各種の監視・牽制機能を企業に対して直接的に発

図 2-2 市民社会からの利潤活動と法令遵守の要求と対立

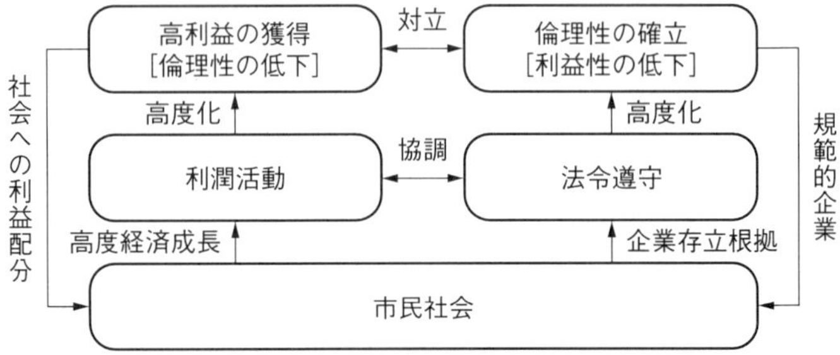

```
                        対立
    ┌─────────────┐       ┌─────────────┐
    │  高利益の獲得  │ ←───→ │  倫理性の確立  │
    │ [倫理性の低下] │       │ [利益性の低下] │
    └─────────────┘       └─────────────┘
社         ↑高度化           高度化↑        規
会                                       範
へ   ┌─────────────┐  協調  ┌─────────────┐ 的
の   │   利潤活動    │ ←──→ │   法令遵守   │ 企
利   └─────────────┘       └─────────────┘ 業
益         ↑高度経済成長       企業存立根拠↑
配   ┌─────────────────────────────────┐
分   │            市民社会              │
     └─────────────────────────────────┘
```

(出所) 筆者作成。

揮することができるからである。しかし,企業活動が高度化すると,逆機能が徐々に現れてくることになる。それが,高利益の獲得と倫理性の確立という2つの事象である。経済システムが確立し,グローバルに展開するようになると,企業は自己のなかで企業原理の矛盾と対立に苛まれるのである。なぜならば,市民社会は,企業の存在理由としての究極の目的として,社会への利益配分と規範的企業であることを求めるからである。

(3) 企業経営における利潤活動と法令遵守

企業原理の2つである利潤活動と法令遵守の狭間で,企業活動は行われている。もちろん,企業原理は,それぞれが存在意義と存立理由の2つを持つのであるから,どちらの原理も大切にしながら企業活動を行うべきである。しかし,この両者は多くの場合に,二律背反する本来的矛盾の関係にある。

企業活動が高度化すると,利潤活動と法令遵守の対立が起こる。企業経営において,利潤活動の方が法令遵守よりも重きを置いている場合は,企業不祥事の虞が強くなる。一方,法令遵守の方が利潤活動よりも重きを置いている場合は,収益低下の虞が強くなる。このどちらの場合も,市民社会からの企業への要求を満たすことができないことになるばかりか,企業の存立にも関係するのである。つまり,利潤活動と法令遵守とが,企業にとってバランス良く認識され,経営を実践できることが,最高度に企業目的を達成できている姿であると

図2-3　利潤活動と法令遵守の方程式

利潤活動　＞　法令遵守　＝　企業不祥事の虞が強い

利潤活動　＜　法令遵守　＝　収益低下の虞が強い

（出所）筆者作成。

考えられよう。

3　企業倫理と企業経営活動

(1)　企業倫理の概要

　企業倫理には，法令遵守，自律規則遵守，社会規則遵守の3段階が存在する。まず，法令遵守は，企業が法人格を与えられ，社団化しつつ，営利活動を行うための，存立的基盤となる企業法制度を守ることという最低限の規則である。つまり，企業の存在の根拠であり，そこでは，「存立」というキーワードが強調されることになろう。

　また，自主規則遵守は，企業自体の組織を独自の色に染め，企業目的を達成するために全社的に守るべき規則である。つまり，企業の自律の依拠であり，そこでは，「自尊」というキーワードが強調されることになろう。

　そして，社会規則遵守は，社会の一員として認められ，企業が社会に根ざした経営活動を実践するための基盤を確立するために，社会の暗黙の要求に応えるための，内心的規則である。つまり，企業が人たる存在に同化する欲求であ

図2-4　企業倫理の内容と性格

企業倫理 ｛ 社会規則遵守 …… 人たる存在 …… 尊敬
　　　　　 自主規則遵守 …… 自律の依拠 …… 自尊
　　　　　 法令遵守　　 …… 存在の根拠 …… 存立

（出所）筆者作成。

り，そこでは，「尊敬」というキーワードが強調されることになろう。

これらの考察は客観的な立場からの検討である。そのため，企業を対象としている企業倫理は，企業側から論じられる企業倫理の考察が必要とされる。

(2) 企業倫理の性格と内容

これまで，企業倫理について，法令遵守，自主規則遵守，社会規則遵守の3つに分けて，大まかに論じてきた。ここでは，これら企業倫理の3つの領域について，性格や特徴的性質を詳しく検討することにする。まず，法令遵守は，企業が企業の基盤の前提となる法令や上場規則を遵守することである。そこでは，企業はこの分野を絶対的遵守規定として捉える必要があり，「強制」としての性格を有する。これは，企業側からみると，規律性としての性質を有していると観念されるのである。また，自主規則遵守は，企業が自主的に策定した社会規則などを自ら遵守することである。そこでは，企業は，この分野を自主的策定・遵守として捉える必要があり，「自主」としての性格を有する。これは，企業側からみると，自律性としての性質を有していると観念されるのである。そして，社会規則遵守は，企業が社会のなかで人として生き様を求め，人として生活するために社会の規則を守ることである。そこでは，企業はこの分野を社会的要求の実現として捉える必要があり，「理想」としての性格を有する。

表 2-1　企業からみた企業倫理の詳細内容

	細目	内容	企業からみた性格	特徴的性質
企業倫理	社会規則遵守	企業が社会のなかで人としての生き様を求め，人として生活するために社会の規則を守ること。	社会的要求の実現〔理想〕	不可視性
	自主規則遵守	企業が自主的に策定した社会規則などを自ら遵守すること。	自主的策定・遵守〔自主〕	自主性
	法令遵守	企業が企業の存立基盤の前提となる法律や上場規則を遵守する。	絶対的遵守規定〔強制〕	規律性

(出所) 筆者作成。

これは，企業側からみると，不可視性を有していると観念されるのである。

(3) 制度的企業倫理論と哲学的企業倫理論

　企業倫理の考察方法は，おおむね，制度的企業倫理論と哲学的企業倫理論の2つに分けることができる。まず，制度的企業倫理論は，社会システムのなかで自由と規律の調整を行いつつ，企業の倫理的立場を明らかにさせ，企業の自律を促そうとする考え方である。つまり，制度的企業倫理論の目的は，企業倫理を確立するための社会システムは如何なる姿なのかを探求することになる。そして，企業倫理を確立する手段としては，外部による監視・監督体制を通じた企業経営の自律を促す制度の模索を続けることに焦点が集まるのである。

　また，哲学的企業倫理論は，人と企業の関係のなかで企業モラルの模索を行いつつ，企業を人として実在するものと捉え，企業と経営者の一体化を促そうとする考え方である。つまり，哲学的企業倫理論の目的は，企業倫理を確立するための経営者倫理は如何なる姿なのかを探求することになる。そして，企業倫理を確立する手段としては，内部による経営者教育・育成と同視した企業としてのモラルの模索を続けることに焦点が集まるのである。

図2-5　制度的企業倫理論と哲学的企業倫理論

```
                ┌─ 制度的 ──── 社会システム
                │  企業倫理論   〔自由と規律の調整〕
                │     〔目的〕企業倫理を確立するための社
                │     会システムは如何なる姿か。
   企業倫理 ──┤     〔手段〕外部による監視・監督体制を
                │     通じた企業経営の自律を促す制度の
                │     模索が行われる。
                │
                └─ 哲学的 ──── 人と企業
                   企業倫理論   〔企業モラルの模索〕
                        〔目的〕企業倫理を確立するための経
                        営者倫理は如何なる姿か。
                        〔手段〕内部による経営者教育・育成
                        と人と同視した企業としてのモラル
                        の模索が行われる。
```

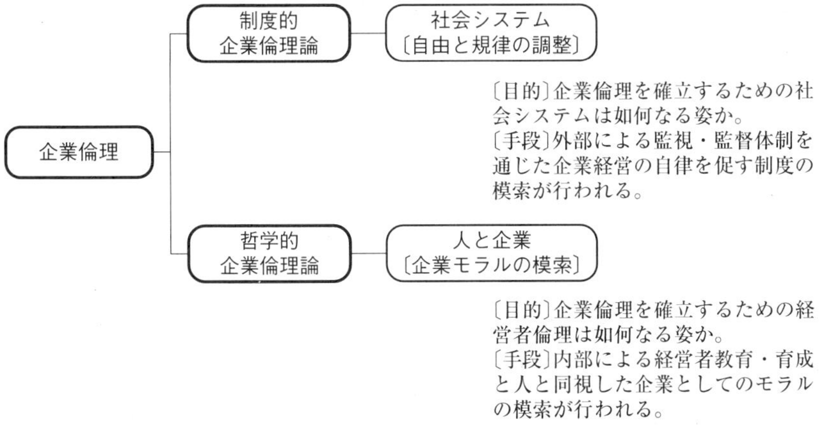

（出所）筆者作成。

この両者の存在は、結局のところ、企業経営を如何に捉えるのかに遡る。たとえば、法人擬制説的な考え方は、制度的企業倫理論との親和性が強いであろうし、法人実在説的な考え方は、哲学的企業倫理論との親和性が強いであろう。また、近年のコーポレート・ガバナンス論や企業社会責任論についても同じ検討が加えられよう。このように考えると、議論が拡散するであろうから、ここではその根本的立場の相違について検討することを控える。ただ、この両者の考え方の相違は、企業倫理論の多様化を意味していると指摘することができよう。

4　企業システムと企業倫理論

(1)　企業倫理論の視座と特徴

　企業倫理論は、既述の通り、制度的企業倫理論と哲学的企業倫理論の2つに分けることができるが、それぞれの内容を理解するためには、各々を具体的に検討する必要がある。

　制度的企業倫理論の意義は、(1)社会システムのなかに企業を制度として位置付け、理論を構築すること、(2)システムのなかの無機質な企業自体を捉え、経営者個人の倫理性の確立を目指すことになること、(3)経営者個人の倫理性（経営者倫理）の確立に向かうのと同時に、倫理を規則化（倫理規則）して捉えようと努力されること、の3つである。この具体的事例は、コーポレート・ガバナンス原則、ISO諸規則、国際的ガイドラインなどであり、親和性のある研究分野は、コーポレート・ガバナンス論、法人擬制説などである。

　一方、哲学的企業倫理論の意義は、(1)企業を中心として、企業を取り巻く利害関係者に与える影響を最も重視して理論を構築すること、(2)企業自体に倫理的価値観を見出し、経営者と企業を一体化することを基本とするため、企業を倫理性の帰属主体として捉えること、(3)企業の主体的役割を個人の哲学的問題に結びつけ、個人倫理と企業倫理の一体化を目指すこと、の3つである。この具体的事例は、利害関係者論であり、親和性のある研究分野は、宗教・文化論、経営者教育論、法人実在説なのである。

表 2-2　企業倫理の視座と特徴

	企業倫理の視座	特徴
企業倫理論	制度的企業倫理論	〔意義〕 (1) 社会システムのなかに企業を制度として位置付け，理論を構築する。 (2) システムのなかの無機質な企業自体を捉え，経営者個人の倫理性の確立を目指すことになる。 (3) 経営者個人の倫理性（経営者倫理）の確立に向かうのと同時に，倫理を規則化（倫理規則）して捉えようと努力される。 〔具体的事例〕 コーポレート・ガバナンス原則，ISO諸規則，国際的ガイドラインなど 〔親和性のある研究分野〕 コーポレート・ガバナンス論，法人擬制説
	哲学的企業倫理論	〔意義〕 (1) 企業を中心として，企業を取り巻く利害関係者に与える影響を最も重視して理論を構築する。 (2) 企業自体に倫理的価値観を見出し，経営者と企業を一体化することを基本とするため，企業を倫理性の帰属主体として捉える。 (3) 企業の主体的役割を個人の哲学的問題に結びつけ，個人倫理と企業倫理の一体化を目指す。 〔具体的事例〕 利害関係者論 〔親和性のある研究分野〕 宗教・文化論，経営者教育論，法人実在説

(出所) 筆者作成。

(2) 企業倫理論の視座と具体的相違

　制度的企業倫理論は，まず基本的に法人擬制説に立脚する。そして，経営者は，社会システムとして企業倫理と人としての個人倫理を分けて倫理を考える。また，従業員は，企業を高度にシステム化された創造物であるとして捉えるので，従業員と企業の関係も，経営者と企業の関係と同一であると捉える。なお，社会は，社会システムのなかの企業を捉えるので，利害関係者として認識せず，社会全体のなかの企業としての役割と倫理を認識するのである。

　一方，哲学的企業倫理論は，まず基本的に法人実在説に立脚する。そして，

表 2-3 企業倫理視座と具体的相違

		企業	経営者	従業員	社会
制度的企業倫理論	法人擬制説	社会システムとしての企業倫理と人としての個人倫理を分けて倫理を考える。	企業を高度にシステム化された創造物であるとして捉えるので,従業員と企業の関係も,経営者と企業の関係と同一であると捉える。	社会システムのなかの企業を捉えるので,利害関係者として認識せず,社会全体のなかの企業としての役割と倫理を認識する。
哲学的企業倫理論	法人実在説	企業と経営者を同化させて倫理を考える。	企業を倫理性のある個体として捉えるので,企業と従業員という特殊な関係を認識しつつ,従業員にも人の倫理を求める。	企業を中心として倫理論を構築するために利害関係者を細分化し,個々に倫理を追求する。

(出所) 筆者作成。

経営者は,企業を倫理性のある個体として捉えるので,企業と従業員という特殊な関係を認識しつつ,従業員にも人の倫理を求める。なお,社会は,企業を中心として倫理論を構築するために利害関係者を細分化し,個々に倫理を追求するのである。

このように,両者いずれかの考え方を採るかによって,企業の本質的捉え方が異なってくる。逆をいえば,企業の捉え方によって,企業倫理の考え方が,まるで違ってくるのである。そのため,コーポレート・ガバナンスの議論と同様に,企業倫理論を突き詰めていくと,「企業とは何か」という話に行き着くことになることも,認識しておく必要がある。

(3) 企業倫理とコーポレート・ガバナンス

企業倫理論は情報開示・透明性と極めて親和的であるというのが,ここでの論から導き出される。ここからもう少し突っ込んで論じると,(1)企業倫理論は情報開示・透明性を基礎とする,(2)企業倫理論は広義のコーポレート・ガバナンス論の範疇に捉えることができる,の2つが導かれるのである。

まず,(1)については,企業倫理を発揮するために外部および内部の監視・

牽制が絶対的に必要であることに基礎付けることができる。つまり、人たる倫理観に全てを依存するには、あまりに他力本願であり、経営者職能としての倫理を持ち合わすためにも、組織や制度としての倫理的能力の発揮を前提としなければならないのである。その倫理的な制度こそが、情報開示・透明性である。情報開示とは、経営者による会社情報の積極的開示を意味し、透明性とは、利害関係者が会社情報にアクセスできることを意味する。これは企業という制度のなかにおいて、情報開示・透明性が根底にあるからこそ、企業の倫理を捉えるにあたり制度論をまず論じるべきであるとの筋に繋がることになる。このように、企業倫理こそ、情報開示・透明性と絡めて論じつつ実践していかなければ、企業倫理の確立を目指すことは永久に不可能であろう。

　一方、(2)については、制度的に企業倫理を考えることが有効であるという前提に立てば、コーポレート・ガバナンスの一部分として企業倫理が存在すると基礎付けることができる。つまり、今日の会社制度の統治および監視や牽制の役割を担っているのがコーポレート・ガバナンスなのであるから、このコーポレート・ガバナンスの一部分としての企業倫理として位置付けることも可能である。もちろん、両者の必要性および実践過程は、別々の過程を辿っており、明日にも両者を融合して論じることに、少なからず違和感を覚える。しかし、コーポレート・ガバナンス論を出現させた原因である企業不祥事への対処の問題と、企業倫理における経営者倫理の欠如とには共通点が多く含まれており、発生原因は、ほぼ同じであることを認めなくてはならない。このように考える

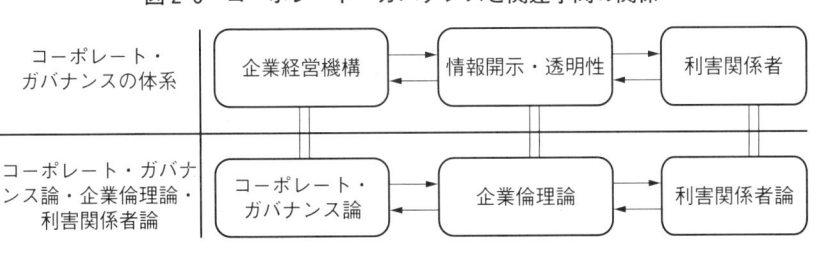

図2-6　コーポレート・ガバナンスと関連学問の関係

コーポレート・ガバナンスの体系	企業経営機構	情報開示・透明性	利害関係者
コーポレート・ガバナンス論・企業倫理論・利害関係者論	コーポレート・ガバナンス論	企業倫理論	利害関係者論

(出所)　筆者作成。

と，今後の研究において，新しい会社制度を立ち上げる場合に，この両者を同時に考えるという場面が現れるであろう。

5　株式会社と新しい会社制度

　資本主義社会の主役である株式会社の制度疲労が，徐々に露見している。全ての終わりを精算する世紀でもあり，新たな始まりを創出する世紀でもある21世紀では，時代環境に合わせたプレーヤーを創造していかなければならない。そこで，現代の企業社会における3大トピックである，コーポレート・ガバナンス，企業倫理，企業社会責任の視点から検討し，新たなポスト株式会社の姿を模索することが肝要となろう。

　株式会社という存在を，代えることのない永続的なものとして認識していたから，その制度的な疲労を埋めるために，数々の理屈が生まれてきた。それは，コーポレート・ガバナンスであり，企業倫理であり，企業の社会的責任である。しかしながら，このような株式会社への牽制や抑制，あるいは指導をいくらしたところで，制度自体が変化しないのであれば，限界があると考えなければならない。そのため，今までの株式会社の機能を中心に語られてきた株式会社論ではなく，新しい会社制度の創設を視野に入れた議論が活発となることを切望しているのである。そして，このような役割が，私たちに寄せられているのではないかと，痛切に感じているのである。

参考文献

菊池敏夫・平田光弘・厚東偉介（編著）［2008］『企業の責任・統治・再生』文眞堂。
小島大徳［2007］『市民社会とコーポレート・ガバナンス』文眞堂。
小島大徳［2004］『世界のコーポレート・ガバナンス原則　原則の体系化と企業の実践―』文眞堂。
小島　愛［2008］『医療システムとコーポレート・ガバナンス』文眞堂。
平田光弘［2008］『経営者自己統治論―社会に信頼される企業の形成―』中央経済社。

第 3 章
企業社会責任の理論

1 社会的責任論の高揚

　経営学や法律学など多くの学問分野において，企業の社会的責任（Corporate Social Responsibility, CSR）に関する研究が精力的になされている。そして，今日では，国際会議の場においても企業の社会的責任が議題として挙げられており，その議論は世界的に活発となっている。しかし，一言に企業の社会的責任といっても，議論の内容は論者によって多様であり，非常に多岐に亘っている。たとえば，「企業にはどのような責任が存在するのか」という社会的責任の具体的内容を論じるものもあれば，「企業に社会的責任は存在するのか」という企業の存在理由を問うものまである。企業の社会的責任は，コーポレート・ガバナンスや企業倫理などの学問分野とともに論じられているのである。その議論の多くが，それらの学問分野のなかにおける社会的責任の立ち位置をはっきりさせないまま論じられているのである。

　そこで，本章では，歴史的に如何なる事象を契機として，企業の社会的責任をめぐる議論が論じられるに至ったのかについて考察し，企業の社会的責任論の基礎を論じることで，現代の株式会社における社会的責任の立ち位置を明らかにする。具体的には，企業の社会的責任における代表的な研究者の見解を，社会的責任肯定論と社会的責任否定論の大きく 2 つに分けて考察し，その展開や認識の変化について述べる。くわえて，企業の社会的責任に関する議論の動向を検討し，国内外の企業の社会的責任に関する潮流を明らかにする。最後に，企業の社会的責任に関する現代的な捉え方を提示する。

2 企業の社会的責任に関する議論の展開

(1) 変化する社会から企業への要請

　企業は，社会から企業に対する要請に，最大限，応えなくてはならない。しかし，その前に企業は社会において，どのような役割を担う存在であるのかについて考えなければ企業の社会的責任を，根本から理解したことにはならない。企業は，商品生産という職分を社会から負託されている[1]。そして，その商品は，ただの財・サービスであってはならず，消費者にとって必要とされ，かつ良質で安心・安全な財・サービスであることが求められている[2]。このように本論を論じる前提として，企業は社会の一部に存在する社会的存在であることを確認しておこう。

　日本において企業の社会的責任が唱えられはじめた際に，企業は営利活動を行うために存在するのであり，社会的責任を果たす使命は負っていないとの主張がなされていた。しかし，今日では，社会の要請は時代とともに変化しており，企業は社会の要請に応える経営を実践する必要があるとの認識で定着している。それでは何故，劇的な認識の変化があったのであろうか。この点を探ることにより，企業経営活動の本質を見ることができるのである。

　企業の社会的責任に関する認識の変化は，図3-1のように示すことができる。まず，高度経済成長期の頃は，企業は営利活動を行う存在であり，社会的責任を果たす必要はないと考えられていた。しかし，公害問題をはじめとする企業

図3-1　日本における企業の社会的責任に関する認識の変化

高度経済成長期頃の企業における企業の社会的責任に関する認識		今日の企業における企業の社会的責任に関する認識
企業は営利活動を行う存在であり社会的責任を果たす必要はない	→ 公害問題をはじめとする企業不祥事の発生 →	企業の社会的責任は企業が当然に果たさなければならない

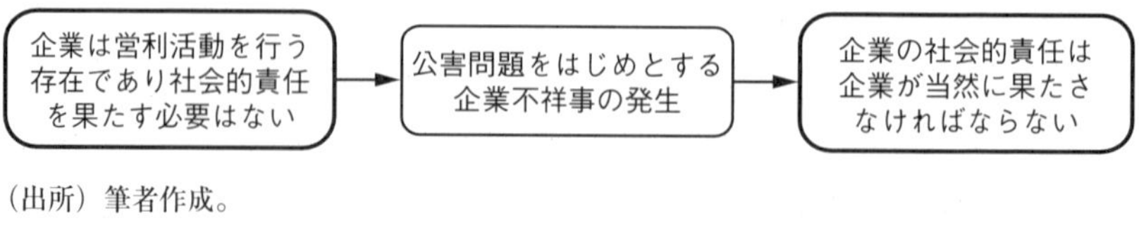

（出所）筆者作成。

不祥事の発生を契機として，企業は企業の社会性が強く問われたのである[3]。また，公害問題をはじめとする企業不祥事は，利益を求めることを第一に考え，消費者の不利益よりも企業と社会の発展が優先されるという企業経営の風潮にあったことも原因と考えられる。なんとしても，市民もそのような企業経営に寛容さをもって臨んでいた。

(2) **日本における企業の社会的責任の契機と動向**

日本において，企業の社会的責任は，公害問題をはじめとする企業不祥事を契機として重要視されてきた。平田光弘は，第2次大戦後から現在までに起こった企業不祥事は，表3-1のように，(1)1960年代の高度経済成長期，(2)1973年の石油危機後，(3)1990年代バブル経済崩壊後，(4)2000年代初頭，と

表3-1 第2次大戦後から2000年代初頭における企業不祥事の内容と特徴

年代	主な企業不祥事の内容	発生した企業不祥事の特徴
(1)1960年代	産業公害，環境破壊，欠陥・有害商品，誇大広告，不当表示など	企業行動の過程で，事後的または副次的に発生して，結果的に反社会的行為になったものが多かった。
(2)1973年の石油危機後	投機，買い占め，売り惜しみ，便乗値上げ，株価操作，脱税，背任，贈収賄など	最初から反社会的行為であることを知りながら，世間の目を掠めてうまい汁を吸おうとして，意図的に引き起こされたものであり，企業の倫理性が問われるものが多かった。
(3)1990年代	価格カルテル，入札談合，贈収賄，業務上過失致死，私文書偽造・行使，不正融資，インサイダー取引，利益供与，損失補填，粉飾決算など	最初から反社会的行為であることを知りながら，意図的に引き起こされたものであったが，その行為の悪質さから，経営行動の倫理性を厳しく糾弾されねばならないものがほとんどであった。
(4)2000年代初頭	集団食中毒，食肉などの産地偽装，食品の賞味期限の改ざん，自動車のクレーム・リコール隠し，原子炉の損傷隠し，有価証券報告書の偽装，粉飾決算など	最初から反社会的行為であることを知りながら，意図的に引き起こされたものであり，1990年代のそれと同様，その行為の悪質さから，経営行動の倫理性を厳しく糾弾されねばならないものばかりであった。

(出所) 平田光弘［2003］115頁を基に筆者作成。

大きく4つに分類している[4]。

まず，(1)の企業不祥事は，企業行動の過程で，事後的または副次的に発生して，結果的に反社会的行為になったものが多かった。また，(2)の企業不祥事は，最初から反社会的行為であることを知りながら，世間の目を掠めてうまい汁を吸おうとして，意図的に引き起こされたものであり，企業の倫理性が問われるものが多かった。そして，(3)の企業不祥事は，最初から反社会的行為であることを知りながら，意図的に引き起こされたものであったが，その行為の悪質さから，経営行動の倫理性を厳しく糾弾されねばならないものがほとんどであった。さらに，(4)の企業不祥事は，(3)と同様に，最初から反社会的行為であることを知りながら，意図的に引き起こされたものであり，その行為の

表 3-2　企業倫理の課題事項—関係領域と価値理念—

関係領域	価値理念	課題事項
①競争関係	公正	カルテル，入札談合，取引先制限，差別対価，差別取扱，不当廉売，知的財産権侵害，企業秘密侵害，贈収賄，不正割戻，など
②消費者関係	誠実	有害商品，欠陥商品，虚偽・誇大広告，悪徳商法，個人情報漏洩，など
③投資家関係	公平	内部者取引，利益供与，利益保障，損失補填，作為的市場形成，相場操縦，粉飾決算，など
④従業員関係	尊厳	労働災害，職業病，メンタルヘルス障害，過労死，雇用差別（国籍・人種・性別・年齢・宗教・障害者・特定疾病患者），専門職倫理侵害，プライバシー侵害，セクシャル・ハラスメント，など
⑤地域社会関係	共生	産業災害（火災・爆発・有害物漏洩），産業公害（排気・排水・騒音・電波・温熱），産業廃棄物不法処理，不当工場閉鎖，計画倒産，など
⑥政府関係	厳正	脱税，贈収賄，不正政治献金，報告義務違反，虚偽報告，検査妨害，捜査妨害，など
⑦国際関係	協調	租税回避，ソーシャルダンピング，不当資金洗浄，多国籍企業の問題行動（贈収賄，劣悪労働条件，年少者労働，公害防止設備不備，利益送還，政治介入，文化破壊），など
⑧地球環境関係	最小負荷	環境汚染，自然破壊，など

(出所) 中村瑞穂 [2006] 11頁。

悪質さから，経営行動の倫理性を厳しく糾弾されねばならないものばかりであった[5]。

こうした，企業不祥事の発生から企業の社会に対する責任が問われ，企業は社会に対して責任を果たすことが求められていったのである。なお，中村瑞穂は，表3-2のように，一歩踏み外せば企業不祥事になりかねない事象を関係領域ごとに分類しており，企業が活動する上で留意すべき事象を示している。

(3) 新しい企業の社会的責任と企業の社会貢献活動

日本において，企業の社会的責任が論じられはじめた高度経済成長期の頃は，利益を上げることは社会に対しても良いことであるとの考えが主であった。この頃は，社会的責任に対して消極的であり，その行動も問題が発生してから対処する受動的なものであった。しかし，今日では，相次ぐ企業不祥事の発生から，企業に対して厳しい視線が注がれ，企業は受動的な対応（企業の社会的責任）から，問題が発生する前に未然に防止しようとする能動的な対応（企業の社会的即応性）をとるように変化してきたのである[6]。このような，企業の社会的責任と企業の社会的即応の概念は，図3-2として表した。

また，近年では，これまでの公害問題から派生した企業の社会的責任とは異なる企業の社会貢献活動が生まれてきている。たとえば，具体的な社会貢献活動として，企業が芸術活動や文化活動を支援する活動であるメセナや，慈善活動を指すフィランソロピーという活動である。また，経団連の会員に対し経常利益や可処分所得の1パーセント相当額以上を自主的に社会貢献活動に支出しようと努める1パーセントクラブも一例である。

そのような，企業の社会的責任活動は，大まかに表3-3のような狭義と広義の社会貢献活動に分けることができる。まず，狭義の社会貢献活動は，環境保全運動や国内経済成長，企業価値向上活動や福利厚生充実などである。また，広義の社会貢献活動は，メセナやフィランソロピー，海外の貢献活動や技術移転などである。なお，近年では，経済的な指標とともに，社会的な指標も考慮するという社会的責任投資（Social Responsible Investment, SRI）も活発化して

図 3-2 企業の社会的責任と企業の社会的即応性

```
過去                    現在                   将来
                         │── 今日的課題の発生
─────────────────────────○────────────────────→
           │
    問題が発生してから対処する
    受動的な対応
    └─ 企業の社会的責任 ─┘

           問題が発生する前に未然に防止
           しようとする能動的な対応
           └─── 企業の社会的即応性 ───┘
```

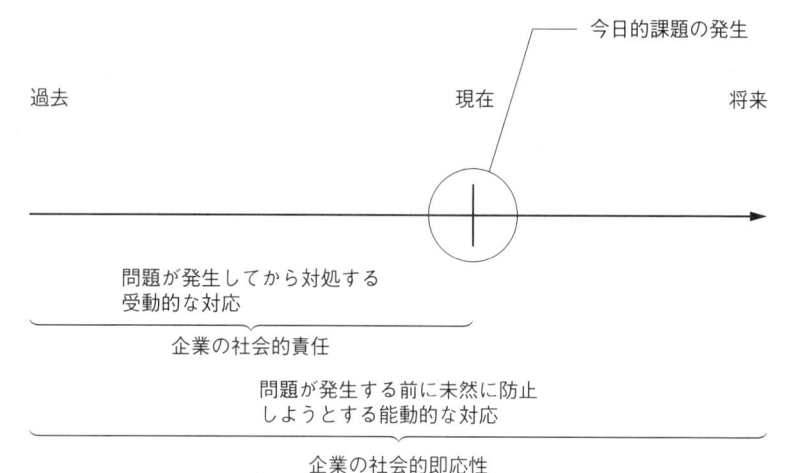

(出所) 筆者作成。

表 3-3 企業の社会的責任活動の体系

	具体的な施策の範囲	例示
企業の社会的責任活動	狭義の社会貢献活動	環境保全活動, 国内経済成長, 企業価値向上活動, 企業の福利厚生充実など
	広義の社会貢献活動	メセナ, フィランソロピー, 海外の貢献活動, 技術移転など

(出所) 小島大徳 [2007 b] 86 頁。

きており,こうした動きも無視することはできない。しかし,資本市場の盛衰によって,SRI の規模が変化する可能性が大であり,現代社会に果たす役割や影響力は,限定的なものになると思われる。

3 企業の社会的責任に関する学説

(1) 企業の社会的責任に関する議論と特徴

企業の社会的責任に関する定義や見解は,論者によって実に多様であるが,

論の展開は大きく2つに分けることができる。1つは，企業には社会に対する責任が存在するのだから社会的責任を果たしていかなければならないと考える社会的責任肯定論である。もう1つは，企業には社会に対する責任が存在せず株主のために経営を行っていくことが社会的責任であると考える社会的責任否定論である。この2つは，企業の社会的責任が活発に議論されるようになってから今日に至るまで議論が戦わされている。

　企業の社会的責任論の内容や特徴は，図3-3のように表すことができる。日本では，第2次世界大戦後の1950年代頃から企業の社会的責任が説かれはじめた。その後，1960年代からの高度経済成長期の企業活動により発生した公害問題を契機として，企業の社会的責任という概念が認識されるようになった。1970年代になると，学界や実業界において，企業の社会的責任が活発に議論され，重要視されていった。経済が安定した1980年代には，企業の社会的責任に対する関心が薄らぎ，議論は沈静したのである。そして，1990年代初頭のバブル経済の崩壊後，多数の企業不祥事が明らかとなり，コーポレート・ガバナンスや企業倫理とともに，企業の社会的責任に関する問題が再燃したのである。さらに，その後の2000年代初頭からは，企業の社会貢献活動などを含めた新たな企業の社会的責任が求められている。

(2) **企業の社会的責任肯定論に関する学説**

　日本国外における企業の社会的責任に関する主要な学説は，表3-4としてまとめることができる。企業の社会的責任を初めて取り上げたシェルドン（Oliver Sheldon）[1924]は，経営者の社会的責任は，企業に対する責任と従業員に対する責任であるとし，それらに対して責任を果たすことが求められると論じている。このように，当初の企業の社会的責任は従業員や顧客などに対する責任を指し，今日において論じられているような企業の社会的責任論よりも狭い概念において用いられていた。その後，企業は社会に対して質量ともに影響を与えるようになり，企業は社会に対して積極的に責任を負わなければならないと認識されたのである。そして，企業は本来の目的である利益を上げるとい

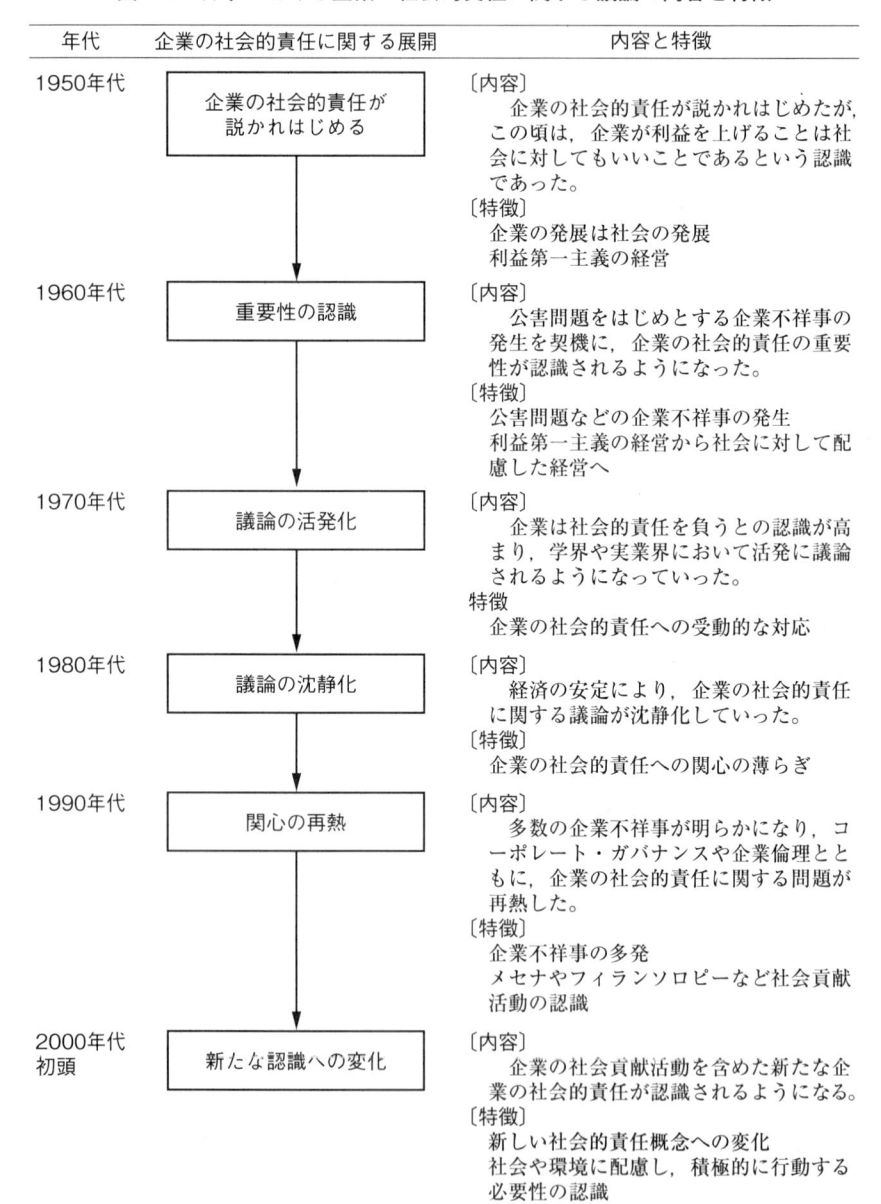

図 3-3 日本における企業の社会的責任に関する議論の内容と特徴

年代	企業の社会的責任に関する展開	内容と特徴
1950年代	企業の社会的責任が説かれはじめる	〔内容〕企業の社会的責任が説かれはじめたが,この頃は,企業が利益を上げることは社会に対してもいいことであるという認識であった。 〔特徴〕企業の発展は社会の発展 利益第一主義の経営
1960年代	重要性の認識	〔内容〕公害問題をはじめとする企業不祥事の発生を契機に,企業の社会的責任の重要性が認識されるようになった。 〔特徴〕公害問題などの企業不祥事の発生 利益第一主義の経営から社会に対して配慮した経営へ
1970年代	議論の活発化	〔内容〕企業は社会的責任を負うとの認識が高まり,学界や実業界において活発に議論されるようになっていった。 特徴 企業の社会的責任への受動的な対応
1980年代	議論の沈静化	〔内容〕経済の安定により,企業の社会的責任に関する議論が沈静化していった。 〔特徴〕企業の社会的責任への関心の薄らぎ
1990年代	関心の再熱	〔内容〕多数の企業不祥事が明らかになり,コーポレート・ガバナンスや企業倫理とともに,企業の社会的責任に関する問題が再熱した。 〔特徴〕企業不祥事の多発 メセナやフィランソロピーなど社会貢献活動の認識
2000年代初頭	新たな認識への変化	〔内容〕企業の社会貢献活動を含めた新たな企業の社会的責任が認識されるようになる。 〔特徴〕新しい社会的責任概念への変化 社会や環境に配慮し,積極的に行動する必要性の認識

(出所) 筆者作成。

第3章 企業社会責任の理論　53

表 3-4　海外における企業の社会的責任に関する学説

年	論者	著書・論文タイトルおよび出所	内容
1924年	シェルドン (Oliver Sheldon)	The Philosophy Of Management Pitman. (オリバー・シェルドン著　企業制度研究会訳 [1975]『経営のフィロソフィ』雄松堂)	経営者の社会的側面を検討する場合，大きく2つの部門に分けられよう。すなわち，第一は社会全体と企業における統合力，統率力としての経営者との関係であり，第二は，産業に従事する人間的要素に対する経営者の関係である。第一の場合には，経営者は，企業を統治しているので企業全体の責任を担い，後者においては，自らが指揮している人々（従業員—筆者）に対して自らが奉仕するという責任を担っている。
1960年	イールズ (Richard Eells)	The Meaning Of Modern Business Columbia University Press.	企業の社会的責任が生ずるのは，特に企業が（社会の）生態系において，経済的および政治的に影響を与えるときである。経営者がそのような責任を負うことにしりごみすることはわかるが，この責任は企業が社会においてもつ影響力に不可避なものである。
1963年	マクガイア (Joseph William McGuire)	Business and Society McGraw-Hill, Inc.	企業の社会的責任という考えは，経済的な責任や法的義務のみならず，社会に対する責任までその範囲を拡げるものであると考えられる。
1973年	デイヴィス (Keith Davis)	The Case for and Against Business Assumption of Social Responsibilities The Academy of Management Journal, Vol. 16 No. 2, Academy of Management, pp. 312-322.	(企業は) 社会的責任を負うことが求められ，企業は意思決定において社会的価値観との統一をより活発に行わなければならない。
1979年	キャロル (Archie B. Carroll)	A Three-dimensional Conceptual Model of Corporate Performance Academy of Management Review, Vol. 4 No. 4, pp. 497-505.	企業の社会的責任の定義は，社会の全ての範囲に果たさなければならない義務であり，具体的に，経営活動における経済的，法的，倫理的そして自由裁量という分類である。
1986年	フレデリック (William Fredrick)	Toward CSR 3 : Why ethical analysis is indispensable and unavoidable in corporate affairs California Management Review Volume 28 Number 2, University of California, pp. 126-141.	CSR 1 ＝ 企業の社会的責任 (Corporate Social Responsibility) CSR 2 ＝ 企業の社会的即応性 (Corporate Social Responsiveness) CSR 3 ＝ 企業の社会的道義 (Corporate Social Rectitude)
1991年	キャロル (Archie B. Carroll)	The Pyramid of Corporate Social Responsibility : Toward the Moral Management of Organizational Stakeholders Business Horizons, Vol. 34 No. 4, Indiana University Graduate School of Business, pp. 39-48.	企業の社会的責任は，経済的責任，法的責任，倫理的責任，社会貢献的責任の4つの社会的責任によって構成されている。さらに，これら4つ社会的責任の種類および構成要素はピラミッド状に段階的なものであるといえよう。
1992年	フレデリック, ポスト, デイヴィス (William C. Fredrick, James E. Post, Keith Davis)	Business and Society (seventh edition) McGraw-Hill, Inc.	企業の社会的責任は，企業の行動により影響を受ける人々や社会，環境に対して責任を負うことである。
1998年	フレデリック (William Fredrick)	Moving to CSR 4 Business and Society, Vol. 37 No. 1, Sage Publications, pp. 40-59.	CSR 1 ＝ 企業の社会的責任 (Corporate Social Responsibility) CSR 2 ＝ 企業の社会的即応性 (Corporate Social Responsiveness) CSR 3 ＝ 企業の社会的道義 (Corporate Social Rectitude) CSR 4 ＝ 宇宙・科学・信条 (Cosmos Science Religion)

(出所) 筆者作成。

図3-4 企業の社会的責任（ピラミッド型）

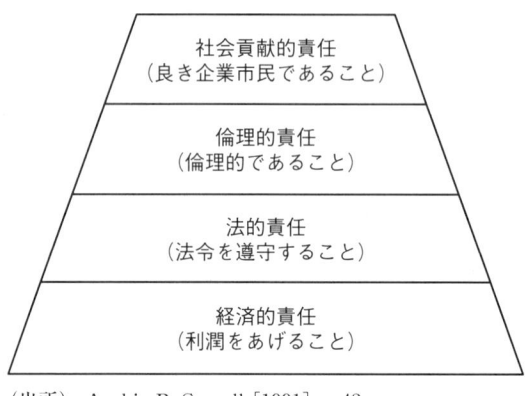

```
         社会貢献的責任
      （良き企業市民であること）
          倫理的責任
        （倫理的であること）
           法的責任
        （法令を遵守すること）
          経済的責任
        （利潤をあげること）
```

（出所）　Archie B. Carroll［1991］p. 42.

う経済的な責任や法令を遵守するという法的な責任のみならず，社会において責任を果たさなければならないと考えるのである。

　企業の社会的責任は，議論が活発になるにつれて，実に多様な学説が展開されてきた。たとえば，キャロル（Archie B. Carroll）［1991］は，企業の社会的責任を経済的・法的・倫理的・社会貢献的な責任の大きく4つ分類し，図3-4のように段階的に展開しているのである。図3-4は，企業の社会的責任が，経済的責任から法的責任へ，倫理的責任から社会貢献的責任へと，下から上へピラミッド型になっていることを表している。つまり，企業には，利潤を上げることの上に，法令を遵守することや倫理的であること，良き企業市民であることが積み重なっており，段階的に責任の舞台が上がっていくのである。しかし，フレデリック（William C. Fredrick）［1998］のように，企業の社会的責任の範囲をCSR 4 ＝宇宙・科学・信条（Cosmos Science Religion）にまで拡げて論じているような現実的な企業の社会的責任として不可解なものもあり，企業の社会的責任に関する定義が乱立し混乱期にある様相を呈している。

　日本における企業の社会的責任論に関する主要な学説は，表3-5のようにまとめることができる。表3-4と表3-5のように，企業の社会的責任肯定論の学説は論者によって目的や主体，そして内容までもが一様ではないことがわかる。

表 3-5　日本における企業の社会的責任に関する学説（その1）

年	論者	著書・論文タイトルおよび出所	内　　容
1949年	山城　章	「経営の社会的責任―経営責任と経営権―」 『経営評論』第4巻第11号，経営評論社，8-13頁。	経営体は，対内的にみて，社会の生産責任の遂行のための機能組織体であり，この経営機能の実行にあたって，経営者権と経営者責任の問題がある。経営責任と経営者責任，経営権と経営者権は各々一応別なものである。経営の社会性とは，以上の如く経営自体の対外的な利害配分の支配関係即ち企業関係は包括して指称するものである。経営は社会関係で生活はするが，それ自体何等社会体ではない。
1959年	藻利重隆	「経営者の社会的責任とその企業的責任および自己責任」 『経営学論集』第31巻，日本経営学会，33-42頁。	経営者の社会的責任においてわれわれはどのような内容を把握すべきであろうか。それは要するにこれを企業の国民経済の繁栄に対する貢献を意味するものと解しうるであろう。企業はこうした貢献を，一方では広く労働力の所有者に対する関係において，また他方では顧客に対する関係において，少なくとも直接的には，実現するものと解せられる。
1972年	対木隆英	「企業の社会的責任―その生成と内容―」 『成蹊大学経済学部論集』第3巻第1号，成蹊大学経済学部学会，139-146頁。	企業の社会的責任は，基本的には，企業が利潤動機に導かれて極大利潤―特に短期的極大利潤―を求めて，しばしば，企業の内部環境や外部環境またはその双方に対する配慮を欠いた，自己本位の独善的行動をすることに対する企業外部からの批判とそれに対応する経営者自身の反省の中で生成してきたものと思われる。
1974年	高田　馨	『経営者の社会的責任』 千倉書房	経営者の社会的責任の意味は，経営者がその環境主体（利害関係者―筆者）の主体性を尊重するためになすべきことを決めねばならないということ，そして，そのなすべきことをしなければならないということである。
1975年	占部都美	「企業の社会的責任にたいする経営学的接近」 『経営学論集』第45巻，日本経営学会，77-83頁。	企業の社会的責任とは，単純な利潤原則を超克して，企業活動が社会の福祉に貢献するように経営管理を遂行していく責任をさしている。
1976年	櫻井克彦	『現代企業の社会的責任』 千倉書房	社会的責任とは，対環境の責任であり，企業をめぐるさまざまな主体に関してその経済的・非経済的な，ならびに法律的・非法律的なあらゆる期待に考慮を払うという企業ないし経営者の義務である。
1981年	向井武文	「企業の社会的責任と営利原則」 藻利重隆先生古稀記念論文集編集委員会編『経営管理論の基本問題』千倉書房，161-182頁。	社会的責任の中心問題は「費用的管理の短期性」を克服することのできる新しい企業の指導原理を具体的に確立することのうちに求められなければならない。そしてそれは，企業の意思決定が長期的営利主義によって指導されることによってはじめて可能となるであろう。
1992年	正木久司	「企業の倫理」 『同志社商学』第43巻第5号，同志社大学商学会，61-73頁。	企業は営利組織であるから利潤の追求は当然のことと考えられる。しかし，企業がいまや社会的制度となり，巨大な組織となって社会に対する影響を増してくると，単に私利追求だけではなくて社会的責任を考慮した節度ある行動が要請される。この要請が企業の社会的責任論であり，企業の倫理論となる。

表 3-6　日本における企業の社会的責任に関する学説（その 2）

年	論者	著書・論文タイトルおよび出所	内容
1994 年	森本三男	『企業社会責任の経営学的研究』 白桃書房	企業が自己に対する環境主体（利害関係者―筆者）の諸期待に応えることを自発的に自己の責任とし，それによって，制度としての自己の存続を万全にすること。
1999 年	櫻井克彦	「コーポレート・ガバナンスに関する一考察―企業の社会的責任との関連を中心に―」 『経済科学』第 46 巻 4 号，名古屋大学大学院経済学研究科，29-42 頁。	企業の社会的責任とは，企業がその正当性を発揮して社会から受容されるために社会に対して負う責任であり，具体的には，企業ないしその主体としての経営者が企業の環境主体ないしステークホルダーの期待に応えることである。
2003 年	高　巌	「企業の社会的責任（CSR）と企業の役割」 高巌（他共著）『企業の社会的責任―求められる新たな経営観』日本規格協会，9-24 頁。	CSR とは実際に何を指すのか，何に対応しなければならないのかという具体的な定義はほとんど不可能であると考えている。なぜならば，CSR は，社会又は市場との関係においてその内容が決まってくるものだからである。つまり，CSR の指すところは，市場や地域の人々との交流や対話を通じて，又は相互作用を通じて何をやるかを決めていくことで，その具体的な実践内容が決まってくるからである。
2006 年	谷本寛治	『CSR―企業と社会を考える―』 NTT 出版	企業活動のプロセスに社会的公正性や倫理性，環境や人権への配慮を組み込み，ステイクホルダーに対しアカウンタビリティを果たしていくこと。
2006 年	平田光弘	「CSR 時代と松下幸之助」 『論叢松下幸之助』第 5 号，PHP 総合研究所第一研究本部，25-53 頁。	国際的にも国内的にも合意形成された CSR の定義はまだないが，CSR が対象とするものは市場（誠実な企業活動），環境（地球への配慮），人間（人間の尊重）および社会（社会との調和）であり，企業の経済的側面という前輪と社会・人間・環境的側面という後輪とをつなぐ車軸の働きをするのが CSR である。したがって，両輪は CSR を介して長期的には企業業績に寄与し得るものである。
2007 年	吉森　賢	『企業統治と企業倫理』 放送大学教育振興会	企業の責任には三つある。これらは基本的責任とこれを超える高次の責任に階層化できる。基本的責任の一つは市場経済下にある企業であれば企業市民として最低果たすべき法的責任であり，これは法令遵守と称する。その次が経済的責任であり，これは利益の実現である。そして第三の最高次の責任が倫理的責任である。
2007 年	菊池敏夫	『現代企業論』 中央経済社	企業の社会的責任とは，企業の環境主体たるステイクホルダーに対する責任であって，具体的には企業の社会的責任ある意思決定と行動を内容としている。したがって，それは企業が各ステイクホルダーの目標・要求およびそれについての制度上の規制に適合した意思決定や行動をとることを意味している。

（出所）筆者作成。

ただ,大まかにいうと,企業は社会の一部として存在し,営利性のみならず,社会性をも配慮し,社会性を高度に実現するという使命を有している,とはいえそうである。

(3) 企業の社会的責任否定論に関する学説

企業は資本市場に存在しているのであり,企業は社会的責任を有しないとする企業の社会的責任否定論も根強く存在している。そうした企業の社会的責任否定論を,表3-6としてまとめた。企業の社会的責任否定論は,経済学者であるフリードマン(Milton Fridman)をはじめとする研究者らによって論じられている。

企業の社会的責任否定論者は,企業の社会的責任を否定する根拠として,(1)企業は株主のものであり株主の利益を最大にすることを第一に考えなければならないということ,(2)企業は株主のことを第一に考えるべきであり社会的責任を果たすことは経営者の権力を増大させるものであるということ,(3)企業は利潤を生み出すことが目的であり福祉や社会のことは企業が干渉するべきではないということ,の3つに求めている。つまり,簡潔にいうならば,企業の社会的責任は,利益を最大化し,株主のために経営を行っていくことであるということが社会的責任否定論者の主張である。

このような主張は1950年代後半から1960年代に盛んに主張されてきた。また,近年では奥村宏が,企業は「企業の社会的責任」を企業批判の動きを抑え込む材料として利用していると,企業の社会的責任に批判的な見解を述べている[7]。しかし,現実的な問題として,企業が利益を上げるためだけに活動し,株主の利益のためだけの責任を負うのみということはありえない。企業の社会的責任論争という場を借りて社会構造の批判をしているのだろうけれども,企業が経営活動のなかで発生する多くの問題に対して何の責任も負わないというのは,企業も社会のなかに存在している以上,聞くに及ばない論である。

表3-7　企業の社会的責任否定論に関する学説

年	論者	著書・論文タイトルおよび出所	内容
1958年	レビット (Theodore Levitt)	The Dangers of Social Responsibility　Harvard Business Review, Vol. 36 Issue 5, Harvard Business School Publishing, pp. 41-50.	福祉や社会のことは企業の干渉すべきことではない。企業の仕事は金を儲けることであり，快い音楽を奏でることではない。
1959年	ルイス (Ben W. Lewis)	Economic by Admonition　　　　　　　　　The American Economic Review, Vol. 49, No. 2, American Economic Association, pp. 384-398.	我々の合理的な経済生活の内部や背景には，システムの許す最大限の利益を得るという個人の社会的役割が存在する。労働者は高い賃金を得るために，経済目標に対し奉仕することになり，個々の農業者や実業者はその最大利益を追求するときに経済目標に奉仕するのである。利潤の追求は，私たちの生活様式において，意にかなうことであるだけでなく，不可欠なものである。もちろん，利潤追求の適当な形式や方法は，状況や慣習，法などによって制約されるが，我々の経済の論理は利潤動機を個人の社会的良心によって鈍らせたり，不明瞭にしたりすることは許されない。混乱のとき以外は，決して個人に感じられた社会的責任を中心的な経済運営の力として要求することはない。
1959年	ロストウ (Eugene V. Rostow)	To Whom and for What Ends is Corporate Management Responsible?　　　　　　　　　　　　Edward S. Mason. The Corporation In Modern Society, Harvard University Press, pp. 46-71.	社会の進歩への配慮を行うよりも，株主への義務を果たすことが経営者の責任であると再定義しなければならない。
1960年	ハイエク (Friedrich A. Hayek)	The Corporation in a Democratic Society　Melvin Anshen, George Lelanda Bacha, Management and Corporations 1985　Greenwood Press Publishers, pp. 99-117.	企業はその資源を最大利益の確保によって長期利潤を達成させるために向けることが唯一の目標であり，それによって最大の公益をもたらすのであるということを信じなければ，自由経済体制は崩壊する。
1961年	デール (Ernest Dale)	The Social and Moral Responsibilities of The Executive in the Large Corporation　American Economic Review, Vol. 51 Issue 2, American Economic Association, pp. 540-548.	社会的責任の拡大は，単にその議論を助長させるだけでなく，同時に経営者の権力を増大させるものである。
1962年	フリードマン (Milton Fridman)	Capitalism and Freedom　　　　　　　　　University of Chicago	企業の役員や労働組合のリーダーは，株主や組合員の利益に尽くす以外に「社会的責任」をもつという見解が広く受け入れられるようになってきた。この見解は自由経済の性格と本質に誤解を表している。このような経済で，唯一の企業の社会的責任とは，ゲームのルール内において，詐欺や不正を用いず開かれた自由な競争を行って，企業の利潤を増大させるために資源を用いて，経営活動を行うことであるといえよう。同様に，労働組合のリーダーの「社会的責任」は組合員の利益に尽くすことである。
2004年	ジョエル・ベイカン (Joel Bakan)	The Corporation　　　　　　　　　　　　酒井泰介訳『ザ・コーポレーション』早川書房	企業の役員，つまり他人の財産の管理人としては，それ自体の理念のためにそうした行動（株主にとって有益でない行動—筆者）を取る法的権限はないのである。よしんばそうした行動を取ったとしても，それは企業自身の利害追求の手段として行うに過ぎない。そして，企業自身の利害とは，一般に株主の富を最大化することである。
2006年	奥村　宏	『株式会社に社会的責任はあるか』　　　　岩波書店	株式会社はすべて利潤追求を目的にし，そのために努力しているのだから，それをわざわざ「企業の社会的責任」などという必要はない。「儲けるために努力しています」といえば良いだけのことである。

(出所）筆者作成。

4 国内外の企業の社会的責任に関する潮流

(1) 日本における企業の社会的責任に関する潮流

　日本における企業の社会的責任に関する動向について検討し，表3-7としてまとめた。まず，1956年に経済同友会は，大会決議『経営者の社会的責任の自覚と実践』で，初めて社会的責任という言葉を登場させた。そのなかで，経済同友会は社会的責任に関して「個別企業の利益がそのまま社会の利益と調和した時代は過ぎ，経営者が進んでその調節に努力しなければ，国民経済の繁栄はもちろん，企業の発展を図ることもできなくなる[8]」と宣言し，企業経営史のなかで転換を予感させる出来事であった。しかし，この経済同友会の決議は企業の社会的責任問題の提起に止まったのである。なぜならば，当時の経営者の大多数は利益第一主義を固持しており，企業の社会的責任について消極的であったからである[9]。

　その後，経済団体連合会（経団連，現在の日本経済団体連合会）は，1973年の総会決議で，企業の社会的責任を初めて取り上げ，翌1974年には「企業の社会性部会」を設置した。そして，1976年には『企業と社会の新しい関係の確立を求めて』という提言を公表するなど，企業の社会的責任について積極的に取り組むようになったのである。

　そうこうしたなか，企業の社会的責任への関心は，いったん薄らぎ，1990年代のバブル経済崩壊後の悪質な企業不祥事の発生を契機に，再び議論が活発となった。経団連は1991年に『経団連企業行動憲章』を制定した[10]。そして，経済同友会は，『二十一世紀宣言』(2000年) や第15回企業白書『市場の進化と社会的責任経営』(2003年) を公表した。このように，近年において，各種経済団体は，企業の社会的責任の啓蒙・実践活動に対して，積極的に取り組むようになった。

表 3-8　日本における企業の社会的責任に関する文書と提言

策定年	機関	内　容
1956 年	経済同友会	大会決議『経営者の社会的責任の自覚と実践』
1973 年	経団連	総会決議『福祉社会を支える経済とわれわれの責任』
1976 年	経団連	『企業と社会の新しい関係を求めて』
1989 年	経団連	「企業倫理懇談会」設置
1991 年	経団連	『経団連企業行動憲章』 (1996 年改定，2002 年『企業行動憲章』へ改定・2004 年改定)
1999 年 (2000 年改定)	麗澤大学経済研究センター	『倫理法令順守マネジメント・システム規格 (ECS 2000)』
2000 年	経済同友会	『二十一世紀宣言』
2000 年 (2003 年，2007 年改定)	環境庁 (現環境省)	『環境報告書ガイドライン』
2002 年	内閣府	『消費者に信頼される事業者となるために―自主行動基準の指針―』
2003 年	環境庁 (現環境省)	『社会的責任投資に関する日米英 3 カ国比較調査報告書』
2003 年	経済同友会	『市場の進化と社会的責任経営』
2004 年	経済産業省	『企業の社会的責任 (CSR) に関する懇談会中間報告書』
2005 年	環境省	『社会的責任 (持続可能な環境と経済) に関する研究会報告書』

(出所) 筆者作成。

(2) 世界における企業の社会的責任に関する潮流

つぎに，世界における企業の社会的責任に関する動向について検討し，表 3-8 としてまとめた。世界的な企業の社会的責任に関する議論の高まりにより，各国や地域の経済団体，国際機関，消費者団体，NPO/NGO などが提言や声明などを策定しはじめてきた。また，環境や人権，労働環境への配慮を求める消費者運動も高まってきた。

企業の社会的責任に関する文書や提言は，国連や OECD といった国際機関

表 3-9 世界における企業の社会的責任に関する文書と提言

策定年	策定機関	名称
1976年 (1999年改定)	レオンサリバン (L. Sullivan)	サリバン原則 (グローバルサリバン原則)
1976年 (2000年改定)	経済協力開発機構 (OECD)	OECD多国籍企業行動指針
1989年	セリーズ (CERES)	セリーズ原則 (旧バルディーズ原則)
1991年 (2004年改定)	米国連邦議会量刑委員会	連邦量刑ガイドライン
1994年	コー円卓会議	企業行動指針
1997年 (2001年改定)	SAI (Social Accountability International)	SA (Social Accountability) 8000
1998年	国際労働機関 (ILO)	ILO宣言
1999年	Accountability	AA 1000
2000年 (2004年改定)	国連 (United Nations)	グローバルコンパクト
2001年	欧州連合 (EU)	グリーンペーパー
2000年 (2002年改定)	GRI (Global Reporting Initiative)	持続可能性報告のガイドライン
2002年	欧州連合 (EU)	ホワイトペーパー
2004年	ヨーロピアン・マルチ・ステークホルダー・フォーラム (EMSF on CSR)	CSRマルチステイクホルダー・フォーラム最終報告書

(出所) 筆者作成。

でも策定されている。たとえば,国連が2000年に策定した『グローバルコンパクト』は,「グローバルコンパクトの10原則」として,人権・労働・環境・腐敗防止に関する10の原則を策定し,企業への遵守を要請している[11]。また,OECDが2000年に策定した『OECD多国籍企業行動指針(多国籍企業行動指針)』は,多国籍企業に対して,OECD加盟国政府が共同して望ましい企業行動の姿を勧告している。くわえて,この多国籍企業行動指針は,2007年6月に行われたG8ハイリゲンダム・サミットにおいて,企業の社会的責任に対する対話への積極的参加を呼びかけるとともに,多国籍企業行動指針の原則を遵守するように求

めるなど，企業に対して大きな影響を与えている。このように，企業の社会的責任は，政府レベルでの合意形成が進み，各国の政策に組み込まれつつある。

特に，EU では，政策的課題の1つとして企業の社会的責任を取り上げ，議論を行っている[12]。そして，2001 年に『Green Paper』を発行し，2002 年には『Green Paper』へのパブリック・コメントを受けて『White Paper』を発行している。また，2002 年に経営者団体や労組，ビジネスネットワーク，NGO など 18 の団体が参加し，ヨーロピアン・マルチ・ステークホルダー・フォーラム（EMSF on CSR）が開催された。そして，2004 年に EMSF on CSR の最終報告書として『CSR マルチステイクホルダー・フォーラム最終報告書』が作成されるなど，EU 内においても企業の社会的責任に関する活動が盛んに実施されている。くわえて，企業の社会的責任に関する内容は，多くのコーポレート・ガバナンス原則の内部に取り込まれており，企業の社会的責任だけで，経営問題が解決されず，他の問題と総合的に施策を打つ必要のあることも示している。

5　企業の社会的責任から企業社会責任へ

本章では，企業の社会的責任をめぐる議論が，歴史的に如何なる事象を契機として論じられるに至ったのかを考察してきた。まず，日本における企業の社会的責任は，公害問題や企業不祥事の発生を契機として議論されてきたことを明らかにした。また，その認識はバブル経済が崩壊したことや相次ぐ企業不祥事の発生，環境問題の深刻化から，企業の社会貢献活動などを含めた新たな企業の社会的責任概念へと変化したことを提示した。さらに，今日では，企業は営利活動を行うためだけに存在しているという認識から，社会的責任は企業が当然に果たさなければならない行為であるという認識へと変化したことを明示したのである。

企業の社会的責任は，自発的な行動が求められるものであり，経営者や従業員の意識改革が重要である。特に，社会的責任をも考慮した，経営者による経営の実践が強く求められるのである。最も基本的な企業の社会的責任は，経済

活動を行い，利益を確保することや，法令を遵守することでもあった。

　最後に，「企業の社会的責任」という言葉について考えたい。私は，企業の社会的責任という言葉に違和感を覚えている。今日の企業経営において，既に述べたような社会に対する責任があるならば，「企業の社会的責任」という言葉は適切ではないといえよう。なぜならば，「的」という言葉は，(1)そのような性質をもったものの意を表す，(2)その方面にかかわる，という意味を持つからである。営利性を協調している分には，「的」という言葉を用いても良いが，今日のような状況では「的」ではすまされないように思われる。また，逆説的に考えてみると，「企業の社会的責任」というのであれば，「企業の営利的責任」ということになる。しかし，企業の営利的責任とはいわないはずであるし，いうならば「企業の営利責任」というはずである。

　本章では，学説に関するまとめや歴史的展開を中心に考察してきたため，「企業の社会的責任」という言葉に統一して論を進めてきた。しかし，上記のような点から，「企業の社会的責任」ではなく「企業の社会責任」あるいは「企業社会責任」という言葉が適切であるように考えるのである。

注

1）　平田光弘［2006］26頁。
2）　平田光弘［2006］26頁。
3）　たとえば，熊本の水俣病に関してみてみると，その原因はチッソが水俣湾にメチル水銀化合物を含む排水を放出していたことにあるとされている。当初，水俣病は，猫が狂い死ぬといった猫の奇病として表面化しはじめた。その後，しだいに人間にも発症しはじめるにつれ，水銀に汚染された魚介類を食したことによるものであることが，長い調査によって判明した。このような一連の企業経営行動には，地域住民などによる抗議運動が起こり，企業の責任が厳しく問われたのである。この公害問題は，何も熊本だけではなく，同時期に全国各地で公害問題が発生したのであった。また，企業による公害問題の他に，カラーテレビの二重価格問題や，欠陥車問題という企業不祥事も，企業に対する厳しい批判の要因となった。カラーテレビの二重価格問題とは，松下電器産業などに対し，メーカーの表示価格と市場の実売価格との差が著しいとされた問題である。そして，消費者団体が中心となり，現行商品の値下げ要求，カラーテレビ買い控え運動が展開された。また，トヨタ自動車（トヨタ）や本田技研工業

64　第Ⅰ部　企業の論理

（ホンダ）に対しても，アメリカで発生していた欠陥車問題に影響され，欠陥車糾弾の動きが生じたのであった。
4）　詳しくは，平田光弘［2006］を参照のこと。
5）　平田光弘［2003］115頁。
6）　平田光弘は，「企業における社会的責任の実践は，初めは受動的であったが，次第に能動的になり，やがて企業市民，企業倫理，社会的業績等の概念をも取り込みながら，実践上および概念上の充実が図られている。（平田光弘［2006］47頁）」と述べている。
7）　さらに，奥村宏は，「企業の社会的責任を問題にするのであれば，なによりも株式会社とは何かということを問題にしなければならない。そして，社会的責任を問題にするのであれば，責任の主体は誰かということをはっきりさせなければならない（奥村宏［2006］27頁）」とし，今日の株式会社制度に疑問を投げかけている。
8）　経済同友会［2003］92頁。
9）　平田光弘［2006］29頁。
10）　経団連企業行動憲章は，1996年に改定，2002年に『企業行動憲章』名称を変更し改定，2004年に再改定がなされている。
11）　10の原則とは，以下の通りである。
　人権
　　原則1　企業はその影響の及ぶ範囲内で国際的に宣言されている人権の擁護を支持し，尊重する。
　　原則2　人権侵害に加担しない。
　労働
　　原則3　組合結成の自由と団体交渉の権利を実効あるものにする。
　　原則4　あらゆる形態の強制労働を排除する。
　　原則5　児童労働を実効的に廃止する。
　　原則6　雇用と職業に関する差別を撤廃する。
　環境
　　原則7　環境問題の予防的なアプローチを支持する。
　　原則8　環境に関して一層の責任を担うためのイニシアチブをとる。
　　原則9　環境にやさしい技術の開発と普及を促進する。
　腐敗防止
　　原則10　強要と賄賂を含むあらゆる形態の腐敗を防止するために取り組む。
12）　谷本寛治（編著）［2004］13頁。

参考文献

邦語文献

占部都美［1975］「企業の社会的責任にたいする経営学的接近」『経営学論集』第45巻，

日本経営学会，77-83 頁。
奥村　宏［2006］『株式会社に社会的責任はあるか』岩波書店。
オリバー・シェルドン著（企業制度研究会訳）［1975］『経営のフィロソフィ』雄松堂。
菊池敏夫［2007］『現代企業論』中央経済社。
経済同友会［2003］『第 15 回企業白書―「市場の深化」と社会的責任経営―』経済同友会。
経済同友会［2000］『二十一世紀宣言』経済同友会。
小島大徳［2007 a］『市民社会とコーポレート・ガバナンス』文眞堂。
小島大徳［2007 b］「コーポレート・ガバナンスと企業の社会的責任をめぐって」『経営学の新展開』税務経理協会，69-89 頁。
小島大徳［2004］『世界のコーポレート・ガバナンス原則―原則の体系化と企業の実践―』文眞堂。
櫻井克彦［1999］「コーポレート・ガバナンスに関する一考察―企業の社会的責任との関連を中心に―」『経済科学』第 46 巻 4 号，名古屋大学大学院経済学研究科，29-42 頁。
櫻井克彦［1976］『現代企業の社会的責任』千倉書房。
ジョエル・ベイカン（酒井泰介訳）［2004］『ザ・コーポレーション』早川書房。
高　巖（他共著）［2003］『企業の社会的責任―求められる新たな経営観』日本規格協会。
高田　馨［1974］『経営者の社会的責任』千倉書房。
谷本寛治［2006］『CSR―企業と社会を考える―』NTT 出版。
谷本寛治（編著）［2004］『CSR 経営』中央経済社。
対木隆英［1972］「企業の社会的責任―その生成と内容―」『成蹊大学経済学部論集』第 3 巻第 1 号，成蹊大学経済学部学会，139-146 頁。
中村瑞穂［2006］「企業の社会的責任を考える」『専修大学商学研究所報』第 37 巻第 5 号，専修大学商学研究所，3-17 頁。
平田光弘［2006］「CSR 時代と松下幸之助」『論叢松下幸之助』PHP 総合研究所第一研究本部，第 5 号，25-53 頁。
平田光弘［2003］「コンプライアンス経営とはなにか」『経営論集』東洋大学経営学部，第 61 号，113-127 頁。
正木久司［1992］「企業の倫理」『同志社商学』第 43 巻第 5 号，同志社大学商学会，61-73 頁。
藻利重隆［1959］「経営者の社会的責任とその企業的責任および自己責任」『経営学論集』第 31 巻，日本経営学会，33-42 頁。
藻利重隆先生古稀記念論文集編集委員会（編）［1981］『経営管理論の基本問題』千倉書房。
森本三男［1994］『企業社会責任の経営学的研究』白桃書房。
山城　章［1949］「経営の社会的責任―経営責任と経営権―」『経営評論』第 4 巻第 11 号，経営評論社，8-13 頁。
吉森　賢［2007］『企業統治と企業倫理』放送大学教育振興会。

外国語文献

Archie B. Carroll [1991], The Pyramid of Corporate Social Responsibility : Toward the Moral Management of Organizational Stakeholders, *Business Horizons*, Vol. 34 No. 4, Indiana University Graduate School of Business, pp. 39–48.

Archie B. Carroll [1979], A Three-dimensional Conceptual Model of Corporate Performance, *Academy of Management Review*, Vol. 4, No. 4, pp. 497–505.

Ben W. Lewis [1959], Economic by Admonition, *The American Economic Review*, Vol. 49, No. 2, American Economic Association, pp. 384–398.

Eells Richard [1960], *The Meaning Of Modern Business*, Columbia University Press.

Ernest Dale [1961], The Social and Moral Responsibilities of The Executive in the Large Corporation, *American Economic Review*, Vol. 51 Issue 2, American Economic Association, pp. 540–548.

Eugene V. Rostow [1959], To Whom and for What Ends is Corporate Management Responsible?, *The Corporation In Modern Society*, Harvard University Press, pp. 46–71.

Fredrick A. Hayek [1960], The Corporation in a Democratic Society, *Management and Corporations 1985*, Greenwood Press Publishers, pp. 99–117.

Keith Davis [1973], The Case for and Against Business Assumption of Social Responsibilities, *The Academy of Management Journal*, Vol. 16, No. 2, Academy of Management, pp. 312–322.

McGuire Joseph William [1963] *Business and Society*, McGraw-Hill, Inc.

Milton Freidman [1962], *Capitalism and Freedom*, University of Chicago.

OECD [2004], *OECD Principles of Corporate Governance 2004*, Organisation for Economic Co-operation and Development.

OECD [1999], *OECD Principles of Corporate Governance 1999*, Organisation for Economic Co-operation and Development.

Oliver Sheldon [1924], *The philosophy of management*, Pitman.

Theodore Levitt [1958], The Dangers of Social Responsibility, *Harvard Business Review*, Vol. 36 Issue 5, Harvard Business School Publishing, pp. 41–50.

William C. Fredrick [1998], Moving to CSR 4, *Business and Society*, Vol. 37 No. 1, Sage Publications, pp. 40–59.

William C. Fredrick [1986], Toward CSR 3 : Why ethical analysis is indispensable and unavoidable in corporate affairs, *California Management Review*, Volume 28 Number 2, University of California, pp. 126–141.

William C. Fredrick, James E. Post, Keith Davis [1992], *Business and Society (seventh edition)*, McGraw-Hill, Inc.

第II部
営利企業の論理

第4章
市民社会と企業経営

1 市民社会のなかの企業という考え方

　活発な議論と実践が行われているコーポレート・ガバナンスの核心的概念に対しては，市民社会を中心に据えて論じ展開する必要がある。たとえば，いつまでたっても止むことのない企業不祥事は，内部告発によって発覚し，マスメディアのキャンペーンによる経営者の辞任によって収束に向かうという現状にあることをみても明らかである。そして，現代の企業不祥事は，コーポレート・ガバナンスの機能によって防止され解決されていないことを証明するとともに，既存のコーポレート・ガバナンス研究の弱点を白日の下に晒したのである[1]。だからといって，市民社会を中心に考えた経営学の考え方が，市民権を得ているわけではない。既存の利害関係者を中心に考える経営学からは，異端に考えられる可能性が高い。そこで，本章では，経営学における企業の存在する理由や根拠を明示することに力点を置きたい。このような市民社会と企業経営の関係や影響を検討するあたり，コーポレート・ガバナンス問題を取りまく諸問題を糸口にして論じる。

　「市民社会を基礎としたコーポレート・ガバナンス」という概念は，大きく分けて2つの特徴を有している。1つ目は，市民社会という概念が，数百年来に及んで語られたものであり，複雑化の一途を辿る経営学こそ，市民社会論との親和性が高いことである。2つ目は，コーポレート・ガバナンスの問題に市民社会という概念を持ち込み，多種多様な企業不祥事をはじめとする現代における企業の病を解決する有力な考え方であることである。なお，本章では，こ

の論に対して批判がなされるであろう項目についても、積極的に構成し、論じていきたい。

2 市民社会とコーポレート・ガバナンスの内容と概要

(1) 市民社会とコーポレート・ガバナンスの概要とコーポレート・ガバナンス原則

　私は経営学に関する研究の多くの部分を、コーポレート・ガバナンスの研究に当ててきた。特にコーポレート・ガバナンスのなかでもコーポレート・ガバナンス原則を中心的なテーマとして設定し、研究を重ねてきたのである。実のところ、コーポレート・ガバナンス論と市民社会論を結びつける考えは、数年前まで無かった。もちろん、私の興味の一端として研究スタイルの偏向に影響を与えていたのかと質されると、否定することができない。しかし、直接的に市民社会論とコーポレート・ガバナンス論の融合の必要性を痛切に感じたのは、原則の研究のなかから生まれたのである[2]。原則を研究するにあたって、避けては通れぬ概念に世界標準コーポレート・ガバナンス原則（世界標準原則）がある。今日、この世界標準原則としての地位にある経済協力開発機構（OECD）が策定した『OECDコーポレート・ガバナンス原則（OECD原則)[3]』である。しかし、どのような理由で、OECD原則が世界標準原則として認められるに至ったのか、ただ単にOECD原則が世界中で参照され活用されているから世界標準原則なのか、などの疑問が強烈に湧いたのであった[4]。

　このような私の疑問に対して、それ程に深く考える必要があることなのか、と感じるかもしれない。しかし、それは短期的な視点であり、受け入れることができない。なぜならば、100年や200年のスパンで考えると、必ずしもOECD原則が、未来永劫に世界標準原則の地位を死守するわけではない。そうであるからこそ、世界標準原則の枠組みを詳細に検討し、延いては経営学の発展に役立つ研究を行わなければならないのである。私たちが研究対象としている企業は、継続事業体なのであるから。

表 4-1 市民社会とコーポレート・ガバナンスの問題意識

2つの側面	問題意識の内容
コーポレート・ガバナンス原則に関する問題意識	(1) なぜ OECD 原則が世界標準原則の地位にあり，世界標準原則は如何なる役割と機能を有しているのか。
	(2) OECD 原則は，如何にして発展途上国に浸透させようとしているかや，そもそも世界標準原則が各国に浸透していく過程は，如何なる道筋を辿るのか。
	(3) 原則を用いた企業経営とは，如何なるものなのかや，経営実践をする方策にはどのようなものがあるのか。
コーポレート・ガバナンスに関する問題意識	(4) 今日は，様々な企業に関わる者が，個別にコーポレート・ガバナンス活動を行っているが，このような状態で，真に有効なコーポレート・ガバナンスを企業に繁栄させることができるのか。
	(5) 企業不祥事の発見は内部告発により，企業不祥事の収束はメディアのキャンペーンにより経営者が辞任することによるが，コーポレート・ガバナンスの本来的機能が不全状態に置かれているのではないか。
	(6) 企業不祥事により被害を受ける者は，企業に法的な権利を行使できる者ではなく，企業から遠く離れた者なのではないか。

(出所) 小島大徳［2007］i–vii 頁を修正の上，筆者がまとめる。

(2) **市民社会という概念の提示**

　市民社会とコーポレート・ガバナンスの考え方は，6つの問題意識を持ちつつ論を進めてきた。それは，大きく分けてコーポレート・ガバナンス原則に関する問題意識と，コーポレート・ガバナンスに関する問題意識から構成される。この両側面の解明を迫ることで，今日における企業経営の諸問題を解決する理論的かつ実証的な方策を求めることができる。

　表4-1の問題意識に基づいて，一つひとつ問題意識の内容を紐解き，解を得るために研究を重ねたのである。市民社会とコーポレート・ガバナンスの関係は，コーポレート・ガバナンス論には市民社会論を重ね合わせ，企業経営活動が存在する基盤には市民との合意があることと，企業不祥事や非倫理経営活動には市民による当該企業の否定とを持ち合わせることを基礎として論を進めていくべきである。

このように，経営学の世界に市民社会論を重ね合わすと，今まで未解決であった多くの研究分野に解決に導く光を当てることができた。たとえば，企業倫理論や企業の社会的責任論などに進展をもたらした。しかし，一方で今まで経営学を支えてきた論の1つである利害関係者論の否定へと繋がることにもなったのである。さらに言うことを許されるならば，この利害関係者論が，特にコーポレート・ガバナンス論だけではなく経営学の停滞をもたらしていると，今では考えるに至っている。この結論は，表4-1のコーポレート・ガバナンスに関する問題意識(4)から生み出されたものである。

また，コーポレート・ガバナンスの議論の拡散は，企業経営のコーポレート・ガバナンス構築の進捗状況を遅らせる一因となる。なかでも，「企業は誰のものか」という企業所有者論争は，甚だ馬鹿げている。今では，いつまでどこまでやるのか，という諦めに似た感情すら持つに至る。これは，コーポレート・ガバナンスに関する問題意識(5)から生み出されることになる。なお，これらを論じる過程で，「所有」の概念を分析する必要が生じたが，このことは，コーポレート・ガバナンスに関する問題意識(6)から生み出されることになる。

(3) 市民社会論に対する3つの疑問と批判

経営学やコーポレート・ガバナンス論に市民社会論を持ち込み論じることに対して，賛同や疑問，批判などの意見が分かれ，議論されることだろう。特に疑問や批判に対しては，市民社会との関係について真意を伝える努力を継続しつつ，真摯に答えていかなければならない。市民社会論経営学に対する疑問や批判は，概ね3つに集約されると考えている。簡単に要約すると，表4-2のようにまとめることができる。

市民社会論型経営学に対する疑問や批判は，(1)利害関係者の必要性，(2)企業所有者の分類，(3)企業の社会的責任と市民社会の関係，の3つに分類することができるであろう。(1)は，①企業経営を捉えるにあたって利害関係者論から市民社会論に移行するべきだというのか，②利害関係者論から市民社会論にシフトするべきなのか，などの疑問や批判が考えられる。(2)は，①会社は

第4章 市民社会と企業経営　73

表4-2　市民社会論経営学に対する疑問や批判

	予想される疑問や批判の内容
利害関係者論の必要性	①企業経営を捉えるにあたって利害関係者論から市民社会論に移行するべきだというのか。 ②利害関係者論から市民社会論にシフトするべきなのか。
企業所有者の分類	①会社は誰のものか。 ②企業の所有者の分類がおかしいのではないか。
企業の社会的責任と市民社会の関係	①企業の社会的責任と市民社会とは如何に関係するのか。 ②コーポレート・ガバナンスと企業の社会的責任（CSR）や企業倫理論は如何なる関係か。

(出所) 筆者作成。

誰のものか, ②企業の所有者の分類がおかしいのではないか, などの疑問や批判が考えられる。(3)は, ①企業の社会的責任と市民社会とは如何に関係するのか, ②コーポレート・ガバナンスと企業の社会的責任（CSR）や企業倫理論は如何なる関係か, などの疑問や批判が考えられる。

特に議論が集中すると予想されるのは(1)と(2)であり, (3)は企業倫理論などに絡めて論じる必要がある。そのため, 本章では, (1)と(2)を中心に, できるだけ分かり易く言及していきたいと考えている。そこで, この3つについて論じることを本章の目的としつつ, 付随して論じることが必要な事柄に関して, 考え方や論理構成の詳細を述べることにする。

3　利害関係者論は不要である

(1)　利害関係者論から市民社会論へ

まず,「企業経営を捉えるにあたって利害関係者論から市民社会論に移行するべきだというのか」「利害関係者論から市民社会論にシフトするべきなのか」という疑問や質問があろう。一言で言うと, 利害関係者論は不要である。もはや利害関係者論では企業経営の全体を捉えることができず, 市民社会論に立脚した企業経営を考えていくことが, 現代社会に最も整合していると考える[5]。

確かに, 利害関係者（ステークホルダー）論は, 20世紀という時代的要請を

受けて確立した理論であり，それなりの敬意を払わねばならない。しかし，利害関係者論というよりも，企業の利害関係者という概念では，固執あるいは固執までしないとしても立脚するならば，今日の高度に成長した企業という生き物に対応できない事態が生じる。20世紀までは，多くの場合に企業活動も1国で収まり，つまり企業に関係する者[6]を極めて限定的に考えても，それ程に問題はなかった。だが，企業と人との関係が複雑化するにつれて，企業と人との関係も進化しなければならない。企業は人のように身長が高くなるわけでもなく，目で成長を実感できることはない。いつの間にか成人を過ぎて，働き盛りになった存在である企業を，いつまでも赤子のように扱ってはならず，育てる役割を持つ者は，考えや付き合い方を変えていかなければならないのである。

(2) 利害関係者論と今日の企業経営

企業が利害関係者を細分化する必要性と実益は，企業が営利活動を最も重視している経営活動でみられる。企業は，営利活動を行う対象として消費者を，性別や年齢，職業や年収などを画定した上で経営活動を行う。これ自体は当然のことである。問題なのは，既存の利害関係者における枠組みのなかには，対立する利害を有する者もいれば，関係性を認識できない利害関係者もいるのに関わらず，それを無視して利害関係者の枠組みに立脚して論じていることである。それも，企業経営活動における利害関係者の細分化を社会性に当てはめてしまっている。

他方，このような現状で利害関係者論に立ってしまうと，企業経営が企業不祥事を起こした時に対応できなくなる。また，企業法制度などを改廃する時に対応できなくなる。たとえば，このことは企業不祥事の事例を検討すると良く理解できる。昨今の企業不祥事は内部告発により発覚することが多いのであるが，内部告発者は従業員（元従業員も含む）であったり，取引先の顧客であったりする。企業と企業の関係する者との関係において，企業と従業員は，従業員が労働サービスを提供し，労働サービスの対価として賃金を受け取るという労働契約に則った関係に立つ。逆に，企業と顧客は，企業と経済的な取引をす

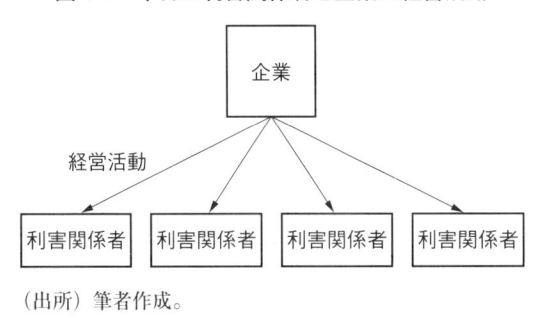

図4-1　今日の利害関係者と企業の経営活動

```
                    ┌──────┐
                    │ 企業 │
                    └──────┘
        経営活動    ↙  ↓  ↓  ↘
  ┌──────────┐┌──────────┐┌──────────┐┌──────────┐
  │利害関係者││利害関係者││利害関係者││利害関係者│
  └──────────┘└──────────┘└──────────┘└──────────┘
```

(出所) 筆者作成。

る個人または他の企業を指す。この両者だけをみても，内部告発などの制度は，企業法制度においての基本的作用に予定されていない。つまり，コーポレート・ガバナンスの機能は，少なくとも制度上，従業員にも顧客にも期待されていないのである[7]。

このような制度を設計してきたのは，制度設計自体が頭のなかでイメージし易い利害関係者を生み出し，それぞれの役割を机上で当てはめ易かったからであろう。しかし，良く考えてみると，企業の隅々を知っている従業員に企業経営のチェック・アンド・バランスを期待するのが合理的である。また，世間が内部告発は悪であるというイメージを持ってしまっているのも，長年の利害関係者の役割というものを，先入観に基づいてイメージしてきたことに起因するのである。

(3) 企業経営の利害関係者の画定と市民社会論

企業が営利を目的とした経営活動をする限りにおいて，利害関係者を細分化することは理にかなっているだろうし，利害関係者を画定することの全てが駄目だということではない。だが，時代に流される虞があるのも確かである。たとえば，多くの企業は，社会的責任報告書（CSR報告書）や環境報告書などを公表しているが，最近では，これらの報告書の作成ブームも収束を迎えている。これらの報告書に継続性が無いのは，利害関係者を区分して対象を明確にしているにも関わらず，社会全体に訴えかけているという矛盾が存在するからであ

図4-2　市民社会と利害関係者と企業の経営活動

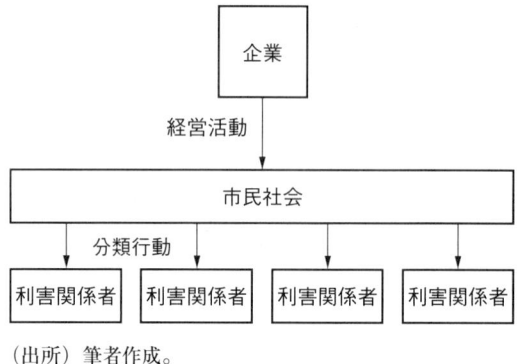

```
        ┌──────┐
        │ 企業 │
        └──┬───┘
         経営活動
           ↓
    ┌──────────────┐
    │   市民社会    │
    └──┬──┬──┬──┬─┘
      分類行動
   ↓    ↓    ↓    ↓
┌────┐┌────┐┌────┐┌────┐
│利害││利害││利害││利害│
│関係││関係││関係││関係│
│ 者 ││ 者 ││ 者 ││ 者 │
└────┘└────┘└────┘└────┘
```

（出所）筆者作成。

る。利害関係者を重視するならば，従業員報告書，地域住民報告書，顧客報告書，投資家報告書，消費者報告書，などと細分化して報告書を作成するべきであろう。また，近年，投資家向けに策定される有価証券報告書などに，コーポレート・ガバナンスに関する事項の記載が義務付けられたが，全く意味がない。なぜならば，投資家に向けた情報としてのコーポレート・ガバナンス情報であるからIR情報にすぎず，市民社会への情報提供としては，本当に必要とする情報が手に入らないだけではなく，検証する手段もないのであるから，多くの場合は，利用価値に乏しい。

　そこで，企業が営利性を求める経営活動はともかくとして，社会性を発揮する場合は，利害関係者を細分化することを止めて，市民社会という捉え方で考え，双方向型の誰でも企業情報にアクセスする手段の構築こそが求められるのである。また，内部告発など企業の制度設計にはない経営者の責任追及方法が制度を超えて一般化しつつある。つまり，制度の枠内で解決しない事態が起こっているとも言い換えることができる。そこで，企業不祥事や，それに起因する内部告発の問題は，社会システムのなかで考えていかなければならないし，市民社会の概念上で制度設計がなされていかねばならないと考えるのである。

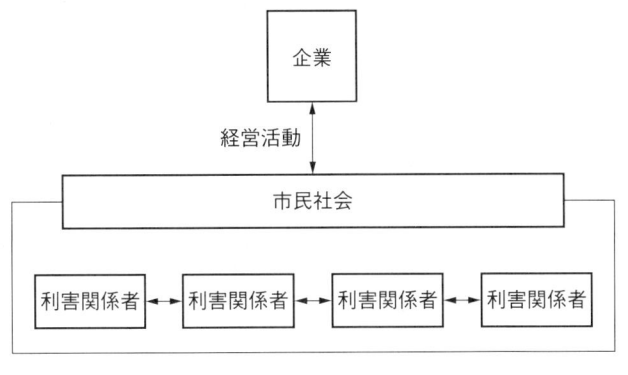

図4-3 これからの市民社会と企業の経営活動

```
           ┌──────┐
           │ 企業  │
           └──┬───┘
         経営活動↕
     ┌─────────────────────────────┐
     │         市民社会              │
     └─────────────────────────────┘
   ┌──────┐ ┌──────┐ ┌──────┐ ┌──────┐
   │利害関係者│↔│利害関係者│↔│利害関係者│↔│利害関係者│
   └──────┘ └──────┘ └──────┘ └──────┘
```

(出所) 筆者作成。

(4) **市民社会論に立脚した企業経営**

　企業に関わる全ての者（なかでも特に研究者）は，利害関係者論で蓄積された研究を，勇気を持ってシフトさせ，市民社会論に立脚した企業として捉えていく必要がある。これまで論じてきた理由をも含めて，市民社会を捉えていくことが重要であり，市民社会のなかで利害関係者を捉えていく必要がある。

　そもそも利害関係者というのは，曖昧な概念である。ある時は消費者であり，ある時は従業員，そしてある時は顧客などと立場によって変化する利害関係者を正確に画定することは，概念上可能であっても，現実の社会では不可能である。そもそも，人は今どの利害関係者という立場で行動しているかということを認識したうえで企業と付き合っているのではない。たとえば，投資家であったとして，消費者としての立場で投資行動をしている場合もあれば，従業員として投資行動をしている場合もある。このような時に，投資家および株主という利害関係者の分類が，どれほどの価値があるのか疑問である。

4 企業所有者論争と企業所有者の概念

(1) 企業所有論とコーポレート・ガバナンス

コーポレート・ガバナンスを論じられるにあたって，必ず言及されるのが企業所有者論争である。企業所有者論争は，一言でいうと「企業は誰のものか」を巡る諸説の対立である。経営学のなかで「企業は誰のものか」を論じることは，一見とてもアカデミックで興味深いものである。経営学は企業そのものを研究対象としているのであるから，この企業概念の核心ともいうべき議論は今後も続くのであろう。しかし，経営学を研究する際に，あまりにも企業所有者論争に深入りすることは，適切ではない。殊に，コーポレート・ガバナンスにおいて企業所有者論争に興じることは，控えなくてはならない。なぜならば，コーポレート・ガバナンスは極めて政策的な学問分野だからである。

この議論に私は参加するべきではないし，参加したくはないと考えていたのであるが（本当に私は，この種の議論や論争が嫌いなため），市民社会とコーポレート・ガバナンスの関係，およびコーポレート・ガバナンス原則とコーポレート・ガバナンスの関係を論じるにあたり，結局，企業の位置付けについて自らの考えを表明する必要性に迫られ，企業の所有者について言及する必要性が生じた。そこで，深く入り込むことを回避した企業所有者論争に加わり，控えめに表明していた私の考えを，今回は詳しく記そうと思うに至った[8]。そこで，私も時間的限定を設けつつ，企業所有者論争という土俵に上がることを決意したのである。

(2) 企業所有者論争の基本的スタンス

後で詳細に説明するが，企業は市民社会のものである[9]。株主のものでもなければ，従業員のものでもない。ましてや経営者のものでもなく，市民社会の含有物なのである。そうすると，概念も規模も違うのであるから，既存の利害関係者の枠内では論じることができない。私は利害関係者論を，コーポレー

ト・ガバナンスの研究を通じて否定した。くわえて，利害関係者という分類こそが経営学の停滞を生み，議論を混乱させる要因だとも主張した。

企業所有者論争は，利害関係者の枠組みを前提にして論じるから，株主，従業員，経営者などという限定された権能だけに焦点が集まり，全ての利害関係者の権能が人に由来することや，利害関係者の前に人としての立場があることを無視している。人は複雑な生き物であるから，株主にもなれば従業員にもなり経営者にもなれる。つまり，人の立場は，気分や場所，立場や思想により，七変化するのである。

一方，企業は社会のものであるという論も，極めて曖昧かつ概念的である。利害関係者論に立脚して，利害関係者を細分化した人という単位で論じているのに，「社会」という言葉で表そうとすると，具体的存在と抽象的想像の比較となり，比較対象として不的確であると同時に，議論が噛み合わない。そのうえ，抽象的想像に企業という実態を当てはめようとすると混乱が生じ，問と解が異なるベクトルを向くことになる。そこで，「社会」という言葉に代えて，「市民社会」という言葉を用いると主体が分かり易いし，なによりも概念がしっかりするのである。

(3) 企業は市民社会のものである

「企業は誰のものか」という企業観は，利害関係者論が存在するから，不要な議論をしなければならないのであるし，余計に混乱することになると述べてきた。私も便宜上，利害関係者という言葉を使用してきたし，利害関係者に関する分類も行ったことがあった。時を巻き，その頃に戻ると，講学上，利害関係者は第1義的利害関係者と第2義的利害関係者に分けられる。そして，この利害関係者の分類によると表4-3のように，各利害関係者が存在することとされている。

しかし，実際に企業経営の実践段階で，利害関係者を経営政策的に確定させ，経営活動をする際に，利害関係者の区別が問題にされるだけであり，これ以上，学問的に利害関係者論を発展させる必要性が無いと言わざるを得ない。この理

表 4-3　企業の利害関係者の分類

	代表的な利害関係者	立場や分類
第1義的利害関係者 (直接的利害関係者)	株主，経営者，債権者，従業員など	(1) 企業に対して直接的に要求や対話を行うことができる利害関係者である。 (2) 企業の経営活動全般にわたって影響力を行使し影響を受ける利害関係者である。 (3) 特に株主は経営者の選解任権を有し強力な権利や権力を有していると見なすことができる。
第2義的利害関係者 (間接的利害関係者)	消費者，地域住民，地球環境など	(1) 利害関係者に関する部分的な事項に関して企業に対して利害関係を有する者である。 (2) 間接的に企業に対してアプローチをすることができるにとどまる利害関係者である。

(出所) 小島大徳 [2007] 181 頁。

由を簡単に述べるならば，繰り返しになるが，私たち人は，立場や場面，はたまた感情や気分によって，利害関係者としての立場を如何ようにも変化させるから，画一的な分類が不要なのである。具体的に説明すると，出勤中は鉄道会社の消費者としての立場であり，勤務する会社では従業員であり，昼休みに投資行動をする投資家になり，外回りの営業中には排気ガスを考慮する住民の立場で，取引先の相手とは顧客となり，帰宅時には再度消費者であり，自宅ではテレビを見ながらマスメディアへの加担や評価を行う。このように文字通り七変化する人に対して，利害関係者論で太刀打ちするのは無謀であるし，意味が無いのである。

　そこで，このような利害関係者論に代わって，市民社会論を特にコーポレート・ガバナンス論では，核に置くべきだと主張している。これにより，あらゆる利害関係者に七変化する人を画定的に分ける必要はなく，企業と人の関係を直視し，社会システムのなかで政策的に企業を観察することが可能となる。このように考えると，経営学の抱えている諸問題を解決させる糸口を手に入れることもできるようになる。

　ここでひとまず論をまとめると，今までの実に不毛な議論と断定する理由は，2つある。1つ目は，今まで論じてきたように，七変化する人を確定すること

が無駄であることである。そして，2つ目は，「所有」という概念を全く理解せずに，数十年も議論していることである。そこで，次では，2つ目の理由について，検討していくことにする。

5　企業の所有者論争と社会的所有

(1)　市民社会による所有の意味／社会的所有と所有の3段階

　企業の所有者論争における隠れた大問題は，「所有」という言葉が，全く明らかにされていないことに起因する。恐ろしいことに，「所有」という言葉が，今までの経営学の世界で全く研究されることなく，「企業は誰のものか」を議論していたのである。このように，土台がしっかりしていないのに議論をしても意味が無い。そこで，所有という概念を明確にすることから始める。

　所有とは，使用することができ，収益を上げることができ，処分することができる権利を有することをいう（使用・収益・処分の権能）。所有権は，イギリスの歴史法学者であるメイン（Henry Sumner Maine, 1822-1888）が述べた「身分から契約へ（from status to contract）」と並び，近代社会では最も重要な概念の1つである。なぜならば，財産権を明確に肯定し，財産権の範囲を示すことに，歴史的に重要な意味があるからである。それは，契約自由の原則が確立しても，財産権が保障されていなければ，人の経済活動が全く意味をなさないも

表4-4　共同所有形態と所有

	所有			
	単独所有	共有	合有	総有
管理権	各人	各人	団体	団体
収益権	各人	各人	各人	各人
処分権	各人	各人	極めて制限	できない
相互関係	特に制限がない。	団体を形成しない。	共同目的のために団体を形成する。	各人は団体に包摂する。

（出所）筆者作成。

のになってしまう。歴史的にみても財産権，つまり俗に言う所有の概念を確立することが，近代において常に求められたのであった。

さて，所有には4つの形態がある。その4つとは，単独所有，共有，合有，総有である。まずは，企業の所有者論争にピリオドを打つために，所有形態について細かく説明したい。第1に，単独所有とは，文字通り1人が全ての所有権能を所持する形態である。単独所有は，管理権，収益権，処分権が所有者に帰属し，所有を基礎付ける相互関係にも制限がない。この単独所有に対して，共有，合有，総有は，2人以上の所有形態であり種々の制限がある。

第2に，共有は，数人が別個かつ独立に所有権を持つのであり，目的物が1つであるため，持分という割合の上に制限される。複数の権利主体の下で，所有権の本質をそのまま反映している（共同相続財産）。具体的には，管理権，収益権，処分権は各人に存在するが，2人以上の共有形態にありながら，処分権を行使しようとする場合などには，分割請求などの手続きを行うことが必要となる。しかし，この共有は，基本的に単独所有の流れを受けて，ほとんど全ての所有権にまつわる権能を持ち，行使することができる所有形態である。

第3に，合有は，数人が共同目的のために協力する団体的結合関係にあり，持分権を潜在的にしか有しない。合有は持分権が拘束された状態にある点で，共有と区別される（組合財産，民法668条）。具体的には，基本的に所有するためには，団体を設立することが必要である。そして，その団体によって管理されることになり，個人としての所有権は制限されることになる。団体に管理権があるとしても，収益権は各個人に存在する。しかし，個人が団体から脱退する場合に，持分返還請求を行う際の処分権は，多くの制限を受ける。

第4に，総有は，主体が部落として発生した自然的結合団体であり，各個人の持分が潜在的にも存しない。各個人は目的物に対する使用と収益の権能を有するのみである（入会権，権利能力無き社団，民法263条）。具体的には，基本的に個人よりも団体所有が優先され，個人的な所有の権能は，ほとんど認められることがない。管理権は団体が当然に持ち，収益権は，団体活動の範囲内で享受することができるが，個人が団体の脱退に際して，持分の返還請求権を行使

することができない。

(2) 企業の所有者理論

　所有の概念である単独所有，共有，合有，総有について論じてきたが，企業という存在がいずれに該当するのかについての理解をしなくてはならない。つまり，所有物の対象である企業の位置付けを明らかにすることが必要である。なお，ここでの検討は，所有の概念について法学的（民法）に考えているが，企業の所有の概念について経営学的（現実）に考えることにする[10]。

　所有の重要なポイントは，処分権があるかどうかであるから，まず，処分権について考える。処分権は，共有，合有，総有の所有権能を比較しても，明確に特徴が分かれるため比較対象としてわかりやすい。共有は，原則として処分する権能が認められているため，個人にも処分権が認められる。しかし，合有と総有は，団体に処分権が存在するため，個人による処分権は認められない。ことのほか，総有は，個人による処分が認められないだけではなく，団体としての処分にも制限がある。ここで，団体を社会に置き換えて，個人は個人のままで，会社の所有について考えてみる。そうすると，会社の所有は，個人が細

表4-5　企業という所有対象物の分析

	特徴	理由
管理権	経営者にある。	(1)株主が出資し，社会が認めて企業が存立する。 (2)企業の管理権は，取締役を中心にした経営者にある。
収益権	直接的な収益権は，ごく限られた者に限定されるが，間接的な収益権は，社会全体に広がる。	(1)企業の直接的収益権は，株主に配当という形でなされる。 (2)しかし，企業経営活動により，経営者には報酬を，従業員には賃金を，消費者には商品やサービスを，社会には経済発展をもたらすため，社会全体に収益権の受益をもたらしているといえる。
処分権	極めて限定される。	(1)企業の存在を処分できる権利は，株主に限定されている。 (2)しかし，株主も高度に分散し，経営者支配状態にあるので，現実には誰も処分することができない。

(出所) 筆者作成。

分化された株式を売却し，処分することができると考えると，個人に処分権があるように思われる[11]。しかし，処分権の究極の権利である会社の解散権などは，経営者支配状態にある限り，株主にあるとはいえない。なぜならば，株主が解散権を行使し，会社を解散させた事例は，同族会社などの特殊な事例を除いて，皆無だからである。このように考えると，個人の解散権は，細分化されている事情も考慮すると，合有状態に近い形で制限されているとみることができよう。

つぎに，収益権について考える。直接的な収益権は，株主などの配当による収益など，ごく限られた者に限定される。つまり，企業の直接的収益権は，株主に配当という形でなされるからである。しかし，間接的収益権は，社会全体に広がる。なぜならば，企業経営活動により，経営者には報酬を，従業員には賃金を，消費者には商品やサービスを，社会には経済発展をもたらすため，社会全体に収益権の受益をもたらしているからである。そうすると，社会全体が直接的にせよ間接的にせよ企業から収益権を得ており，個人が収益権を主張することも，市民社会が収益権を享受することもあるため，企業活動を通じた収益権は，総有に近い形態の収益権を有していると考えられる。

さらに，管理権について考える[12]。直接的な管理権は経営者に存在する。もちろん，企業は株主が出資し，社会が認めて企業が存立する。なお，この出資は，厳密に言うと，設立当時の出資という面と，企業経営を行っていく上での増資という面とを，分けて考えなければならない。そして，これらの資金を中心とする経営資源の管理権は，取締役を中心にした経営者にある。そうすると，企業の管理権は，今日の状態で社会全体により管理されているとはいえず，極めて限定された者により管理権が行使されていると考えざるを得ない。ただ，組合から会社組織が発達した経緯や，経営者が社会的監視を受けるというシステムを検討すると，企業の管理権は，合有と共有の狭間に存在する所有形態となるであろう。

このように考えると，企業の所有状態は，共有と合有の狭間に存在するのだと考えられる。具体的には，処分権は合有や総有に近く，収益権は総有に近く，

管理権は合有と共有の狭間にある。これを端的に表現すると，企業の処分を行うには社会的制限がなされ，企業の収益は社会の共有物であり，企業の管理は専門経営者に任せる所有形態であるといえる。これをさらにわかりやすく述べると，企業は，個人団体などの社会全体の参加による経営活動を広範に認めつつ，企業の終息期には直接的な権利行使をする者の意思とともに，社会の合意も必要である社会の所有物となろう。なお，使用権，収益権，処分権の全てにおいて対象者が異なることは，既存の利害関係者論の分類者により，答えを出すことができないことへも導かれる。

　以上のように検討すると，まずは，「企業の所有者は株主である」などということが，正しくないことが理解できる。そして，論者によって，共有的に企業を捉えたり，合有的あるいは総有的に企業を捉えたりしつつ，このことを「所有」と述べてしまっているから，企業の所有者論争が多岐に亘り，無意味なものとなっていることをも理解できよう。

(3) 社会所有（含有）という見方

　所有関係は，企業という生き物に限りなく近い創造物を対象としているため，今までの説明によっても，なかなか一筋縄で理解することが困難であろう。そこで，所有関係を理解するもう1つの方法は，支配関係を同時に考えるとよい。このように考えるのは，所有論争において，支配という概念をも含めて議論している論者が多いことにも関係する。

　以下のように，今まで所有の概念を支配の概念と絡めて論じてきた。このように今までの説明をした上で，所有の概念と支配の概念を読むと，今までの論が少しは理解しやすくなる。それでは，所有の概念と支配の概念について論じた内容を直接引用することにする。

> 「支配と所有の関係は，①直接的所有，②狭義の支配，③社会的所有，④広義の支配，の4つに段階的に広がっていく関係に捉える。まず，①直接的所有は，過半数の株式を有する

株主などが該当し，直接的に企業経営を左右する意思表示を行う法的権利を有する者である。また，②狭義の支配は，①に加えて，過半数には至らないが企業経営における影響力を多少なりとも与えることができる株主や重要な債権者などが該当し，緩やかではあるが企業経営に直接的に意見表明などを行う法的権利を有する者である。さらに，③社会的所有は，①と②に加えて，消費者や地域住民，地球環境などが該当し，法的権利を有してはいないが，今日の企業経営において重要な利害関係者として位置づけられ無視できない者である。なお，これはいわゆる企業の社会公器論の範囲となる。そして，④広義の支配は，①と②と③に加えて，企業経営にほとんど関係のない市民や社会が該当し，企業経営に無関心および関与しないが多少なりとも影響を受ける者である。[13]」

図4-4　会社における支配と所有の概念

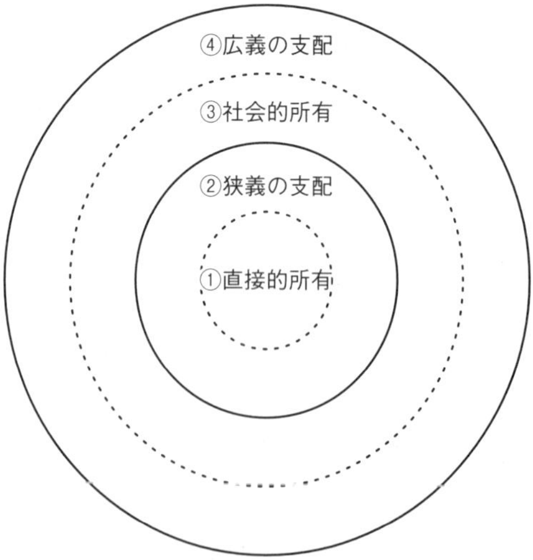

④広義の支配
③社会的所有
②狭義の支配
①直接的所有

（出所）小島大徳［2007］197頁。

「これを企業経営の視点から考察すると，①直接的所有と②

狭義の支配は，法的に権利が与えられている利害関係者が中心として構成されることになる。一方，③社会的所有と④広義の支配は，法的に権利が保障されていないが，今日の企業経営において重要な役割を有する利害関係者が中心として構成され，市民社会が含まれるのが特徴である。

　図11-5（本章では図4-4—筆者—）で重要な事項は，(1) 今までのコーポレート・ガバナンス論は，①と②および③の範囲でしか論じられず，④広義の支配で加わる市民社会までをコーポレート・ガバナンス論の範囲として加える必要があること，(2) 今までは①と②の範囲で企業経営に強い影響力を行使すると考えられていたが，①と②よりも，それを除いた③と④の範囲の方が利害関係者が多いことは容易に想像がつくし，それらを中心にこれからのコーポレート・ガバナンス論を検討する必要があること，の2つである。[14]」

(4) 支配と所有の概念と社会所有の関係

　これまで企業所有者に関する基礎的な概要を論じてきた。そこで，もう一歩先に論を進める手助けをするために，以前に論じた所有と支配の概念と，本章で論じた企業所有者に関する位置付けを重ね合わせてみたい。既述のように，企業を捉えるときは，所有だけではなく支配も考えるべきである。そこで，支配と所有の概念と，単独所有，共有，含有（社会的所有），合有，総有の5つについての相関関係を表4-6で表した。

　具体的な事例は，前項によって明らかにしている。そこで，ここでの企業に関係する者の役割が，どの所有形態に合致しているかを考える。まず，①直接的所有は単独所有形態が当てはまり，②狭義の支配は共有形態が当てはまる。そして，③社会的所有は今まで検討してきたように，含有（社会的所有）が当てはまり，④広義の支配は，合有と総有が当てはまる。このように検討しても，所有分類と支配と所有の概念は，離齬を生じることがないため，本章で提示し

表4-6　支配と所有の概念と社会的所有の関係の詳細

	単独所有	共有	含有 (社会的所有)	合有	総有
①直接的所有	○				
②狭義の支配		○			
③社会的所有			○		
④広義の支配				○	○

(出所) 筆者作成。

た企業の所有者に関する考え方に間違いないことが検証されたといえよう。

　企業は，共有と合有の間に存在する所有状態であると位置付けてきた。そして，上記の検討の結果，企業の所有状態は，含有（市民社会に基づいた社会的所有をも含めた所有形態）という所有状態にあるとすべきである。

6　企業の社会的責任における規準化への批判

(1)　企業の社会的責任の規準化とコーポレート・ガバナンス原則

　市民社会と企業の関係に対しての今日的課題の筆頭は，コーポレート・ガバナンスと企業の社会的責任（CSR），企業倫理論との関わりであろう。特に企業の社会的責任は，コーポレート・ガバナンスと同じように，企業経営のなかで重視されている企業活動である。ただ単に企業の社会的責任について，論じるだけでは面白くないので，近年，活発化してきた企業の社会的責任における規準化の評価も絡めつつ論じることにする。この規準化の流れは，徐々に企業倫理の分野にも浸透し始めてきているから，企業倫理の行く末を研究する上でも有用となろう。

　近年，企業の社会的責任を規準化しようとする流れが存在する。一時期，この潮流は，世界的に，そして多くの企業に広がるかにみえた。しかし，コーポレート・ガバナンス原則に比べたら，その動きは鈍い。では，論を進めるにあたって，企業の社会的責任の規準化に関する動向を検討する。

まず，企業の社会的責任の規準化は，各国公的機関や国際機関によって広がっていった。たとえば，国レベルでは，イギリスの『サステナビリティ統合マネジメントシステム・ガイドライン（SIGMA）』，フランスの『持続可能な開発―企業の社会共同体的責任―（SD 21000)』などが挙げられ，国を超えたレベルでは，国際標準化機構（ISO）の『ISO 社会的責任指針』などが代表的である。これらの規準の広がりと企業経営への浸透は，依然として様子を見る必要があるが，ISO 14001 のブームの収束などを検討すると，懐疑的な見解を有せざるを得ないのである。

　また，企業は社会的責任報告書などを 2000 年頃から作成し公表しているが，今日では，社会責任報告書が，それ程，浸透し広がっているとは思えない。つまり，企業の社会的責任も営利性を基にした企業のイメージアップ戦略の感が否めず，社会的責任報告書も IR 活動の域を出ていなかったのではないか，という疑念を持たれたとしても仕方がない。最近では社会的責任報告書が環境報告書に含まれて記載されている事態をどのように考えるべきか，専門家あるいは経営者に対して問いただしてみたい。

　なお，本章では，「企業の社会的責任」として表記してきたが，厳密に言うと企業社会責任というのが正確である。日本の高度成長期に発達した企業の社会的責任という概念は，その頃の時代背景からして，企業の営利性の他に社会性があるのだということを控えめに表示したものである。それは，「的」という言葉を「社会」と「責任」という言葉の間に入れたことからも酌み取ることができる[15]。今日の企業は，営利性を常として，社会性を高度に実現するという使命を有していることは明らかなのであるから，企業社会責任あるいは社会責任[16]と自信を持って表記すべきである。

(2) 企業社会責任の規準化への疑問

　企業社会責任に関する規準化は，全く意味を持たない。その理由は 3 つある。これを原則と比較して理解するとわかりやすい。まず，企業社会責任の規準化が行われても，それは実行指針にすぎず，原則が利害関係者を含む広範な企業

の存立を規定するものであるのに対して，これは，企業社会責任の範囲は，企業の営利性という根本的性質と正反対にある概念ともいえ，規準化による実効性に，かなりの疑問を持たざるを得ない。

また，今日，企業社会責任は企業が当然に実施すべきものであると認識され，各企業が独自の社会責任を実施している。もちろん，企業の業種や規模，マンパワーや業績によって千差万別である。そのため，どのようなことを規準化するのかという疑問と同時に，規準化したとしても企業経営における実効性は無いのではないかとの疑念が沸くのである。

そして，既に企業は，社会責任に対して基準化作業よりも，速いスピードで理念の確立および実行をしている。規準化作業は1970年代までであれば受け入れられただろうが，今日において規準化作業をするという意味は，企業経営による理念の確立および実行が既に行われているのであるから，あまり意味のあるものとは考えられない。それに，規準化作業が啓蒙的役割を果たしているとしても，それ以上でも，それ以下でもない。決定的に規準化に意味がないことは，企業社会責任に関する内容が，もう既にコーポレート・ガバナンス原則の内部に取り込まれていることを考えると理解できるはずである。

7　個人と組織と経営学

本章では，コーポレート・ガバナンス論にまつわる重要な問題を明らかにし解決に導いた。その出発点は，以下の項目についての懐疑的な言及からであった。まず，「企業は誰のものか」という企業観や企業目的観などは，今日の企業経営制度の歪かつ制度疲労によって議論がなされているに過ぎない。つまり，企業制度を再構築する必要に迫られているに過ぎず，企業観や企業目的観の問題ではない。また，コンプライアンス経営や企業倫理の議論は，範囲を狭く設定し過ぎており発展性がなく，今日の企業経営に合致しない。つまり，企業の承認と合意が行われた根本的なレベルまで議論を引き上げる必要がある。さらに，利害関係者論から脱却して，市民社会を基礎に企業を捉えるべきである。

つまり，経営学を再構築するべきである。このような本章で論じた3つの課題は，コーポレート・ガバナンス問題だけではなく，これらは既存の利害関係者論や企業倫理理論，はたまた企業論などに深く影響を与える問題である。そのため，そう易々と主張するべきではないかもしれない。しかし，確固たる信念に基づいて提示するものである。

　さて，人間は考えきれない程に多様な感情を持ち，自身が持つ理想とは掛け離れた生き物である。その人間が作った社会や会社もまた，恣意的な意識が入り込んだ極めて不完全なものであると導くことができる。このような人と企業の不完全性を完全なものに近づける方策は，人心とシステムの両面から検討する必要がある。人の欲望は無限であり，かつ多様である。人の欲望を満たすために，会社という枠組みが作られ，そして高度に発展し，株式会社制度は存置されている。この人という存在を初期における利害関係者といい，会社は，このような利害関係者のために存在していた。つまり当初は，会社は利害関係者が有する欲望を調整する役割を担っていたのである。これを仮説的に提示すると，次の通りとなる。

〔個人〕人間は欲望を持つ→人間集団では隠れた原始的契約関係に立つ→権利と義務を持つ→その範囲内で行動をする

〔組織〕個人のパワーを最大限発揮→個人の抑止力は集団になると薄れる→迎合

　このように考えると，コーポレート・ガバナンスは，人の欲望を抑えることに役割を見い出すこともできるため，システムのなかでコーポレート・ガバナンスは語られるべきである。また，そのシステムを構築するためには，政策を語ることが重要なのであり，コーポレート・ガバナンス政策論を構築し，実施していくべきである。

注
1) ここにおける詳細な論は，小島大徳［2007］を参照のこと。
2) ここでは，市民社会論とコーポレート・ガバナンス論の融合という形で表現してい

るが，最終的には，経営学の中心にこそ，市民社会論の基礎的考えを導入するべきだと考えている。
3) OECD［1999］，OECD［2004］
4) 詳しくは，小島大徳［2004］を参照のこと。
5) 企業を捉えるために，利害関係者論から市民社会論へと移行しなければいけない理由については，小島大徳［2007］第10章（172-187頁）を参照のこと。また，コーポレート・ガバナンスと市民社会論の関係について深く理解するためには，小島大徳［2007］第Ⅲ部（155-245頁）を参照のこと。
6) ここでは利害関係者といっても良いと思うが，利害関係者という概念を否定している限り，可能な限り概念をわかりやすく分離して表現することにする。なお，私は，今までの「利害関係者」という呼び方に代えて，「企業関係者」と呼ぶべきだと考えている。
7) 会社法には，企業の財務状態や経営成績が悪化したときなどに，債権者に対する保護を目的として種々の規定が設けられている。財産上の直接的経済関係を有している者を保護する趣旨はわからないでもないが，企業の財務状態や経営成績の悪化による被害は，複雑化する経済や企業経営において，債権者や株主だけではない。一企業にも金融機関を通じた，ある意味強制的な資金供給などがある以上，いわゆる利害関係者の範囲を制度上も広げないと，今日のあるべき姿からは遠く乖離してしまう。
8) これまでの私の企業所有者に関する考えは，小島大徳［2007］196-197頁にて，(1)直接的所有，(2)狭義の支配，(3)社会的所有，(4)広義の支配，の4段階に分けて所有者を論じるべきであると表明している。
9) 「企業は市民社会のもの」といえる根拠と意義は，いくつかあるが，詳細については，小島大徳［2007］172-187頁を参照のこと。
10) 民法上の共有に関する議論を，企業についても商法や会社法の規定を分析して法学的に考えても，実際の企業経営を検討しなければ意味がないために，経営学的に分析をすることにする。
11) 実際は，他の個人に株式を譲渡している形態であるためである。
12) 所有権は，使用，収益，処分の権能を指すが，ここで管理権という言葉を使用しているのは，所有者が使用することができるは当然であり，問題なのは使用のなかの検討としての管理権という概念であるからである。
13) 小島大徳［2007］196頁。
14) 小島大徳［2007］196-197頁。
15) 「的」という言葉には，「それらしい」「そのような様子の」という意味が含まれており，社会に対する責任が明確に確立した今日において，「社会的責任」という言葉は正確に表さなくなったといえる。
16) 今日，企業の社会性が営利性と同等の価値を得るようになったのであるから，企業社会責任または社会責任の対義語として，企業営利責任または営利責任という言葉と

共に，企業の性質を明確にしつつ論じていくべきであろうと考えている。

参考文献

日本語文献

菊池敏夫・平田光弘（編著）［2001］『企業統治の国際比較』文眞堂。

菊池敏夫・平田光弘・厚東偉介（編著）［2008］『企業の責任・統治・再生』文眞堂。

小島大徳［2007］『市民社会とコーポレート・ガバナンス』文眞堂。

小島大徳［2004］『世界のコーポレート・ガバナンス原則―原則の体系化と企業の実践―』文眞堂。

外国語文献

OECD [2004], *OECD Principles of Corporate Governance 2004*, Organisation for Economic Co-operation and Development.

OECD [1999], *OECD Principles of Corporate Governance 1999*, Organisation for Economic Co-operation and Development.

第5章
自由の対立

1 自由の反対概念は責任なのか

　会社経営活動における「自由」は，最高度に尊重されなければならない。この一見して当然と思われる概念が，近年，疎かにされている。だからこそ，講学上で研究者が会社の本質を語る際に，例えば「会社は誰のものか」といった問いに対して，実に多様な論議が未だに巻き起こる。また，経営実践の場でも，会社と会社の間の支配権争いに際して，最高裁判所の判断が個々の事例に対して揺れるなど，経営者間に種々の混乱が起こっている。一方，近年では，会社経営活動における「自由」の真反対概念として，会社経営活動における「責任」が，声高らかに主張されている。これは，最近でも続発している企業不祥事を無くすため，あるいは防止する必要があるためであろう。

　実際の会社経営活動における自由の根本的背景は，最終的に市民の自由を実現するための道具として，会社制度が設立されたことにまで由来する。従来，極めて狭い枠組み，つまり既存の人が作出した法的枠組みの範囲内で，経営事象を眺めることを中心に検討が行われてきた。たとえば，コンプライアンス経営と訳される遵法経営などは，法が絶対的に正しいとの概念から出発している。このような理解は，法そのものの検討がなされる前に答えを出しているに等しい。これらの法そのものを経営において検討するには，会社と社会という枠組みにまで検討範囲を広げ，会社の存立の理由を史的に検討することを前提にしなければならない。経営を高度に検討するには，法令に立脚した経営であるかを考察するだけでは，全くもって不十分であると言わざるを得ない。

会社の存立の理由を考えると同時に行わなければならない検討は，会社経営自体の位置付けである。近年は，会社の責任を殊更に強調する風潮にあるが，冒頭に強調したように，企業経営の根本的性格は自由である。この自由の意味を深く考えなければ，責任を論じることはできないと痛烈に感じるのである。なぜならば，会社の自由および会社の責任をどのように考えるかによって，企業に関わる制度設計にも多大な影響を及ぼすことになるからである。

本章では，会社の「自由」と「責任」を検討し，今後の会社制度における議論の基礎的土台を提供しようとするものである。企業経営の本質を理解するためには，会社の成り立ちや制度的変遷史を検討するだけでは足りない。人と会社の関係，および社会構造と企業の関係の両側面を中心に，深く検討を重ねなければならないのである。そして，そこから浮かび上がった「自由の対立」ことこそ，現代の企業経営に起こる事象の根本的解決の手がかりになるのである。

2 会社制度の存立根拠

(1) 人たる権利の実現

ジョン・ロック（John Locke, 1632-1704）は1689年に「自然権，契約による政府，抵抗権の保障」を導き出し，国家と個人の関係に関する基本的な構造を提示した。そのなかでも，生命・自由・財産に対する権利は，人が生まれながらに持つのである。そして，この前国家的に人が保有する権利を「自然権」として位置付けた。その後も，18世紀末の市民革命（『アメリカ独立宣言（1776年）』や『フランス人権宣言（1789年）』）などにより，個人の人権という考えが生まれた。さらに，20世紀になると，資本主義経済の矛盾が露呈し始め，社会的または経済的弱者を救済するために，国家の積極的介入が望ましいと考えられるようになった。そのため，『ドイツワイマール憲法（1919年）』により，自由権だけでなく社会権まで，人権が保障されることになった。

時は流れ，トーマス・ジェファーソン（Thomas Jefferson, 1743-1826）は，『アメリカ独立宣言（1776）』の中で「生命，自由，幸福を追求する権利は全て

の人々に平等に与えられている」と述べた。絶対王政を経験してきたジョン・ロックの時代では，財産権の保障を最も重要な権利の1つとして取り上げる必要があった。だが，トーマス・ジェファーソンの時代では，民主主義と資本主義の定着から，財産権は当然守られるべきものになったとして，財産権に代えて幸福追求権を，人権の1つとして加えたといわれている[1]。この幸福追求権こそ，より良い経済上の受益を受けるべく人が現代会社制度を生みだした出発点ともいうべき，人の自由と密接に関わる重要な概念なのである。

このように，近代において，人たる権利として生命，自由，財産権を最高度に保障し，現代において幸福追求権をも加えた権利を擁護するため，種々の社会システムが構築されている。この社会システムの一部に組み込まれたものが，会社制度，特に株式会社制度であり，人たる権利の保障と擁護の一翼を担うために生まれ期待されたのである。

(2) 政府機構の移り変わりと企業経営機構の変遷

株主総会，取締役会，監査役会などの今日の株式会社を構成する経営機構を説明する際には，立法，司法，行政を含む国家機構と対比させることが多い。現代の国家機構が，民主主義を体現するに相応しい形態であると認められる限り，同じく抑制と均衡が求められる小政府に似た会社機構は，基本的に国家機構を模写して制度設計がなされている。このような関係にある国家機構と会社機構は，時代の流れとともに互いが互いの目的に合わせて移り変わっていくのであるが，時として互いに影響し合い，制度の修正を行いつつ，より良い制度の確立を目指して歩むのであった。

まず，図5-1によって国家機構の流れから論じることにする。国家機構は時の流れとともに，絶対王政から制限君主制へ，そして二元型議院内閣制から一元型議院内閣制へと移行する。もちろん，制限君主制からは大統領制へ，二元議院内閣制からは共和制へと移行する枝分かれもあり，大統領制も共和制も，それぞれの制度の枠組みが確定してからは，独自の確固たる信念に基づいた国家機構を築く道を進むことになる。

図 5-1 政府機構と会社機構の移り変わりの対比

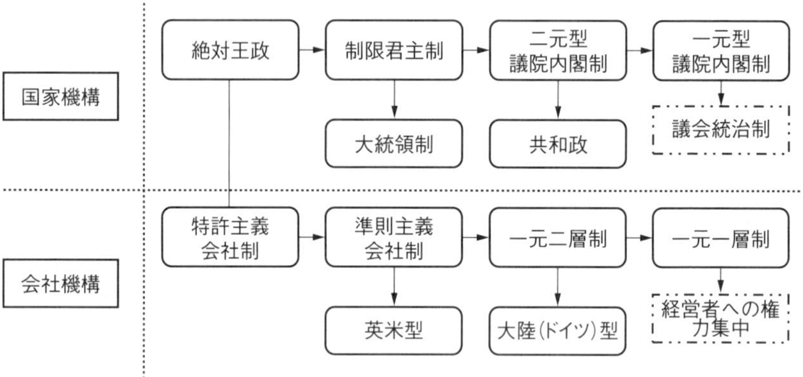

国家機構: 絶対王政 → 制限君主制 → 二元型議院内閣制 → 一元型議院内閣制
　　　　　　　　　　↓　　　　　　　↓　　　　　　　　↓
　　　　　　　　大統領制　　　共和政　　　　　議会統治制

会社機構: 特許主義会社制 → 準則主義会社制 → 一元二層制 → 一元一層制
　　　　　　　　　　↓　　　　　　　↓　　　　　　　↓
　　　　　　　　英米型　　　　大陸(ドイツ)型　　経営者への権力集中

（出所）筆者作成。

　一方，同じく図5-1によって会社機構の流れを論じることにする。特許主義の頃は，特許主義会社制から準則主義会社制へ，そして一元二層制から一元一層制へと移行する。ここでも，準則主義会社制からは英米型会社組織へ，一元二層制からは大陸型会社組織へと移行する枝分かれがある。それぞれの組織は，今日におけるアメリカ型企業経営機構およびドイツ型企業経営機構の原型となるものである。

　さて，一見，政府機構の歴史的な移り変わりと会社機構の変遷には，大きな関わり合いが無いかのように感じられる。事実，今では両者を繋げて考えられることは少なく，研究もなされてこなかったのが現状である。しかし，少なくとも図5-1で表現するところの両者を比較あるいは対比させると，国家機構の採用する形態を会社機構にも応用しようとする思想的な協調性と，国家機構のシステムを要因とする制度的な協調性の2つが存在していると考えられる。なかでも，絶対王政時代に会社を設立する場合に，国王の許可が必要であった特許主義会社制は，会社機構の外枠を形成するのに，大きな役割を果たしたのである[2]。

　統治機構においては真の民主主義を，企業経営機構においては真の資本主義を，それぞれ追求する段階において，議会統治制および経営者への権力集中が

起こることは避けられず，むしろ正常な過程を歩んでいる証左であるとも考えられる。しかし，運営者への権力集中は，市民社会の権利を侵さないという大前提を確保したときにしか認められないのである。

3 前国家的権利から国家形成そして会社制度形成から株式会社発展

(1) 会社制度の史的起源と制度的根源

　今日，会社というものを，どのように捉えてよいのかについて諸説がある。その出発点が「会社は誰のものか」である。この問いに対して論争が巻き起こっているのは，今日の議論が単なる研究不足にも及ばない整理不足であり，学説の対立と言うには及ばない幼いレベルにあるからである。たとえば，「誰」という部分を，会社所有者論争においては，会社所有論（会社の所有者は誰か）と会社目的論（会社は誰のために運営されるのか）を混合しているために，混乱が起こる。また，「もの」という部分を，所有権概念の検討をしないで，ある論者は総有に近い形態として無意識に捉え，ある論者は所有を単独所有に近い形態として認識し，それぞれが主張するため，収拾が付かない[3]。

　ともあれ，会社の本質をより良く理解するためには，史的研究を行う必要がある。史的研究といっても，従来の制度史および経済発展と会社展開などの必要性の観点から今までの論を繰り返しても，会社の本質は絶対に見えてこない。そこで，ここでは人の内心的自由にまで範囲を広げ，市民社会という社会科学で数百年来に渡って深く追求がなされてきた研究の土台を，経営学に繋ぎ合わせることで解決に当たろうと思う。

　さて，会社機関は政府機関の移り変わりに大きく左右され，または概ね同じように変遷してきたことが理解できた。そこで，次なる論拠として国家機関と会社機関が互いに繋がり合っている理由を求めなくてはならない。そのために，市民社会と国家の関係を探り，会社制度の成立と起源および会社の根本的性質，会社の経営活動における権源を明らかにする。

(2) 人の前国家的権利と国家形成および会社制度の形成と発展

人は前国家的権利を有している。それは自由権である。この権利は人が生まれながらにして持つ権利であるとともに，歴史的にも数々の闘争のなかで人が獲得してきた崇高な権利である。歴史を遡ると，これらの権利は，イギリス権利章典（1689年）やアメリカ独立宣言（1776年），フランス人権宣言（1789年）に次々と現れる。その間には，尊敬すべき先人達が当時の絶対的な権力であった国王から人（主に生命，身体，財産）の解放を求め，および人と国家の基礎理論（種々の社会契約論）を作り出し，人の自由を行動と理論で変革させようとする努力がなされてきた。

国家は各人の権利の一部を委譲する契約を結ぶことにより成立している。そ

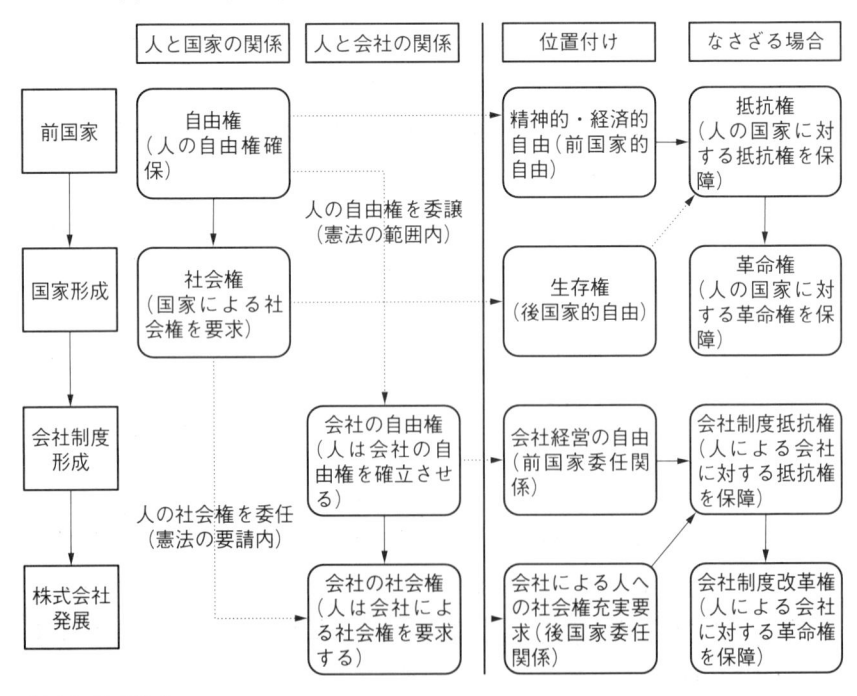

図5-2　会社の自由権と社会権および市民社会の抵抗権と改革権

人と国家の関係	人と会社の関係	位置付け	なさざる場合
前国家 → 自由権（人の自由権確保）	人の自由権を委譲（憲法の範囲内）	精神的・経済的自由（前国家的自由）	抵抗権（人の国家に対する抵抗権を保障）
国家形成 → 社会権（国家による社会権を要求）		生存権（後国家的自由）	革命権（人の国家に対する革命権を保障）
会社制度形成 →	会社の自由権（人は会社の自由権を確立させる）	会社経営の自由（前国家委任関係）	会社制度抵抗権（人による会社に対する抵抗権を保障）
株式会社発展 →	人の社会権を委任（憲法の要請内） 会社の社会権（人は会社による社会権を要求する）	会社による人への社会権充実要求（後国家委任関係）	会社制度改革権（人による会社に対する革命権を保障）

（出所）筆者作成。

して，人ひとりでは為し得ない社会権を実現するために国家が存在する。つまり，国家は人の権利を擁護し最大化し展開させるために作り出した道具なのである。国家が民主主義の流れを汲む道具であるとするならば，会社は資本主義の時流に乗って発展した，これもまた道具なのである。この道具として同化しうるかに思われる国家と会社の間にも，契約がなされている。つまり，社会契約に基づいた会社契約が国家と会社では結ばれているのである。

(3) 人と国家の関係および人と会社の関係

人は前国家的権利として自由権を保持し，後国家的権利として社会権の充実を求める。自由権は精神的自由と経済的自由を指し，これらは前国家的権利であるから，国家が形成された後に自由権が侵された場合は，抵抗権としての革命権を発揮することができる。これが市民社会と近代国家の関係の基礎である。現代国家では，高度に福祉が充実しつつあり，また立憲主義思想も浸透し，抵抗権思想が実定法上または行政のなかで運用し始めたことから，狭義の抵抗権なかでも特に革命権が発揮される場合は，著しく減少している[4]。

近年の特徴は，国家と市民社会の関係よりは，会社による市民社会への自由権と社会権の侵害に焦点が集まりつつあることに気付かねばならない。会社は国家が社会権を委任することを目的に作られた制度といえる。もちろん，社会権を実現するための制度であり，主体となるべき会社は，自由権をも持ちうるのが当然であるというべきである。つまり，人の自由権を憲法の範囲内で会社制度形成期において付与する。そして，株式会社が発展した頃には，会社への社会の信頼を基礎として，憲法の要請内つまり市民社会の要請内において人の社会権を会社へ委任している関係になる。そうすると，会社の自由権は，人により会社の自由権を確保させることを目的とし，また会社の社会権は人による社会権の要求に基づくこととなる。このように考えると，会社制度は市民社会による間接的承認の結果として存立することと基礎付けることができる。

(4) 会社制度抵抗権と会社制度改革権

　いくら良くできた制度であっても，運営するのが人である以上，歴史的経験として，全面的に権利を委譲することは危険である。市民と国家は社会契約に基づいて結びつき，政府は正当に成立するとした社会契約は，仮に国家が市民の期待を裏切った場合に，市民は抵抗権[5]を行使することを許容され，抵抗権の具体的発現が革命権であるとした。これは現代立憲主義でも根本的な思想として受け継がれている。

　このように考えてくると，国家から自由権の委譲と社会権の実現を委託された会社に対して，市民が抵抗権を行使することの可否が問題となる。会社制度には，法人格の付与による特殊な法的地位が与えられているため，二重三重の監視・牽制制度が用意されている。しかし，複雑化した現代においては，監視・牽制制度の域を超える経営活動が行われることがある。それが市民社会に多大な負の影響を与える時に，会社に対する抵抗権の問題が出てくるのである。

　たとえば，近年では，企業不祥事の発覚の発端は，内部告発によることが多い。そうなると，今まで検討してきた市民社会と国家と会社の関係では，説明が付かなくなる。これこそ，平時における制度の誤謬であり，市民社会による会社への抵抗権の発現であると位置付けることができよう。市民社会と政府の関係における抵抗権としての革命権の場合も同様であるが，抵抗権は明文化されないことが通常である。しかし，復委任による制度的構築がなされた会社制度においては，市民社会による会社への抵抗権を早急に制度化する必要があろう。今では抵抗権の発現としての会社制度改革権あるいは会社改革権を，市民社会の権利として確立する必要に迫られている。大型企業不祥事への対応は，会社自身の自助努力や国家の調整と介入だけではなく，市民社会の関与による解決が求められているのである[6]。

4　会社が存立する国家的作用と会社制度作用

(1)　人の自由権の保持と政府による社会権の実現

　会社が存立する根拠は，図5-3で表したように国家作用と会社制度作用の両側から導かれる。まず，会社制度が存立する最大の根拠は，市民社会の自由権付与に求めることができる。そして，市民社会の自由権付与が正当化される根拠は，政府の成立過程に求めることができる。市民社会は前国家的権利として自由権を保持しているが，人が思想的かつ経済的に成長を遂げると，より高度な人たる生活を営むために，個人では実現不可能な社会的受益を求める。ここで主体となるべき国家は市民社会との間に社会契約を結び，社会権を成立させる。このため，国家の成立時には，後国家的権利としての社会権を人が保持するに至るのである。そして，市民社会は国家を通じて人の社会権を実現するべく権利を与え，実現を求めていくのである。だが，人は権力に対して懐疑的にならざるを得ない歴史的認識を有しているため，人の自由保障と国家の成立を互いが契約しても，市民社会の意向に沿わない重大な背任を国家が行った場合は，人が抵抗権（高度に展開すると革命権）を行使する権利を留保することを忘れなかった。

　国家は，社会保障などの国（現代では地方公共団体を含む）が直轄的に管理するべく事務管理について，直接的に市民に対して社会権の実現主体となりうる。実施対象者たる市民社会の規模が比較的小規模であるならば，国家の社会権の実施について大規模な施策を必要としない。しかし，経済規模や市民社会の要求が増大するに従って，社会権の範囲の拡大と，国家による未対応という事態が生じるのであった。これを解決するために，国家は会社制度を制度化し，自らの実力の及ばない経済発展および市民社会の受益という社会権実現の使命の一部を実現しようとしたのである。これは初期の株式会社として認識されているオランダ東インド会社が，国王の特許によって設立されたことにも深く関係する。もちろん，オランダ東インド会社は国王の会社というべき性質を持ち，

104　第Ⅱ部　営利企業の論理

市民社会の社会権の実現という目的を，当初，持ち得ていなかったのである。だが，会社の構成員や従業員などの参加を考えると，市民社会の要求を政府[7]が実現したという構図には変わりがないと考えられよう。

(2) **政府による会社への自由権と社会権の復委任**

国家は会社が存立する根拠の間接的役割を担い，そして会社制度を成立させた。そこにおいて，国家は会社に対して市民社会の保持する自由権を，代理人として市民社会と会社との間で契約を結ばせた。これを会社契約と呼ぶ。この会社契約が必要な理由は，社会構造上，会社に自由を認めなければ，市民社会の期待に添うことができないからである。この市民社会と会社の自由権に関する契約こそ，法により会社に法人格を与え，人に準ずる権利を与えることを正当化する根拠となるのである。ただ，市民社会は国家の成立に関し，市民社会は抵抗権を留保したのと同じく，会社が自由を逸脱した経営活動を行わないように予防し，逸脱行為をした場合は調整するために，立法上，行政上，司法上に自由に関する消極的な範囲の画定を国家に認めたのである。これを三権によ

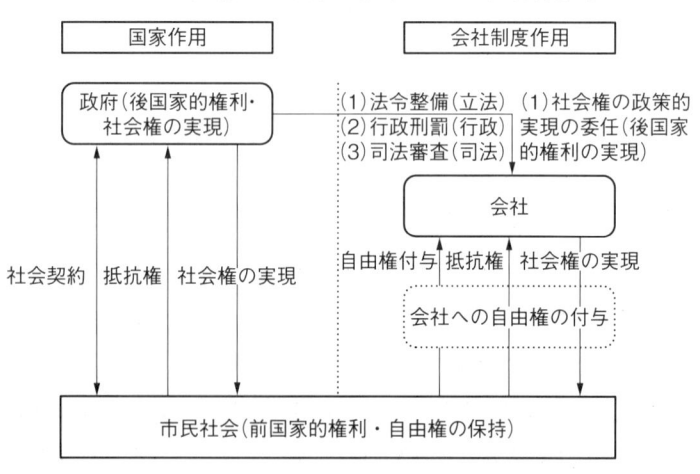

図5-3　市民社会と国家の作用および会社制度作用

国家作用		会社制度作用
政府(後国家的権利・社会権の実現)	(1)法令整備(立法) (2)行政刑罰(行政) (3)司法審査(司法)	(1)社会権の政策的実現の委任(後国家的権利の実現)
		会社
社会契約　抵抗権　社会権の実現		自由権付与　抵抗権　社会権の実現
		会社への自由権の付与
市民社会(前国家的権利・自由権の保持)		

(出所) 筆者作成。

る自由の画定と呼ぶ。

　まず，立法上の自由の画定は，会社制度を実質的に形作り法律的な授権を行うことを内容とする。もちろん，同時に法令により経営活動の範囲や罰則などを明示し，市民社会に負の影響を与えることが無いように，慎重な立法作業がなされなければならない。つぎに，行政上の自由の画定は，法令の規定を根拠にして法律の定めた事柄を逸脱あるいは濫用した場合に，行政処分がなされることを内容とする。くわえて，法令により設置された政府機関により審査が行われ，審判や判断がなされることになる。そして，司法上の自由の画定は，会社が主体となる紛争が起こった場合に，法令を基礎としつつも司法が自由に紛争を処理することを内容とする。ここでは，政府があらかじめ策定した法令だけではなく，市民社会の意識も考慮して裁判されることが期待されるのである[8]。このように成立した会社は，市民社会から間接的に自由権を付与されている関係に立ちつつ，国家が為し得ない社会権の実現を会社によって実施することを求めるのである。

(3) コーポレート・ガバナンスからみる今日の会社における諸問題

　会社は，国家が直接承認し市民社会が間接承認することで成立した制度である。だが，人が運営する以上，市民社会と会社の双方が求める行動および結果は完全に重なり合わない。そこで，直接的承認者である国家によって，会社に対して法制度による規制を行う必要性が生まれる。これが後に論じる「責任」の概念的基礎となるものである。

　今日の企業経営には，社会の縮図というべき諸課題が出現し，そして残されている。そこで，この課題を解決する手段として種々のコーポレート・ガバナンス構築が声高らかに訴えられてきた。コーポレート・ガバナンスは，現代市民社会における会社の制度的欠陥とまでは言わなくとも，会社の制度疲労や役割拡大のために広がった市民社会に対する自由権への侵害と社会権の未実現状態に対して補正する役割を有している。コーポレート・ガバナンスの定義論争が，世紀をまたぐ前後に活発に議論が行われたのも，現代市民社会における自

図5-4 企業競争力の強化と企業不祥事への対処からみる諸問題

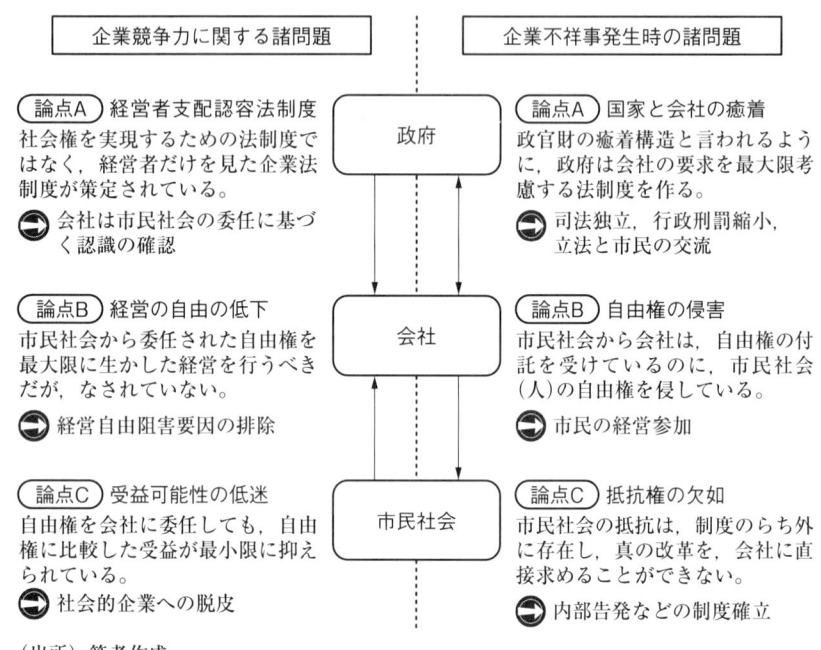

企業競争力に関する諸問題		企業不祥事発生時の諸問題
論点A 経営者支配認容法制度 社会権を実現するための法制度ではなく，経営者だけを見た企業法制度が策定されている。 ➡ 会社は市民社会の委任に基づく認識の確認	政府	**論点A** 国家と会社の癒着 政官財の癒着構造と言われるように，政府は会社の要求を最大限考慮する法制度を作る。 ➡ 司法独立，行政刑罰縮小，立法と市民の交流
論点B 経営の自由の低下 市民社会から委任された自由権を最大限に生かした経営を行うべきだが，なされていない。 ➡ 経営自由阻害要因の排除	会社	**論点B** 自由権の侵害 市民社会から会社は，自由権の付託を受けているのに，市民社会（人）の自由権を侵している。 ➡ 市民の経営参加
論点C 受益可能性の低迷 自由権を会社に委任しても，自由権に比較した受益が最小限に抑えられている。 ➡ 社会的企業への脱皮	市民社会	**論点C** 抵抗権の欠如 市民社会の抵抗は，制度のらち外に存在し，真の改革を，会社に直接求めることができない。 ➡ 内部告発などの制度確立

（出所）筆者作成。

由権と社会権自体が広範に及んでいて，掴み所のない人あるいは会社の権利を擁護する根拠を，各論者が模索していたからだと思われる。このように考えると，最広義のコーポレート・ガバナンスは，会社による市民社会の自由権の保障と社会権を実現する会社組織を作り上げ，会社は市民社会の要望に則った会社経営を実践しつつ，会社による市民社会の自由権と社会権を侵害できないような社会システムを構築することといえよう。

このように論じられるコーポレート・ガバナンスの今日的目的は，企業競争力の強化と企業不祥事への対処との2つにあるというのが定説である。そこで，コーポレート・ガバナンスの目的の視点から会社，政府，市民社会を図5-4のように考察すると，今日の会社を取り巻く諸問題の一例が浮き彫りになる。

(4) 企業競争力と企業不祥事発生時の今日的諸問題

　企業競争力に関する諸問題は，A経営者支配許容法制度，B経営の自由の低下，C受益可能性の低迷，の3つである。まず，A経営者支配許容法制度は，社会権を実現するための法制度ではなく，経営者（会社）だけに注目した企業法制度が構築されつつあり，経営者支配を助長し市民社会を軽視した制度設計が行われる危険性を孕んでいることが問題となる。そして，会社制度存立の根本的な権利保持者は市民社会であるから，国家は市民社会と会社との緩衝材としての役割を期待され運用されるべきではないかという課題を提示する。つぎに，B経営の自由の低下は，市民社会から付与された自由権を最大限に生かした経営を行うべきであるが，なされておらず，経営自由阻害要因を排除できるかが課題となる。これは，会社の自由と会社の自由が対立した場合の，国家による介入と調整時に起こる。くわえて，経営の自由を何処まで認めるべきかという会社制度の根幹である問題を突きつける。そして，C受益可能性の低迷は，市民社会が社会権を高度に実現するために，間接的に自由権を会社に与えたとしても，会社は市民社会の期待した社会権の受益を受けていない場合を意味する。ここからは，近年活発に設立されているNPOなどに代表される社会的企業へと株式会社も脱皮するべきであるとの議論を暗示する[9]。

　企業不祥事発生時の諸問題は，A国家と会社の癒着，B自由権の侵害，C抵抗権の欠如，の3つである。まず，A国家と会社の癒着は，政官財の癒着構造と言われるように，国家は会社の要求を最大限考慮する法制度を作るとともに，会社は政治献金やロビー活動を通じて見返りを与える。この問題は，国家機関の一部である司法の独立や行政刑罰の縮小，立法と市民社会の交流の断絶を生むなど，深刻な問題を浮き上がらせる。つぎに，B自由権の侵害は，市民社会から会社へ自由権の委任を受けているのにも関わらず，企業不祥事の発生時や労働問題など色々な場面で市民社会の自由権を侵害することにより発生する。この問題は，長らく議論が行われ，ドイツにおける共同決定方式などにみられるように努力がなされているが，未だ解決がなされていない課題となる。そして，C抵抗権の欠如は，内部告発のような市民社会の抵抗が制度の埒外に存在

し，直接的な権利行使を会社に行えないことから発生する問題である。制度的には，会社制度に関して市民社会は間接的にしか関与していないのであるが，現代社会のように複雑化した社会システムにおいては，市民社会に直接的権利行使制度を具体化しても良いのではないかという議論に発展する。

これらの論点は，それぞれの立場の者が自由を如何に理解し，自由を如何に発揮しようとすることによる対立，すなわち「自由の対立」によって巻き起こされる事象なのである。

5 会社経営の「自由」

(1) 「自由」という概念

経営学において，会社経営の自由は最大限に考慮されなければならない。会社経営の自由は，資本主義の根本的な要請であり，経済を活性化する根幹であるからだと，多くの論者に認識されてきた。もちろん，このことを否定するつもりは全くないし，企業経営の自由を最高度に求めることに異論はない。しかし，経営活動による負の側面が全面に出現し，私たち人の生命や財産に多大な

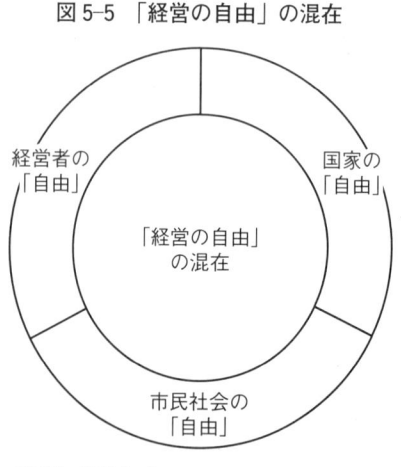

図5-5 「経営の自由」の混在

(出所) 筆者作成。

る影響を与え始めると，会社経営の自由を規制するべきではないかという論が台頭することになる。法は会社経営を規制していこうという世論の潮流を敏感に察知し，法制度の改正などを通じて，会社経営を徐々に自由から規制へと舵を取る。ここまでが，経営学者をはじめとする研究者や専門経営者によって認識されている会社経営にまつわる共通認識である。

そのうえで現代において深く探求されなければならないのは，会社経営の自由という意味の内に秘める「自由」という概念である。つまり，なぜ会社経営に自由が認められるのかや，会社経営の自由は如何なる分類にあるのか，などの真相に迫る必要がある。それがあってこそ初めて，既述の会社経営の責任という意味の内に秘める「責任」の概念も明確にされることになる。これらの検討を蔑ろにして，会社経営の責任に深く関わる，いわゆる社会的責任論や企業倫理論を軽々しく語ることは許されないのである。

(2) 会社にまつわる自由の種類

会社経営の自由は，図5-2や図5-3で論じてきた会社と市民社会，会社と政府の関係から導き出される。まず，市民社会は自らが保持する自由権を最大限に発揮させるため，会社に対して付与する。そのため，会社には「市民社会から受任した『自由』」が存することになる。この「市民社会から受任した『自由』」は，主に自由権（生命・身体・財産・幸福追求）に関する自由の利益を最大限に市民社会が受けることができるように，市民社会は会社に自由を委任したことに根拠を求めることができる。具体的には，市民社会は会社に対して自由権を直接的に委任するという意味と，自由権を侵す事態が生じた場合（企業不祥事など）は，自由権を委任した関係が消滅することになるという意味の2つを含む「自由」であると位置付けられる。

会社経営における自由は，市民社会の自由，経営者の自由，国家の自由の3つがある。この3つの自由が混在しながら企業運営がなされるのである。まず，市民社会の自由とは，本来の自由権の所在そのものであり，自由権（生命・身体・財産・幸福追求）に関する自由の利益を受ける権利そのものをいう。この

表5-1 「経営の自由」の混在と3種類の「自由」

「経営の自由」の3種類	内容	詳細
市民社会の自由〔本来の自由権の所在〕	自由権（生命・身体・財産・幸福追求）に関する自由の利益を受ける権利そのものをいう。この自由権を，最大限，市民社会が受けられるように，市民社会は会社に自由を直接的かつ間接的に委任する。	(1)市民社会は会社に対して自由権を付与する。 (2)自由権を侵す事態が生じた場合（企業不祥事など）は，自由権を付与した関係が消滅することになる。
国家の自由〔市民社会から受任した自由〕	市民から受任した自由権および社会権を達成するために，主として社会権を最大化することを求め，副として自由権を最大化するために，自由権を代理する。	(1)主目的として会社経営の自由を最大化するべく法制度を立法し運用する（会社による社会権の実現）。 (2)副目的として市民社会の自由を侵さない程度に，会社に対して規制をかける。
経営者の自由〔経営者個人としての自由〕	経営者が個人として持つ良心に基づいて，国家および市民社会による自由の授権を根拠としないで発揮する自由である。市民社会の自由，そして国家の自由は，経営者からすると規制になることが多く，最も自由の対立を起こす主体となる。	(1)経営者は，国家から求められた社会権，および市民社会から委任された自由権のいずれにも大きく影響を受けることなく，会社の目的の範囲内で企業経営を行う自由を持つ。 (2)会社に与えられた授権の範囲内で経営者は経営の自由を有する。

(出所) 筆者作成。

自由権を最大限に市民社会が受けられるように，市民社会は会社に自由を直接的かつ間接的に付与することになる。また，国家の自由とは，市民社会から受託した自由とも言い換えることができ，市民から求められた自由権および社会権を達成するために，主として社会権を最大化することを求め，副として自由権を最大化するために自由権を画定された範囲内で代理する。さらに，経営者の自由とは，経営者が営利活動を行うことにより，自身あるいは構成員，そして関わりのある者へ経済的受益を与えることの自由である。これは経営者が個人として持つ良心に基づくのである。市民社会の自由，そして国家の自由は，経営者からすると規制という意味合いを持つことが多く，経営者の自由との間

で最も対立を起こす主体となる[10]。

(3) 「経営の自由」による3つの対立と経営諸学問

自由は時として対立を生み，思わぬ事態を発生させる原因ともなりうる。同じ目的を持った者同士の自由であったとしても，外部的発現としての自由と内部的事象としての自由は，全く異なる内容と結果を生むのである。殊に，自由の委任が行われたときの関係は，さらに複雑化する。つまり，外部的発現としての自由と内部的事象としての自由の鋭い対立が起こりうるのである。ここで自由の対立を分類すると，国家の自由 vs 経営者の自由，市民社会の自由 vs 経営者の自由，国家の自由 vs 市民社会の自由，経営者の自由 vs 経営者の自由，の4つに分けられる。

1つ目の国家の自由 vs 経営者の自由は，政府の規制した自由の範囲を超えた経営活動を経営者が行ったときや，経営者が高度に自由を求めたときのことである。たとえば，国家による経営自由を縛る法令に対して，企業が法令を逸脱する行為である。ここでは，企業不祥事への対処の観点から違法行為への政府の介入が行われ，経営競争政策としての企業競争力の強化の調整に焦点が集まることになる。本来ならば，政府の自由である企業経営政策という重要な意思決定に，経営者の自由を収め企業が従い画定された範囲で経営活動を行うかの二者択一の方法が採られる。しかし，このような基本構造をあらかじめ察知し，政府と経営者は紛争を避ける手段として，国家と経営者は高度に緊密な関係を有することになる。自由と自由の対立が起こる場面では，常に緊密な関係を構築するというシステムを求めるのも，また常なのである。このような自由への矛盾も，自由という概念が成せる技なのである。

2つ目の市民社会の自由 vs 経営者の自由は，市民社会の自由と経営者の自由とに乖離が生じたとき，あるいは対立が生じたときのことである。たとえば，生命，身体，財産の取得と喪失が，一方に極端な形で生じることにより発生する。ここでは，経営者による企業不祥事への対処の観点から企業不祥事の事前防止責務があり，経営者の良心と市民社会の良心との間が乖離しているとの観

表 5-2 「経営の自由」の対立

「自由」の対立	内容	詳細(注)
国家の「自由」 VS. 経営者の「自由」	国家の規制した「自由」の範囲を超えた経営活動を経営者が行った時や，経営者が高度に「自由」を求めた時のことである。たとえば，国家による経営自由を縛る法令に対して，企業が法令を逸脱する行為である。	〔企業不祥事（違法行為）〕 企業不祥事への対処 〔企業競争力（経営競争政策対立）〕 企業競争力の強化 ※コーポレート・ガバナンスの2つの目的
市民社会の「自由」 VS. 経営者の「自由」	市民社会の「自由」と経営者の「自由」とに乖離が生じた時のことである。たとえば，生命，身体，財産の取得と喪失が一方に極端な形で生じることにより発生する。	〔企業不祥事（事前防止責務）〕 企業不祥事への対処 〔経営者良心と市民社会良心の乖離〕 企業倫理論 〔政府による社会権の未発揮〕 企業社会責任論
国家の「自由」 VS. 市民社会の「自由」	市民社会の考える「自由」と国家の考える「自由」とに不一致が生じた時のことである。たとえば，国家による自由への介入と調整と市民社会の意識の乖離から生じることにより発生する。	〔3者間での調整（全般的）〕 コーポレート・ガバナンス政策論 〔制度整備・予防法学〕 経営法学
経営者の「自由」 VS. 経営者の「自由」	経営者の「自由」と経営者の「自由」が対立した時のことである。たとえば，株式争奪戦（あるいは委任状争奪戦）や，敵対的買収において，一方の会社が，防衛策を発動した場合である。	〔企業競争力（企業間対立）〕 企業競争力の強化 〔司法介入〕 経営法学

(注)〔 〕内は事象，その下は論じられる対象となる学問領域を示している。
(出所) 筆者作成。

点から企業倫理論が課題として浮き彫りとなり，国家による社会権が市民社会に発揮されない分野において社会的責任論が求められることに焦点が集まる。市民社会と経営者の自由は，これまで論じたように間接的授与・授権関係にある。この関係が間接的であるからこそ，市民社会は経営者に対して直接的な権利行使をすることができず，市民社会の意思は多くの場合に，国家を通じて実現することになる。そこに現代企業経営の諸問題が潜み，企業倫理論や社会的責任論などが活発に議論される土壌を形成するのである。

3つ目の市民社会の自由 VS 国家の自由は，市民社会の考える自由と国家の考える自由とに不一致が生じたときのことである。ここでは，経営者の自由と市民社会の自由に問題が発生したときに，市民社会は直接的な権利行使をすることができないので，国家を通じて実現を図ることになるが，国家が市民社会の意思を的確に反映した政策を行わない場合に問題となる。それとは別に，本来，対立するべき政府と経営者の関係が癒着構造に入った場合に，市民社会と国家の関係は，より一層対立関係が際立つことになる。この関係を考えるにつれて，市民社会，国家，経営者の三者には，緩やかな緊張関係を必要とするとの論が構成されることになろう。

4つ目の経営者の自由 VS 経営者の自由は，経営者の自由と経営者の自由が対立したときのことである。たとえば，株式争奪戦あるいは委任状争奪戦や敵対的買収において，一方の会社が防衛策を発動した場合などにより発生する。ここでの対立は，後に詳しく論じるが，ここで一言だけ言及するならば，経営学において最も重要かつ深刻な対立，またはその時代の経営に関する潮流および自由の概念に影響を与える問題である。これは，自由をどのように考えるかという生ぬるい話ではなく，市民社会，国家，経営者の三者による建前抜きの本音と我による対立なのである。

6 会社経営の「責任」

(1) 「責任」という概念[1]

元来の自由論者である者や，経営の自由という基本的な考え方を理解している者であっても，大型企業不祥事が発生したり，あるいは企業不祥事が続発したりする場合には，会社経営の自由を考慮することなく，会社経営の責任を全面的に唱える。しかし，自由に立脚した責任でなければ，責任というものの所在が明確にならず全体的な思想に向かう恐れが多分にあるだけではなく，会社経営の存立をも破壊してしまう。

今まで論じてきたように，会社経営は自由であることが基本である。そして，

自由を認めることができない領域に会社経営活動が及んだ場合にのみ，会社経営の責任を認めるべきである。これは，人の自由に類似した概念であるし，人の自由を受任した企業においても，当然に当てはめられるべきなのである。そして，自由の対立が企業経営の「責任」という概念を生むとともに，経営学における諸学問の誕生を推進させることになる。たとえば，国家による自由への介入と調整と市民社会の意識の乖離から生じることにより発生することをみても明らかである。

昨今，企業の社会的責任などが頻繁に取り上げられている。しかし，ここで誤った考え方に基づく「責任」の捉え方に警笛を鳴らさなければならない。たとえば，企業の社会的責任の代表的な論者によると，「会社は社会的存在なのであるから，社会に対して責任を有するのは当然である」との前提から，「会社が社会貢献活動などをすることに積極的であるべきだ」という。もちろん，この大筋の考え方には賛同するのであるが，これらを主張する者は，「責任」「社会」という語を如何なるものであると捉えているのかと，逆に問い直さなければならない。

このように「責任」を論じることを些細なことだと感じる読者のために1つの例を挙げる。ある会社が不祥事を起こし人命を奪ってしまったとする。この行為は客観的に検討すると殺人であるが，会社には故意がなければ，殺人罪に問うことはない。また，政策的に会社には意思能力がないのであるから，殺人を構成しないとされている。このような伝統的な処理の仕方は，個人的法益を保護するという考えに基づいている。しかし，この事例において，殺人を個人法益保護ではなく，社会的法益や国家的法益を保護するという考え方に立った場合は，処理の仕方が根本的に異なってくる。この場合は，社会の治安を害した行為である殺人なのであるから，企業それ自体を処罰するだけではなく，このような虞のある企業を事前予防の観点から，規制を行わなくてはならないとなる。歴史的にみても「責任」と「社会」が重なり合うとろくなことがない。ましてや「責任」と「国家」を考えると言わずもがなである。

ここでは，間接的に自由を付与している市民社会への責任として論を構成す

るべきである。そして，今後は会社による市民社会への責任としなくては，会社経営の自由をも確保できなくなってしまう。責任と自由は表裏一体の関係であり，また，市民社会は，会社に自由を付与した以上，最終的に付与した責任を負う必要があるとも考えられる。そうであるならば，最終的な責任の所在に，会社に対する所有者としての地位を与えることが自然であろう。株主総会などで，株式会社の残余財産請求権や解散権などを持つ地位にある株主は，資本主義と民主主義の調整として，国によって政策的に議決権行使の権利を与えられたとみることができる。国家は人の社会権を実現するために，国家の自由により会社制度を作り出したのであるから，会社制度も最終的には，市民社会の意思であり，市民社会による意思の裏付けがあってこそのシステムなのだと構成すると納得がいく。

(2) 同じ自由を保持する者同士の対立と責任

　国家レベル同士における自由の対立の典型は戦争である。戦争は互いの国の自由を守るという名目で開戦される。このことに関して，自由を守るというのは名目であり，真意は利権などであろうという批判もされるが，自由に基づいた戦争というのは，あながち嘘ではない。なぜならば，システムの違いによる自由の委任過程に欠陥があったり，違いがあったりすることにより，お互いが主張する自由に乖離が生じて，自由と自由の対立が起こるのである。

　これは会社と会社の戦いに関しても同様である。国家と国家の戦争と，会社と会社の戦いにおいて，双方の大きな相違は，介入する絶対的組織が会社には存在し，介入する絶対的組織が無いのが国家であるということである。幸いにも，会社間の対立には，介入と調整機能が備わっているため，民主的な解決がなされる可能性が大きい。しかし，それが自由の対立である以上，双方の主張が正当なのであるから，多くの場合に紛争の処理が一筋縄でいかない。

　会社と会社の対立の典型的形態は，会社と会社の支配権争いである。より具体的に述べるならば，株式争奪戦や委任状争奪戦などである。この対立は，企業価値最大化と関係性が深く，経営者の自由とも深く関係する。そして，企業

図 5-6　会社と会社の対立および政府と市民社会の関与

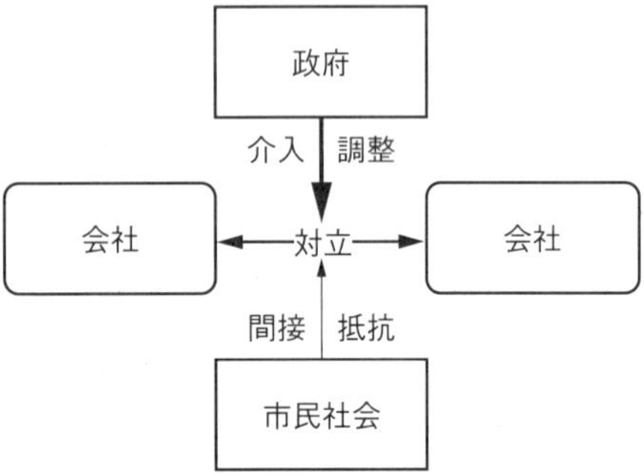

```
            政府
          ↑
       介入 │ 調整
          ↓
  会社 ←―― 対立 ――→ 会社
          ↑
       間接 │ 抵抗
          ↓
          市民社会
```

（出所）筆者作成。

競争力の問題は，同じ自由を持つ者同士の対立が主な理由であるということもできる[12]。

　これらの会社と会社の対立に対して，国家は国家の自由の行使をするために，そして自由を会社に与えた代理責任のために，立法，行政，司法の3つの手段によって介入し調整に乗り出すのである。一方，市民社会も会社へと自由を間接的に付与した責任のために，間接的抵抗としての内部告発や不買運動，はたまたマスメディアによるキャンペーンなどを起こすのである。

　今まで論じてきたことから，会社の責任とは自由の付与による結果として生じる未然の防止と事後の対応である。責任の主体的な在処は，会社にあるのではなく自由を享受する者にある。つまり，会社の高度な自由に対して，自由権を付与し社会権の実現をお願いした主体に存在するのである。会社の責任は副次的なものであり，仮に会社に責任を求めるならば，社会システムの枠組みを提示したなかで論じる必要がある。社会システムを構築しないで会社に責任を求めるのは，最終的に自己否定に繋がる虞があることを忘れてはならない。

　自由を絶対的基礎として据え，自由の対立から発生するものを責任として捉えると，現代に発生する会社経営にまつわる課題や問題を的確に捉えることができ，最善の対応策を採ることができる。今日では，自由を基礎として考えていないからこそ，ポスト株式会社といった新たなシステムの構築が遅々として

進んでいないだけではなく，立ち位置を明確にできない。そうであるからこそ，会社制度の不備に対して，その場限りの対応で終わっている。これらのことは，経営学の発展の阻害要因となる。これからの経営学の理論的構築を早急に構築させるためにも，このような全体から論じる経営学の研究が求められると強く主張したい。

7　社会システムのなかの責任と自由

　現代哲学思想の根底には，自由を愛し，自由を守り，自由を拡大する使命が存在する。人間の中心に自由を捉え，自己と他者の自由を広げていくことが，今日の経済社会のなかでも中心に据えられるべき課題なのである。しかし，自由を主張し，それに基づいて活動することは，他者の自由の圧迫に繋がることがある。社会システムは，この自由に対する介入と調整を期待するのであり，高度に発達した社会のなかでは，自力救済は極限まで狭まれるのが，人としての倫理に基づく行動だと認識されることになる。

　このような市民社会の合意と承認は，市民社会の経済的権利を向上させるにあたって，会社制度にも及ぶことになる。システムとしての会社制度，そしてそれを運用するのが人である以上，経済的権利を向上するという期待を持つのは当然であろう。だが，システムとしての会社制度という道具のなかで人が活動するという，ある意味において歪な，人類の経験したことのないような立場に置かれると，多くの課題が浮かび上がってくる。そのために，会社に関わりのある社会科学に属する学問は，知らずしらずのうちに，これらの課題に対して一つひとつ対応しようと努力を重ねてきたのである。

　このような経緯を歴史的に体験し，今もなお課題に取り組んでいるのであるが，社会システムのなかにおいて，企業不祥事の発生などが起こると，自ずと責任論だけが一人歩きすることになる。これは，人類の英知を受け継いできた先人の努力を無にする方向であると評価せざるを得ない。そこでは，まず責任論に達するのではなく，自由と自由の対立による不祥事であると捉え，調整を

行うプロセスを大切にする必要があるのだ。そうすることで，現代の多くの経営課題を解決に導くことが可能となろう。今後は，本章で論じた会社観に則って経営学における諸問題の解決と，経営学の学問的発展に全力で取り組んでいかねばならない。

注

1) しかしながら，今日において財産権が本当に守られているのかが大問題である。たとえば，近年の企業不祥事は，会社による市民社会への負の影響がますます大きくなっていることを挙げざるを得ない。会社の存立の根拠が，市民社会による自由の付与に拠るのであれば，絶対王政時代における財産権の侵害の主体が，会社に代わっただけだともいうことができるのである。

2) 国家機構と会社機構とが，どのように関係し合い，互いの制度に影響し合ったのかという研究は全くされていない。たとえば，特許主義に関しては，絶対王政時代の特許免許を会社が手に入れるために，企業経営機構の制度化に，国王が介入したとも考えられている。度々，株式会社の史的研究が不十分であるとの指摘があるが，株式会社の史的研究と同時に国家機構と会社機構との関係の史的研究も行うことが求められている。この点において，立憲主義的なアプローチが高橋和之［2005］でなされている。

3) 第4章によると，所有権の形態は，単独所有，共有，合有，総有の4種類に分類される。これを，管理権，収益権，処分権という3つの権能を基に分析すると，会社の所有形態は，共有と合有の狭間に存在する。このような所有の概念を認識しないで，所有者論争を行うことは無用な混乱を生むため，避けなければならないことを指摘せねばならない。

4) もちろん，先進諸国だけではなく民主主義の発達段階にある諸国にも眼を向けると，抵抗権は未だ活躍している。なお，社会契約論における抵抗権などの概念は，ジョン・ロック［1968］を参照して頂きたい。

5) 抵抗権は，実定法のなかでも生きている。たとえば，正当防衛や緊急避難，自力救済や尊厳死などが挙げられる。また，法の運用（行政）のなかでも生きている。たとえば，政府による超法規的処置などが挙げられる。少々，ショッキングな言葉であるが，現代市民社会にも定着した概念なのである。

6) 内部告発と市民社会の関係については，小島大徳［2007］172，184頁を，市民社会論における抵抗権と革命権の応用として，市民社会による会社への抵抗権と企業（会社）改革権の詳細については，小島大徳［2007］184頁において詳しい論が展開されているので参照のこと。

7) この場合の政府とは，国王とも言い換えることができる。

8) 会社内部関係では，株主総会，取締役会，監査役会（監査委員会）による抑制・均衡制度が構築され，会社外部関係では，国家による介入・調整が行われる。
9) 非営利組織や社会的企業から現代の株式会社の将来像に関する知見を多く得ることができる。たとえば，小島愛［2006］第5章（101-120頁）では，病院組織の1つであるファンデーション・トラストにおける市民の経営組織への参加と関与が論じられており興味深い。
10) なお，会社の自由が認められるかという議論が起こるであろうが，会社は冒頭で述べたように，国家と同じく道具である。それでは，国家は道具であるから主体となり得ないのではないかとの反論が聞かれそうであるが，会社を客観的に捉えた結果であるから問題はない。
11) たとえば，「『企業の社会的責任』の本は多い。しかし『責任』それ自体に関する基本的検討はほとんどされず，『与件』として議論が進められる（菊池敏夫・平田光弘・厚東偉介［2008］3頁）」との指摘がある。たしかに，企業の社会的責任を論じる際に，「責任」という言葉を具体的に論じられることが少なく，的を射た指摘であり傾聴に値する。本節は，ここでの所論から含意を得て論じるものである。
12) 会社と会社の対立，つまり経営者と経営者の自由の対立には，国家による介入と調整が制度的，非制度的に予定されている。その代表的なものは，国家機関による裁定および裁判所による調整である。近年において最も注目すべき事例は，ブルドックソースVSスティール・パートナーズである。

参考文献

芦部信喜［2007］『憲法（第4版）』岩波書店。
菊池敏夫・平田光弘・厚東偉介（編著）［2008］『企業の責任・統治・再生』文眞堂。
小島大徳［2007］『市民社会とコーポレート・ガバナンス』文眞堂。
小島大徳［2004］『世界のコーポレート・ガバナンス原則―原則の体系化と企業の実践―』文眞堂。
小島　愛［2008］『医療システムとコーポレート・ガバナンス』文眞堂。
ジョン・ロック（著）鵜飼信成（翻訳）［1968］『社会契約論』岩波書店。
高橋和之［2005］『立憲主義と日本国憲法』有斐閣。
田中照純［2006］「企業倫理学に潜む三つの陥穽」『立命館経営学』第45巻第3号，立命館大学経営学部，54-65頁。

第6章
コーポレート・ガバナンス原則論

1　経営学とコーポレート・ガバナンス原則論

　今やコーポレート・ガバナンス原則を抜きにしてコーポレート・ガバナンスを語ることはできない。今日も活発にコーポレート・ガバナンスに関する議論が行われているのだが、その際に、原則を語ることなく論じていくことは、ほぼ不可能である。それ程、原則が世界中に浸透しており、このことは企業経営にも原則が深く関与していることを明確に現しているのである。

　そもそも原則は、色々な立場で思いおもいに議論されているが、企業経営もしくは政策に反映させるために統一的な規準を策定しようとしたことを契機として、原則の策定が始まった。この流れはアメリカにおける法律の世界で始まり、イギリスの政府機関による主導で展開していった。そして、原則に深く興味を持った機関投資家などの、企業経営の濃淡に大きく影響を受ける者による主導が模索され、その動向は一気に国際機関へ拡大していった。さらに、国際機関が原則策定を強烈に乗り出した頃からは、各国のコーポレート・ガバナンス政策に影響を与えるようにもなった。それにより、原則は各国の企業経営の基盤となる企業法制度などに、強い指導的役割を有することになったのである。

　一方、これらの動きを受けて、企業側も原則を無視することはできない状態に置かれた。もちろん、機関投資家などの株主による原則の遵守を求めるプレッシャーが企業に存在したことは否めない。だが、徐々に企業経営に原則が役に立つことを認識するに至り、今や経営者を中心に原則の実践化が模索される段階まで到達した。一昔前までは、原則遵守の圧力により渋々にして原則を

実施しているとも考えられてきたし，事実その通りであった。しかし，企業競争力を高めることが至上命題である企業にあっては，企業競争力を高める原則の立場が明確になり，一定の効果を認識するにつれて，原則の利用を本格的に実践している。このことは，企業独自原則[1]の実践という形で，はっきりと現れてきているのである。

　さて，本章では，コーポレート・ガバナンス原則の隠れたる任務と使命を提示することを主な目的として設定する。この目的を達するために，まず今や企業経営だけではなく，国レベルが原則を通じて企業経営に関わる政策的な統一や提携を行っていることを解明する。そのうえで，原則に基づいた他国間関係および多国間関係を解明することを最終目的とする。さらに，本章では，そこまで辿り着くことができないと最初に断っておく。だが，この論を進めるのと同時に，今後の展開を予想できるものとするためにも，客観的な視点により市民社会と政府，そして企業を考察することに力点を置くことにしたい。このような研究を行うことにより，今までの経営学が手薄であった分野にも裾野を広げていかなければならないことを，声を大にして主張するものである。企業経営の活動範囲が拡大するとともに，経営学の枠組みの拡大が，知らずしらずのうちに成されていたのである。

2　コーポレート・ガバナンス原則の今日的役割と使命

(1)　コーポレート・ガバナンスの根本的役割

　コーポレート・ガバナンスは，極めて政策的な性質を持っているため，常に原則を通じてコーポレート・ガバナンスの目的の実現を求める。今までの経営学は，最終的に一企業を対象として検討し，より効率的な企業経営のあり方を求め続けてきた。それが実学の所以であり，社会においても役立つと信じてきたからである。しかし，企業経営活動を通じて，企業不祥事などの歪みが出現するにしたがって，企業と社会の調和が第一に考えられるようになりつつある。このようになると，経営学は一企業の枠を飛び出し，社会の枠組みを最も大切

な基礎として展開される必要がある。さらには，社会のなかに存在する社会構成員の一員として企業を捉える考え方も，強く主張され展開されるようになった[2]。

このように経営学や企業経営に関する捉え方に違いがあったとしても，コーポレート・ガバナンスは，企業の枠組み設定の議論をしたところで，あまり意味を持つものではない。このように言い切ると，コーポレート・ガバナンスの議論が活発化するにしたがって，「企業は誰のものか」などという企業経営の本質的な議論が極めて盛んに話し合われていることを如何ように考えるのか，という反論も聞かれそうであるが，それには及ばない。企業も社会システムの一部であるからである。社会システムを構築するためには，如何なる手段を採るのかについて，具体的な形で政策的に議論することが重要である。たとえば，「企業は誰のものか」という議論は，単に企業の社会的責任論や企業倫理で問題となるべきであり，コーポレート・ガバナンスでは主題として設定するべきではない。

企業にコーポレート・ガバナンスを構築させるためにはコーポレート・ガバナンス政策論を確立し，企業経営を行う者と企業監視・監督する者の両者によって実施することが必要である。ここにいうコーポレート・ガバナンス政策論は，(1)市民社会とコーポレート・ガバナンス，(2)コーポレート・ガバナンス論，(3)経営法学，(4)コーポレート・ガバナンス原則論，の4つから成り立つ。そして，コーポレート・ガバナンス政策論の中心を形作るものこそ，コーポレート・ガバナンス原則論なのである。

(2) **コーポレート・ガバナンス原則とコーポレート・ガバナンスの範囲**

世界中に数百も存在し，全体像を把握することが困難な原則ではあるが，図6-1のように分類できる。原則は，大きく分類をすると，国際機関原則，機関投資家原則，各国内原則の3つに分けることができる。もちろん，これは最も大きな分類方法であり，国際機関原則が公的国際機関原則と私的国際機関原則に，機関投資家原則が私的国際機関原則と機関投資家機関原則と機関投資家独

自原則に,各国内原則が公的国内機関原則と私的国内原則と法令・規則等に,それぞれ細分化され小分類することができる[3]。

さて,大分類された原則は,それぞれコーポレート・ガバナンスの範囲についての特徴を有していることも分かっている。国際機関原則は最広義のコーポレート・ガバナンスに,機関投資家原則は広義のコーポレート・ガバナンスに,各国内原則は狭義のコーポレート・ガバナンスの範囲に対応することになる[4]。

図6-1 コーポレート・ガバナンス原則とコーポレート・ガバナンスの範囲

原則の分類	コーポレート・ガバナンスの範囲
国際機関原則	最広義のコーポレート・ガバナンス
機関投資家原則	広義のコーポレート・ガバナンス
国内原則	狭義のコーポレート・ガバナンス

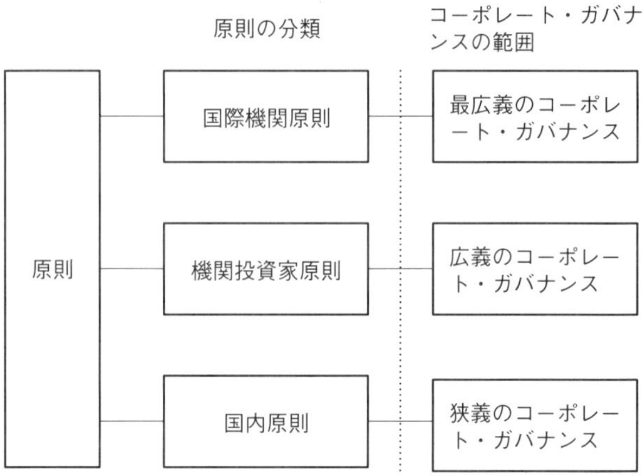

(出所）筆者作成。

今日のコーポレート・ガバナンス議論の中心である広義のコーポレート・ガバナンスは,企業経営機構,情報開示・透明性,利害関係者の3部から構成される[5]。そのため,これらをコーポレート・ガバナンスの範囲として定義づけても問題は無かろう。まず,企業経営機構の部は,企業経営機構内部における業務執行機関や監督機関などの構成や統制,統治などに関することを内容とする。また,情報開示・透明性の部は,企業と利害関係者とを繋ぐための種々の制度設計や実施,監督などを内容とする。さらに,利害関係者の部は,株主の権利などを定立するだけではなく,地域住民などへ企業が行うべき対応などについての内容も含んでいる[6]。

(3) 公的国際機関によるコーポレート・ガバナンス原則の意義

　コーポレート・ガバナンスの世界において公的国際機関の代表格は，経済協力開発機構（OECD）が策定した『OECDコーポレート・ガバナンス原則（OECD原則)[7]』である。OECDは，1999年に初めて原則を策定し，2004年に改訂版の原則を公表した。このOECD原則は，ディジューレ・スタンダード（公的標準）であると多くの者に認識され，多くの国々において企業経営に関わる法令などに強い影響を与えている。

　しかし，私はOECD原則をディジューレ・スタンダードとは認識しつつも，OECD原則の性質について，若干の疑問があったのも事実である。この疑問は，いくつかの論文において，「OECD原則を世界標準原則にもっとも近い原則である[8]」と触れていることにも現れている。つまり，OECD原則の策定機関であるOECDは公的国際機関[9]であるが，OECDから策定された原則が，なぜここまで注目されるとともに，影響力を持つようになったのかという根本的な理由を解明していないことに，疑問を持っていたのである。この疑問は，コーポレート・ガバナンスの核心を理解することなく解決することはできない。そのため，疑問を解決するには数年の研究を続ける必要が生じた。そして，幾多の紆余曲折を経た後に，市民社会とコーポレート・ガバナンスの関係を詳細に検討することにより，この疑問は解決へと向かうことになった[10]。

　さて，いよいよ本格的にOECD原則を媒介とする世界標準原則の性質や役割を具体的に検討する段階に入る。今までの上記のような基礎的研究を基にして，さらなる原則の役割や企業経営に与える影響，そして企業経営の実践を考えていかなければならない。そのため，今まで全く考えられていなかった世界標準原則の役割を，浮き彫りにすることから始める。少々，奇抜でスケールが大きいと感じるかもしれないが，これから論じる世界標準原則に関する新たな役割や性質に関する理論を，力強く世に送るものである。

3 コーポレート・ガバナンス原則のグローバルな展開

(1) コーポレート・ガバナンス原則の横断的展開

コーポレート・ガバナンスや原則の対象が，最終的に企業経営にある限り，企業を取り巻く直接的あるいは間接的に強制力を持った企業環境を，細かく検討しなければならない。また，企業を取り巻く直接的あるいは間接的に強制力を持った企業環境は，なぜ形成されているのかも検討の対象としなければならない。さらには，企業経営の基盤となる市民社会との関係という，根本的な社会システムを検討しなければ，何も始まらない。

本来ならば，帰納的に論を進めることが，論理的考察の多くなる研究の方法として適切であるのかもしれない。だが，コーポレート・ガバナンスや原則に関する先行研究が数多くあることや，数多くの論文で提示していることなどを考え，ゴールを最初に提示し，ゴールから遡るように論じるスタイルを採用したい。そこで，検討に検討を重ねた結果としての図6-2を最初に提示する。もちろん，できるだけ詳細に説明を行うように努めるが，本章の目的を達成することを最も重視するために，過去の研究内容と重複する部分は，可能な限り簡潔にとどめる。

さて，図6-2は，企業経営における国際社会の提携と相互関係を簡潔に示した図である。真ん中に本国（基本社会システム）を設置し，右側に2国間関係として他国（1国）を設置する。そして，左側に多国間関係として多数国の関係を設置する。おおむね図6-2により，企業経営を取り巻く全体像を表すことができよう。そして，この節では，図6-2の本国（基本社会システム）を検討する。多くの場合に基本的な事柄に終始して説明するが，今日の企業経営は極めて多岐に亘るため，説明が前後する記述もあろう。そのため，型にはめる論理構成を行うのではなく，説明を行う過程で出現した問題を，随時かつ自由に提示していきたい。

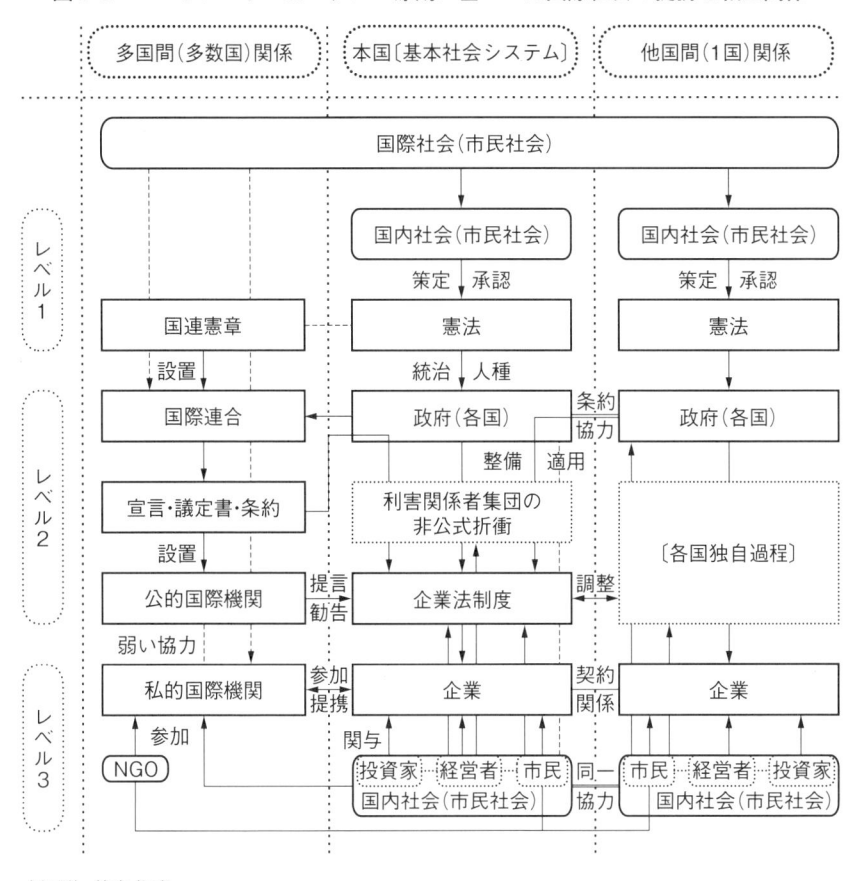

図6-2 コーポレート・ガバナンス原則に基づいた国際社会の提携と相互関係

(出所) 筆者作成。

(2) コーポレート・ガバナンスと社会システム

　社会システムとコーポレート・ガバナンス[11]は，図6-3のように表すことができる[12]。企業は3つの行動パターンがあり，基本社会システムをAとすると，(a)を国内経営活動，(b)を他国間経営活動，(c)を非倫理活動，であるということができる。この社会システムという概念は，コーポレート・ガバナンスはもちろんのこと，企業社会責任論や企業倫理論の基礎的役割と範囲を明示す

128　第Ⅱ部　営利企業の論理

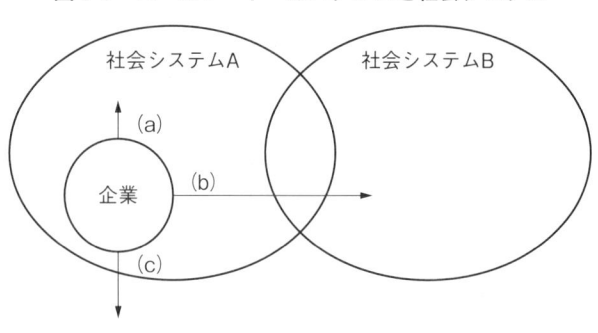

図6-3　コーポレート・ガバナンスと社会システム

（出所）小島大徳［2007］193頁。

るために立論されたものであるが，企業経営の基本構造にも応用することができるのである[13]。

　図6-2の多国間（1国）関係は，図6-3の(b)多国間経営活動と重ねることができる。今日の企業経営は，多くの場合に1国では納まらず，本国を越える活動を行っている。もちろん，このことは，企業によるコーポレート・ガバナンスの実践にも当てはまり，本国のコーポレート・ガバナンス活動だけではなく，活動する地域ごとのコーポレート・ガバナンスにも適合した企業経営を目指さなくてはならない。つまり，本国の社会システムに適合しつつ，多国の社会システムにも目配りがなされたコーポレート・ガバナンスを，各企業が整えなくてはならないのである。

　その役割として注目されるべきなのが原則である。原則は，企業経営機構を整える内部的規律を定めるだけではなく，企業経営に関係する全ての者との利害調整や情報開示・透明性の手続きや枠組みを示している。この原則を通じた社会システムに適合しつつ，本国と他国間関係および多国間関係を構築していく必要が，今後ますます重要となるであろう。

4 本国（基本社会システム）の企業経営の根拠と枠組み

(1) 本国の国際社会および国内社会と政府—レベル1—

まずは，本国の企業が根本的に存立する理論的背景や1国内のコーポレート・ガバナンスの仕組みについて，レベルを分けて解明していく。レベル1では，国際社会のなかに存在する各国社会（市民社会）が合意承認した憲法に基づいて各国政府（ここでは主に行政府）が存立することになる。今日において経営学の分野でも，グローバル化，国際化，多国籍企業という言葉が頻繁かつ曖昧に用いられる。これらの言葉は，とても慎重に用いなければならないが，なにはともあれ国際社会と国内社会の調和を考慮しているということに基礎付けがなされているのである。つまり，究極的には国際社会が基盤となって各国は協調や調和を行うのであり，終局的には世界の統一化が志向され目指されることになる。とはいえ，1国の枠内では，その国の民族や文化，積み上げられてきたシステムや蓄積されてきた慣習に基づいて，国家の枠組みが形成されるというプロセスを歩むことになる。その総意の体現が憲法である。

市民社会の合意と承認を受けた現代憲法は，人権保障規定と統治規定の2つに分けられる。もちろん，人権保障を確保するために，統治機構が置かれているのであり，その逆はあり得ない[14]。市民社会によって形付けられた憲法によって，人権保障を最高度化するため，政府という執行機関が置かれる。国家のなかには，他にも選挙で選ばれた議員による国会，高い独立が認められた司法という2つの機関が存在する。これらは，それぞれを第1義的役割としつつ，政府という執行機関に対する抑止的な機能を第2義的役割とする。そのため，政府という執行機関は，多くの規制および限定的な位置付けとなる。

(2) 本国の政府と企業法制度—レベル2—

それでは，本国（基本社会システム）のレベル2について論じる。各国は，国内社会の総意としての憲法に基づいて人権を保障するとともに国家に義務を

課し，統治機構を形作る。その憲法の枠内で執行権を得た政府は，高度な理想の実現のために，形式上，立法府が発案，審議，可決した法律を運用し執行に当たる[15]。企業経営において重要なのは，商法や会社法を中心とした企業法制度である。もちろん，基本的に商法や会社法は自由を基調として組み立てられている。企業法制度の立法過程や企業法制度内の法令数は，膨大であり極めて多岐に亘る。だが一方で，市民の人権と財産権の自由を確保するために独占禁止法などを代表とする企業規制法も存在する。その影響を受けて企業法制度は，今日において企業における経営の自由と市場と人権の擁護との狭間で行き来する法体系を形成している。

法学的な視点で企業法制度を分析するだけではなく，経営学視点で企業法制度を分類し，今日的意味を確認する作業は，コーポレート・ガバナンスを語る上で絶対的に必要であると考えられる。だが，経営学の世界では，主に企業経営機構を形作る会社法だけに眼が向けられており，全体的な視点で考察することがあまりにも少ない。経営学の世界において，会社法を中心とする法律問題を取り上げなければ，企業経営だけでなく企業の本質を論じる力に説得力を持たないという認識は，徐々にではあるが広まっていると考えられる。くわえて，証券取引法が改廃され，新たに金融商品取引法が施行されるなど，今までの会社法だけを理解するという研究スタイルでは立ち行かない。経営学は主に大規模株式会社を対象とするのだから，経営学的視点に加えて幅広い法的観察能力が必要とされるのである。もちろん，逆もまた然りである。

今日の企業法制度改革は，利害関係者集団が殊更に非公式折衝のなかで企業法制度改革の道筋を描いている。もちろん，立法作業は国会議員が行うものであり，国会議員は選挙によって選ばれる。しかし，政治学その他で明らかにされているように，官僚支配および非公式折衝民主主義は，市民が描く企業経営の姿を反映しているとはいえない。そのようななかで企業法制度を改革しようとしても，市民の視点とは遠い存在となってしまう。その解決策は，経営学的視点で法律を語ることが重要なのである。私は，これを語るための研究分野として経営法学[16]を提示している。このように経営学と法学を融合させ，会社制

度の再設計を行うこともコーポレート・ガバナンスの重要な役割となる。

　くわえて厄介なのは，企業経営が本国内で行われるだけならば単純な図式により，企業経営やコーポレート・ガバナンスを語ることができるのであるが，そうもいかないのである。そこで問題となるのが国際法である。この国際法とコーポレート・ガバナンスの関係は，本章でも中心的な鍵概念として扱う。

(3) 本国の企業経営と市民社会—レベル3—

　本国（基本社会システム）のレベル3では，いよいよ企業経営に焦点が集まることになる。このレベルにおいては，企業が主体的に経営活動を行う場であり，一般的な経営学はレベル3において語られることになる。レベル1において承認され，レベル2において具体化された企業という存在は，レベル3において営利活動を最も尊重し，社会性を最大限考慮に入れた経営活動に邁進するのである。しかし，企業の活動範囲と自由は，無限に尊重されるのではない。なぜならば，最高度に自由を認められる企業経営も，本国（基本社会システム）のレベル1とレベル2で説明してきたように，企業が存立する究極の根拠が市民社会の合意と承認に依拠するからである。

　昨今の企業経営を取り巻く環境は，企業不祥事の多発という事象からみると，存立の根拠を自ら侵していると評価せざるを得ない。その理由は単純である。企業経営の自由を与えられた主体である市民社会に対して，負のダメージである生命と財産の危機を被らせているからである。そのため，今日の企業経営を取り巻く環境は，歪な制度となり，幾度となく企業法制度の改革が行われている。このような状態に呼応し，最近では，「企業は誰のものか」という企業目的観や企業観などが盛んに語られるようになった。つまり，今日の企業は，どうも行く先を失っているのではないか，という素朴な疑問から企業の本質について語られているという単純な図式に帰着するのであるが，その解を得られずに，ここ数十年同じことを議論しているのは，市民社会という視点が抜け落ち，図6-2のような論理展開ができていないからに他ならないのである。

　ここでコンプライアンス経営と企業倫理についても言及する。日本において

コンプライアンス経営は，法令遵守と訳される。そして，法令遵守として企業が守るべきものは，法令だけではなく社内のルールや規則，慣行であるといわれている。しかし，企業の存立という根本的な視点から検討してくると，コンプライアンス経営の範囲に疑問が生じる。つまり，企業がコンプライアンス経営を行う対象が，法令や企業内のルールや規則に納まり，これは図6-2のレベル2に該当するに過ぎないのではないかという疑問である。企業の活動範囲や企業活動の根拠はレベル1に遡り極的には市民社会である以上，市民社会との関係を抜きにしてコンプライアンス経営を語ることはできない。そして，コンプライアンス経営を基礎として論理展開をしている企業倫理論も，同様の指摘をしなければならないのである[17]。

5　本国と他国（1国）間の企業経営の根拠と枠組み

(1)　本国と他国（1国）間の国際社会および国内社会と政府―レベル1―

本国と他国（1国）間の国際社会および国内社会と政府の関係は，基本的に本国（基本社会システム）の考え方と同じである。しかし，基本的な流れが同じであったとしても，企業経営を形作るルールまで同じであるわけではない。これは，資本主義や民主主義といった国を形付ける考え方が同じであったとしても，内容まで同じであるということができないのと同じである。これを企業経営の差異と呼ぶことにする。それでは，企業経営の差異をコーポレート・ガバナンスの視点から考える。企業経営の差異には，大きく分けて「企業経営を取り巻く国ごとの差異（企業経営の外部的差異）」と「企業経営に関する国ごとの差異（企業経営の内部的差異）」が存在する。それでは，これらについて，順を追って説明することにする。

まず，「企業経営を取り巻く国ごとの差異（企業経営の外部的差異）」は，「イデオロギー差異」「国家システム差異」「運営管理差異」の3つから構成される。1つ目の「イデオロギー差異」は，自由主義や修正自由主義など，企業経営を支えるイデオロギーに歴史的，民族的に差異が存在することをいう。2つ目の

第6章 コーポレート・ガバナンス原則論

表6-1 企業経営の差異

差異の大分類	差異の小分類	差異の内容
企業経営を取り巻く国ごとの差異（企業経営の外部的差異）	イデオロギー差異	自由主義や修正自由主義など，企業経営を支えるイデオロギーに歴史的，民族的に差異が存在する。
	国家システム差異	イデオロギーに立脚した憲法および三権（立法・行政・司法）の立場やシステムに差異が存在する。
	運営管理差異	企業法制度に対する概念，つまり運営および管理について，時代的かつ地域的な差異が存在する。
企業経営に関する国ごとの差異（企業経営の内部的差異）	企業システム差異	企業経営機構のシステムの違いはもちろん，企業経営の自由または企業経営への規制に関するスタンスに差異が存在する。
	経営者差異	企業経営者の市民社会の捉え方および位置付けに，差異が存在する。
	市民社会差異	企業経営者に対する市民社会の捉え方および位置付けに，企業の存立を脅かす差異が存在する。

（出所）筆者作成。

「国家システム差異」は，イデオロギーに立脚した憲法および三権（立法・行政・司法）の立場やシステムに差異が存在することをいう。3つ目の「運営管理差異」は，企業法制度に対する概念，つまり運営管理について，時代的かつ地域的な差異が存在することをいう。

一方，「企業経営に関する国ごとの差異（企業経営の内部的差異）」は，「企業システム差異」「経営者差異」「市民社会差異」の3つから構成される。1つ目の「企業システム差異」は，企業経営機構のシステムの違いはもちろん，企業経営の自由または企業経営への規制に関するスタンスに差異が存在することをいう。2つ目の「経営者差異」は，企業経営者の市民社会の捉え方および位置付けに，差異が存在することをいう。3つ目の「市民社会差異」は，企業経営者に対する市民社会の捉え方および位置付けに，企業の存立を脅かす差異が存在することをいう。

さて，ここまでの論を，EUにおける経済統合の例に関連付けて述べる。経済統合などが進んでいる地域であるEUなどにおいては，統一の会社法が策定され，域内での企業経営の自由化が進んでいる。EUのように，会社組織形態

の統一化や制度設計が進んでいる先進的な地域は，文化的あるいは民族的な同一性や，幅広い協調体制などが長い歴史のなかで醸成されてきたという流れを汲んでいる。そして，マーストヒリト条約などの合意を粘り強く進め，大方針が決定したという流れを辿る。大方針が決定してからは，昨今のEUにおける統合作業をみてもわかるように，比較的ペースアップして所定の目的を達成するための道を歩むことになる。

この地域経済統合の作業が行われているEUでも，EU統一会社法の制定にあたっては，コーポレート・ガバナンス原則が大きな役割を果たした。もちろん原則は，EU統一会社法の制定を念頭に置いて策定されたものではない。しかし，地域経済統合において原則が大きな役割を果たしたという事実は，原則が条約と同じような役割を知らずしらずのうちに担っていたことの証であるように思われる。

このように考えると，少々大胆ではあるが，企業経営を中心に考える原則は，実のところ，国と国との国際的政策調和への架け橋のような役割を有することにもなる。そこまで考えはしなくても，原則は本国と異なる国家基本法（憲法）の他国とを，どのように企業経営に関係するルールを調整するという役割を有していると，今の段階でもいえるであろう。

(2) 本国と他国（1国）間の政府と企業法制度——レベル2——

本国（基本社会システム）の企業と他国（1国）の企業の関係は，国際提携関係に焦点が集まる。ここでの関係をコーポレート・ガバナンスの視点から考察すると，この範囲は提携における企業経営機構の再編や，本国と他国の両方の企業法制度に合致させる企業システムの再構築が，クローズアップされることになる。多国間に展開するグローバル企業は，経営戦略や人的管理など多くの問題に対して複合的に処理をすることが必要とされる。しかし，ここで最も労力を割かれ力が投入されるのは，法制度との調整である。企業経営機構を形作るだけでも，各国によって置かれる機関や機関の役割が異なる。2国間の関係であるならば，神経質になることも少ないであろうが，3国間，4国間となる

と，問題は一層複雑化するのである。

　近年，世界規模で展開する企業の大型企業不祥事が多発した影響で，アメリカを中心に企業改革法が施行された。この流れは，瞬く間で全世界に波及し，企業経営の手足を縛りつつある。たとえるならば，多くの殺人事件は，親類間で行われるにも関わらず，厳罰化を要求する世論の流れと良く似ている。つまり，一企業の企業不祥事を殊更に取り上げて，その他の企業を縛る流れには些か疑問を持つのである。「コンプライアンス経営を徹底させると企業経営は成り立たない」という皮肉を主張する論者もいるが，ここで取り上げた事例は，皮肉ではなく，現実に起きている事例なのである。

　なにはともあれ，原則は，コーポレート・ガバナンス体制を構築させるにあたって，唯一，役割を果たすことができるツールだと評価することができる。その理由は，再三に亘って述べてきているが，企業経営の自由という考えと，今日におけるグローバル企業化という流れの2つと，原則の緩やかな統合を目指しているという性格が，極めて合致するからである。たとえば，統一会社組織が定まっていない地域や国の企業と本国の企業が提携関係を結んで経営をしていく際には，企業レベルで原則を策定するのが最も効果的である。このような流れが最終的に，地域内の統一会社組織の確立へ進んでいくというモデルを描いていくことになるのである。

(3) **本国と他国（1国）間の社会システムから読み解く数々の問題提起**

　経営学は利害関係者論の発展と共に展開されてきた。しかし，21世紀に入り，企業経営における負の側面がクローズアップされるにつれて，多くの制度的かつ論理的矛盾が露わとなった。その代表的な事象が内部告発である。もちろん，内部告発の発生原因などを利害関係者論によって説明することは可能である。しかし，利害関係者論によって解決策を提示することはできない。たとえば，内部告発を行う主体である従業員は，従業員自身が従業員としての立場で内部告発をするに至ったかというと，そのように考えるのは早計である。従業員も消費者としての立場を持ち合わすこともあるし，もしかすると地域住民

としての良心により内部告発をしているのかもしれない。このように考えれば考えるほど，今の内部告発者に関する一連の制度が不完全なものであると評価せざるを得ない。

　それに，利害関係者の範囲を設けること自体が，コーポレート・ガバナンスの趣旨に反することになろう。つまり，複雑化した企業経営を説明する際，複雑化した利害関係者の範囲画定に，どれほどの意味があるのかを，今一度考え直すときに来ている。企業システムを構築するにあたって，複雑に細分化すること自体が，足かせになっているとも思う。

　もちろん，制度だけの問題ではない。企業が利害関係者重視の経営による負の部分を，知らずしらずのうちに広げているのも問題である。昨今注目を集めている経営者論は，利害関係者論に立脚すれば脆くも当初の目的を達成できなくなる。なぜならば，経営者が，その都度，利害関係者論に立脚して経営を行うはずはなく，市民としての立場をわきまえ，市民としての存在に自らが気づくことに，経営者の本質的資質を求めるべきである。本来，利害関係者論というのは，客観的考察を行う際に全く意味を持たないものであると既に述べた。利害関係者を複合的に考えていける企業経営のなかでも，戦略的要素を含む部分において，利害関係者論は役割を果たすだけに止めるべきである。

6　本国と多国間（多数国）の企業経営の根拠と枠組み

(1)　本国と多国間の国際社会と政府—レベル1—

　国際連合は，国際社会の平和と人権の尊重が高らかに謳われている。もちろん，国際連合に加盟するかしないかは，各国の判断に委ねられている。だが，国際連合への加盟は，独立国家としての他国の形式的承認という側面を持ち合わせているため，ほぼ全ての独立国家が加盟している機関である。

　国際連合は，国際社会の合意と承認に基づいて，国連憲章が各国により採択され設置されている。厳密に言えば，国連憲章も条約であるから，各国の批准手続きが必要である。国際連合は，総会の他に，安全保障理事会，経済社会理

事会,信託統治理事会,国際司法裁判所および事務局を設置し,国連憲章の理念を高度に実現しようとしている。

OECD は国連憲章によって設置されたものではない。OECD は,1947 年のマーシャル・プランを実行するための機関として,欧州諸国が作った欧州経済協力機構 (Organisation for European Economic Co-operation, OEEC) が基になっている。現在の OECD は,OEEC を原型としつつも,新たな OECD 条約を各国が批准することによって加盟することができる。OECD 条約には,3 つの目的が明記されている。それは,表 6-2 にように,「経済成長」「開発途上国援助」「多角的な自由貿易の拡大」である。この目的に共感し実施しようとする国であれば,OECD への加入が開かれている。

表 6-2　OECD の目的と内容

OECD の目的	目的の内容
経済成長	財政金融上の安定を維持しつつ,できる限り高度の経済成長を持続し,雇用の増大ならびに生活水準の向上を達成し,もって世界経済の発展に貢献すること。
開発途上国援助	経済発展の途上にある加盟国および非加盟国の経済の健全な拡大に貢献すること。
多角的な自由貿易の拡大	国際的義務に従って,世界貿易の多角的かつ無差別的な拡大に貢献すること。

(出所) OECD 東京センター HP (http://www.oecdtokyo.org/) を参考にして作成する。

国際連合と OECD の関係は,直接的な指揮命令系統などは無い。各国が条約として批准するスタイルからして,国連憲章と OECD 条約は同じ性質であるということができる。影響力から国際連合と OECD を比較すると,加盟国の数や取り扱う分野の広さから,もちろん国連憲章の方が重視されるが,法的な側面からみると同等である。だが,企業経営の基礎となる市民社会からみると,市民社会は当然に国際連合を上位に位置づけているといえるため,国際連合と国際機関には実質的な上下関係は存在すると,ひとまずいうことができよう。

さて,企業経営に重要な影響を及ぼしている世界の代表的な原則は,言うま

でもなく OECD が策定した OECD 原則である。この OECD 原則は，周知の通り，世界中の国のコーポレート・ガバナンス政策に影響を及ぼすとともに，あらゆる場面で活用され企業経営に浸透しつつある。OECD 原則の特徴として，速やかなる改訂作業と，実行指針の策定などに注目が集まる。しかし，忘れてならないのは，OECD は国際機関であるにも関わらず，市民社会に存在する個人に重きを置いたコーポレート・ガバナンスの活動を行っていることである。具体的に，OECD は，対話や協議の対象を環境団体，消費者団体，市民社会の代表といった，より幅広い対象者へと拡大している。このような方針の下で，原則の策定に関しても，改訂作業に関しても[18]，市民社会との対話が重ねられており，市民社会が合意した原則としての OECD 原則という性質を体現している。

(2) 条約的効力説，実行指針策定説，国際会議支持合意説―レベル 2―

OECD 原則が，OECD 条約に裏付けされた存在であるから，各国が OECD 原則の遵守に努める役割を生じさせていることは，当然のことであると思われる。しかし，OECD 原則は条約ではないし，OECD は自由な会議の場を提供し，情報交換する場というポリシーを持つ国際機関である。現に，OECD は

表 6-3　OECD コーポレート・ガバナンス原則の世界標準化

名称	内容
条約的効力説	条約と同様の効力を有するということができることに，世界標準原則としての後ろ盾を求める考え方である。
実行指針策定説	国際機関によって策定された原則自体に，世界標準原則としての意味付けを求めるのではなく，原則の策定後に下部の国際機関や地域的国際機関，あるいは各国による原則をより実効あるものとするために，実行指針などを策定し，各地域・各国の政策や企業経営に役立てようとする動向自体に，世界標準原則としての後ろ盾を求める考え方である。
国際会議支持合意説	G7やG8のサミットにおける合意，地域的国際会議における合意などに世界標準原則としての後ろ盾を求める考え方である。

(出所) 筆者作成。

OECD原則を，加盟国に対して遵守を強く求めるとは一言たりとも言っていない。世界標準原則およびOECD原則を，より良く理解するために，世界標準原則が世界標準原則であるための理由を表6-3に分類した。

第1に「条約的効力説」は，OECDに加盟する条件が，OECD条約の締結であるとするならば，OECDで策定された原則なども，条約と同様の効力を有するということができることに，世界標準原則としての後ろ盾を求める考え方である。なお，一般に条約は，条約として締結する前でも，宣言や議定書の段階でも，慣習法として効力が生じる場合がある。このことは，段階的に浸透していく過程とも言い換えることができる。そのため，OECDなどの国際機関で策定された原則は，緩やかな法であるソフト・ローとしての役割が期待されることになろう。

第2に「実行指針策定説」は，OECDなどの国際機関によって策定された原則自体に，世界標準原則としての意味付けを求めるのではなく，原則の策定後に下部の国際機関や地域的国際機関，あるいは各国による原則をより実効あるものとするために，実行指針などを策定し，各地域・各国の政策や企業経営に役立てようとする動向それ自体に，世界標準原則としての後ろ盾を求める考え方である。これは，ディジューレ・スタンダード（公的標準）というよりも，ディファクト・スタンダード（事実的標準）としての意味合いが強いものとなろう[19]。

第3に「国際会議支持合意説」は，G7やG8のサミットにおける合意，地域的国際会議における合意などに世界標準原則としての後ろ盾を求める考え方である。OECDは，先進国を中心に30カ国が加盟しているに過ぎない。もちろん，OECDは非加盟国へOECDでの合意などを広めていくことを重視しているが，加盟国不足は，いざという時に大きな力を発揮することができないし，世界的な影響力にも限界がある。そのため，OECD原則に対して，各国首脳が事あるごとに支持表明をすることで，原則に力を与えるのである。これは，「実行指針策定説」とは異なり，ディファクト・スタンダード（事実的標準）よりも，ディジューレ・スタンダード（公的標準）としての意味合いが強い考え

方となる。

　このように、世界標準原則の核心に関して、3つの考え方があるが、どの説が最も実態や論理的真実に近いかは、早々と判断することができない。だが、上記のように、具体例を示して考えると、どの説にも一定の説得力がある。世界標準原則に関する目まぐるしい動向を観察していると、世界標準原則は、これら3つの機能が等しく備わっているものであるといえるであろう。ここで注目するべきことは、どの説に当てはまるかと言うことではなく、これらの分析によって、条約的効力説のなかで説明している役割である。OECDがOECD条約によって設立された国際機関であることは、既に述べた通りであるが、OECD原則を条約として理解されるようになると、今後の世界標準原則の隠れたる任務と使命が浮き彫りになる。

(3) 国際機関の市民社会との対話―レベル3―

　多国間（多数国）関係のレベル3になると、条約・議定書・宣言、そして原則などを直接適用していくための方策を探ることに焦点が集まることは、至極自然である。日本を取り上げると、一般に、ある条約のある規定が、直接適用可能かどうかは、憲法の規定に依存している（憲法前文および98条2項）。そして、国際法（条約）の立場から一律にある条約の規定が、どこの国でも直接適用可能ということではないとされる。しかし、アメリカでは、自力執行条約という概念が認められ、一定の判断基準の下に自力執行性が認められている。裁判では、国内裁判において援用できるほどに権利の内容が明確であるかどうか、国内法にその実施が依存しているかどうか、などの基準によって判断される。日本においても、このような基準が採用されていると考えられている。

　だが、直接適用および間接適用を明確に分ける実利は少なく、当該事案に則し国際社会の動向および条約批准の精神を司法と行政が最大限に考慮し、直接適用を積極的に行うべきである。殊に、企業経営という人権保障と距離のある問題で、企業そのものが自由を基調としており、国際社会においても企業経営の基本的思想に大した違いが無いと考えられる問題であれば、尚更である。

このような違いを，企業経営の分野で埋める役割を担っているのが原則である。原則は，これまで論じてきたように，多数国間の利害を調整する役割を持っている。そして，国際機関も各国も，そして企業も，原則の積極的利用に熱心である。将来，原則が裁判規範としての役割を有するかどうかは別として，原則を利用した企業経営を行っていこうとする時流にあることは，原則（条約なども含む）を強制的に適用しようとする姿よりも美しいし，何よりもこれ以上の実効性はない。

もちろん，冷静に分析すると，近い将来，世界標準原則に，自力執行能力が備わると評価することもできる。究極の事態は，裁判規範になりうる力がOECD原則にあるということである。しかし，ここでも自力執行能力があるかどうかというのは，経営学の世界において，あまり重要ではない。なぜならば，そのような事態になっていれば，もう既に原則を用いた企業にまつわる全ての事柄を運営していく社会が出来上がっているに違いないからである。それに，法や裁判規範というのは，市民社会の風潮に最も流され易いものであり，あてにはできない。

昨今，市民による国際会議の場への参加という機会も増え，国際機関は，図6-2のような枠組みを強く認識し，確認しつつ行動をしているであろう。日本では，未だいわゆるお上意識が抜けきれず，政府の上位にある国際機関は，お上のお上という意識があるように思われる。しかし，国際化とは市民社会を広く考えることである。人も，世界を広く考えることで，今までの考えとは違った世界が生まれ，心を広く寛容になると思う。

7　原則の隠れたる任務と使命

本章では，市民社会の合意と承認によるコーポレート・ガバナンス構築を中心に据えて，本国の社会システム，他国（1国）間関係や他国間関係において企業経営が如何なる位置付けにあるかについて，詳細に検討してきた。そして，今日のように複雑化した企業経営を取り巻く環境において，社会システムを繋

ぐ役割を果たすものは，原則であると解明してきたのである。そして，本章での最も主張したかった原則の隠れたる任務と使命は，原則が企業間における緩やかな統合的役割を有していることと，原則が各国間の企業法制度に関する条約としての機能を有するに至りつつあることである。前者については，これまで企業独自原則の概念や全体像などを具体的に提示しているが，これからは，複数の企業間における合併や統合，戦略や組織においても活用する場が広がっていくだろうことを主張したい。後者については，原則が政府の間で取り交わす条約化へと一歩踏み出していることを主張したい。

このように，本章では，図6-2を用いて縦列を多くの紙面を割いて検討してきた。原則の隠れたる任務と使命は，本章で示した内容だけではない。次章では，いよいよ図6-2の本国，他国（1国），多国（多数国）の3つの横の繋がりを論じていく。これこそまさに，原則の新たな任務と使命であり，経営やコーポレート・ガバナンスが進化している証なのである。本章を書き始めた頃は，実は1つの章で，この問題を解決できると考えていたが，論じるべき項目が徐々に増えていき，納まりきれなくなった。このことは，如何に原則について検討するべき事項が多いかを物語っているのである。

最後に，原則の研究の注意事項について言及しておきたい。日本においても世界においても，原則の策定は止まるところを知らない。そのため，各方面の情報誌や論文で原則に関する紹介が単発的になされる。しかし，これには全く意味を持たないし，はっきりと言えば害悪である。最低限のわきまえとして，内部的な原則なのか外部的な原則なのかを，少しでも考えて論を構成する必要がある。単一企業が策定したような内部的な原則であるならば，それは企業内部での取り組みの外部的公表なのであるから，IRやディスクロージャー，情報開示などと密接に関連する。公的な機関が策定したような外部的な原則であるならば，他の原則と如何に関係しているのかを検討する必要がある。原則を単なる資料として取り上げる見方は，今日のコーポレート・ガバナンス論が置かれているような，議論の収拾の効かない状況の再現となってしまう。原則は，もはや高級な役割を担っているのである。

注

1) 企業独自コーポレート・ガバナンス原則（企業独自原則）については，小島大徳［2004］109-132頁，152-185頁を参照のこと。
2) ここでは詳しく触れないが，この立場（研究分野）の違いが，コーポレート・ガバナンスにおいても決定的な違いをもたらしてもいる。
3) コーポレート・ガバナンス原則の分類および具体的原則名については，小島大徳［2004］6頁の図1-3を参照のこと。
4) もちろん，この図6-1によるコーポレート・ガバナンスの範囲は，かなり大ざっぱな設定であり，全てのコーポレート・ガバナンスの意味付けが，この分類に当てはまるとは限らないことを付け加えておく。
5) コーポレート・ガバナンスの構成内容（企業経営機構，情報開示・透明性，利害関係者）の詳細は，小島大徳［2004］135頁の図6-1を参照のこと。
6) 最近では，コーポレート・ガバナンスの3要素である企業経営機構，情報開示・透明性，利害関係者の中で，利害関係者という要素を市民社会とするのが正確ではないかと考えるに至っている。もちろん，このコーポレート・ガバナンスの3要素は，世界中の原則を詳細に検討した結果として，原則の大まかな記載内容をまとめものである。原則は，コーポレート・ガバナンスに関する議論が帰納要約された性格を持っている。そこで，この原則から導かれたコーポレート・ガバナンスの3要素を，コーポレート・ガバナンスの体系としていた。そのため，原則では多くの場合に利害関係者という言葉を使用しているのだから，コーポレート・ガバナンス原則の体系とコーポレート・ガバナンスの体系とを，もう一段深く考察する必要が浮き彫りになったとすることができる。
7) OECD［2004］，OECD［1999］
8) 同様の趣旨として，小島大徳［2007］87頁および小島大徳［2007］206頁を参照のこと。ここでは，若干の疑問として，OECD原則を世界標準原則と呼んでいいのか，世界標準とされる根拠は何か，などについて，基本的な疑問を持つに至った経緯や理由について述べている。
9) 厳密に言えば，ここでいう「公的国際機関」の「公的」という言葉にも疑問を持っている。主権の存する国家のなかにあって，国家が法令などにより裏付けを与えた機関であるならば，公的機関といえる。しかし，はたして国際機関に公的・私的が存在するのだろうか，という一抹の疑問が脳裏に存在していたのである。
10) 市民社会とコーポレート・ガバナンスの関係，および市民社会とコーポレート・ガバナンス原則の関係については，小島大徳［2007］を参照のこと。
11) ここでは「企業経営」と置き換えることもできる。
12) 社会システムという概念は，小島大徳［2007］188-205頁によって提示した内容や範囲に依拠する。
13) 小島大徳［2007］193-194頁。

14) 蛇足ではあるが，昨今の日本における憲法改定議論において，行政府の長たる首相が憲法改正に言及することがあるが，基本的にそのようなことは許されない。もちろん，首相も国会議員であるため，立法府の一国会議員としての立場からモノを言っているのであれば理解もできようが，行政府の一員として言及しているのであれば，立憲主義を勉強した方がよい。

15) 日本は議院内閣制を採用しているため，立法府（衆議院と参議院）に所属する国会議員の中から行政府のトップである内閣総理大臣や多くの大臣が選出される。これだけをみると，立法府による行政府のチェックが多方面で機能していると思われる。しかし，現実は，立法府よりも行政府の方が権力関係として上位にあると思われる事象が数多く存在する。このことは，経営学の世界における経営者支配とよく似ている。制度だけを検討する。株主に選出された経営者は，株主のチェックが多方面で機能していると思われるが，現実は，株主よりも経営者の方が権力関係として上位にあることは周知の事実である。

16) 詳しくは，小島大徳 [2007] 253-255 頁を参照のこと。

17) コーポレート・ガバナンス，企業倫理，企業社会的責任の関係については，小島大徳 [2007] 191 頁を参照のこと。

18) 特に，OECD は，OECD 原則-1999-の改訂作業において，ドラフトを全世界に公表し，パブリック・コメントを個人レベルでも受け付け，OECD 原則-2004-を策定するなど，市民社会との調和を最も実践している国際機関の1つであると評価することができる。

19) 原則におけるディファクト・スタンダード（事実的標準）とディジューレ・スタンダード（公的標準）の詳細については，小島大徳 [2007] 215 頁を参照のこと。

参考文献

日本語文献

小島大徳 [2007]『市民社会とコーポレート・ガバナンス』文眞堂。

小島大徳 [2004]『世界のコーポレート・ガバナンス原則―原則の体系化と企業の実践―』文眞堂。

鈴木輝二 [2004]『EUへの道―中東欧における近代法の形成―』尚学社。

外国語文献

OECD [2004], *OECD Principles of Corporate Governance 2004*, Organisation for Economic Co–operation and Development.

OECD [1999], *OECD Principles of Corporate Governance 1999*, Organisation for Economic Co–operation and Development.

第7章
コーポレート・ガバナンス政策論

1 企業の本質とコーポレート・ガバナンス政策論

　コーポレート・ガバナンスの議論が収斂されていくにつれて，そして企業の関わる全ての者がコーポレート・ガバナンスをより実践していくにつれて，コーポレート・ガバナンス原則に注目が集まり，光が当たっている。このような状況にはいくつかの理由[1]が考えられるが，そのなかでも，異論がないと思われる理由は，経営者にとって原則が極めて企業経営の実践に有効であるからということと，コーポレート・ガバナンスを研究・実践・監視する者にとって，原則が議論の集約物としての意見表明を形として表せるということ，の2つにあろう。

　上記のような今までのコーポレート・ガバナンスに関する議論を集約するような役割を原則が持つため，脚光を浴びているのであるが，原則の策定経緯や策定主体，加えて策定目的を詳細に検討すると，原則が企業経営に与えている今まで明らかとなっていない任務と使命が浮き上がってきた。その任務と使命は，(1)原則が企業間における緩やかな統合的役割を有していることと，(2)原則が各国間の企業法制度に関する条約としての機能を有するに至りつつあることである。(1)については，これまで企業独自原則の概念や全体像などを具体的に提示しているが，これからは，複数の企業間における合併や統合，戦略や組織においても活用する場が広がっていくだろうことを主張している。(2)については，原則が政府の間で取り交わす条約化へと一歩踏み出していることを主張している。このような主張は，第6章において，主に図7-5を用いて，図

7-5の縦列を詳細に検討した。そこで，本章では，原則の隠れたる任務と使命について，第6章で触れることのできなかった図7-5の横列の検討を主とする。そこでは，図7-5の本国，他国，多国間における横の繋がりを論じる。これにより，前章と本章の論によって，原則の新たな任務と使命がはっきりと明示され，原則が進化している証とも言うべき姿が，はっきりと浮き彫りになるであろう。

さて，原則を中心としてコーポレート・ガバナンスを研究すると，コーポレート・ガバナンスは，極めて政策的に実践されていることが理解できる。本章で論を進めるにあたって，コーポレート・ガバナンス政策，あるいはコーポレート・ガバナンス政策論という用語が度々登場するが，このことは原則の本研究を進めるなかで生まれた概念である。コーポレート・ガバナンスは，コーポレート・ガバナンスの視点から企業本質論を語ることよりも，如何にして現代における企業経営活動の逆機能を防止し改善していくのかという制度論を論じなくてはならないと考えている。もちろん，今日のコーポレート・ガバナンスにおける議論が方々に拡散している状況では，その反対の動きを主張することほど困難なことはない。そこで，本章では，コーポレート・ガバナンスに関する枠組みを形成するにあたり，上述のような考えに基づき，新たな視点を提示しつつ，論を進めるという試みを行いたい。

2　コーポレート・ガバナンス政策論の基礎的考察

(1) コーポレート・ガバナンス原則による各主体のコーポレート・ガバナンス活動

もはやコーポレート・ガバナンスを語るうえで，コーポレート・ガバナンス原則を抜きにしては論じることができない状況にある。そもそも原則は，1990年代初頭から各機関によって策定が開始されたが[2]，今日に至っては，ありとあらゆる場面で活用がなされている。そして，多くの原則は，企業経営に影響力のある機関や団体によって策定され，具体的な事項を体系的に記述した内容

表7-1 コーポレート・ガバナンス原則と各主体の政策

	主体	政策	政策内容
コーポレート・ガバナンス原則	国	企業政策・企業法制度政策	政府が，あらかじめ原則を策定し（中間的試案も含む），それに基づいて企業政策および企業法制度政策を実施する。
	企業	企業経営政策	企業経営者が，企業独自のコーポレート・ガバナンス原則を策定し，常に改訂しつつ，企業経営政策を実施する。
	機関投資家	企業監視政策	機関投資家が，株主の立場から，企業に収益力の向上，企業関係者の利益のために，独自に策定したコーポレート・ガバナンスを遵守するよう，監視および要求をする。

（出所）筆者作成。

から構成されているため，どのような意見や提言よりも企業経営に与える影響力が強いという性質を有している[3]。

このように多くの機関や団体により，それぞれの目的こそは違うが，活発に策定され活用されている原則は，21世紀に入っても策定され続けている。今日では，企業を監視し監督する機関である機関投資家などの原則に注目が集まるが，企業が独自に原則（企業独自原則）[4]を策定し企業経営の一助を担う場面も多くなりつつある。その証左として，多くの企業の企業経営計画に，「コーポレート・ガバナンス」の文字を見つけることに苦労しない。くわえて，企業経営による負の影響を是正すべき役割を担う政府（与党を含む）および企業監視機関も，原則を形作ったうえで，企業政策の細部を詰めるという作業方法を採ることが多い。

このような状況をまとめると，コーポレート・ガバナンス原則を用いて企業経営に関与する方策は，表7-1のように，(1)国レベルの企業政策・企業法制度政策，(2)企業レベルの企業経営政策，(3)機関投資家レベルの企業監視政策，の3つが存在するといえよう。これらを具体的に説明すると，まず，(1)の企業政策・企業法制度政策は，政府が，あらかじめ原則を策定し（中間的試案も含む），それに基づいて企業政策および企業法制度政策を実施することである。

また，(2)の企業経営政策は，企業経営者が，企業独自コーポレート・ガバナンス原則を策定し，常に改訂しつつ，企業経営政策を実施することである。そして，(3)の企業監視政策は，機関投資家が株主の立場から，企業に収益力の向上，企業関係者の利益のために，独自に策定したコーポレート・ガバナンスを遵守するよう，監視および要求をすることである。

これらの3つの主体がそれぞれの原則を用いつつ，企業経営に関与することにより，今日のコーポレート・ガバナンス議論が行われ，それぞれの政策が形成されているといっても過言ではない。

(2) **コーポレート・ガバナンスと社会政策・企業制度政策・経営政策**

コーポレート・ガバナンスの原則を用いた実践活動は，今まで，国レベル，企業レベル，機関投資家レベルの3区分によって実践されてきた。さて，ここでは，図7-1によって，コーポレート・ガバナンスの政策の流れを論じることにする[5]。今までは，個々それぞれのコーポレート・ガバナンス主体が，ばらばらにコーポレート・ガバナンス活動を行っているように思われがちであった。しかし，政策的に生み出され運用されているのが企業なのであるから，社会システムのなかでのみ存在を認めることができるのである。これら一連の流れを

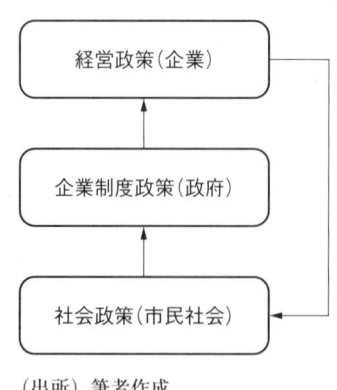

図7-1 社会政策・企業制度政策・経営政策

```
┌─────────────────┐
│  経営政策(企業)  │←──┐
└────────┬────────┘    │
         ↑              │
┌────────┴────────┐    │
│ 企業制度政策(政府) │    │
└────────┬────────┘    │
         ↑              │
┌────────┴────────┐    │
│ 社会政策(市民社会) │←──┘
└─────────────────┘
```

(出所) 筆者作成。

明らかにし認識した上で，コーポレート・ガバナンスを論じなければならない。

　第1段階として，社会の要請により経済活動の主体としての企業が求められる。これが社会政策の一環として行われるなかで生み出されるきっかけを作るのである。同時に，これが企業の存立理由を導くことになる。第2段階として，社会の要請に応えるように，政府が主体となって企業法制度政策が実施される。ここで企業の制度的基盤を形作り，企業活動のルールを確定することになる。第3段階として，第1段階から第2段階の過程を経て企業が誕生し，企業が独自に企業経営政策を実施する。なお，今日の企業は，利益を株主だけではなく社会に還元することが求められている。もちろん，企業は現在の企業制度政策上，株主のみに還元すれば足りるのであるが，政府の企業制度政策が市民社会の社会政策によるものである以上，企業もこのような要求に応えることが求められる。このような第1段階から第3段階の継続的な循環によって，今日の企業が成り立っているのであり，企業経営を行う意義を見出すことができるのである。

　くわえて論じるならば，このような第1段階から第3段階の継続的な循環は，企業が社会的責任（CSR）を果たすべきとの根拠となるのである。つまり，企業活動が企業制度政策上のルールにだけ依拠したのでは，なるほど利益を追求することが当然であると思われる。逆を言えば，社会政策のなかの企業制度政策であることを認識せず，社会的責任を論じることは，不可能ともいえる。さらに論じるならば，今日の企業制度政策が企業の利益追求のみを行うことを認めているのだから，企業（極めて限定的に確定するならば企業経営者となる）が企業の社会的責任を行うか否かは，企業政策によるものである。つまり，企業（企業経営者）の自由ということである。

　この議論は，コンプライアンス経営の限界にも通じることになる。コンプライアンス経営は，日本で法令遵守と訳される。つまり，これは，企業法や社内のルールなどの法令や規則などを最大限に尊重し，守るべき経営の姿を説いている。最終的なコンプライアンス経営の主体および対象は，もちろん企業経営者なのであるから，コンプライアンスについての経営者教育などの議論にも繋

がることになる。

このように具体的に検討してくると，これらの3つの政策的段階および循環過程のギャップこそが，コーポレート・ガバナンスにまつわる種々の議論の根本的な原因ではないかとの思いが募る。まさに，この思いこそが，コーポレート・ガバナンスを通じた現代企業の逆機能であるといえるのである。それでは，最終的に現代企業の逆機能を浮き彫りにし，解決させるための基礎となる考察を，新しい視点から求めることにしたい。

(3) コーポレート・ガバナンス目的の第1の疑念

コーポレート・ガバナンス議論が沸き起こった背景は，第1章で論じたように，今日における株式会社に対する2つの両極にある目的を同時に達成しようとしていることにある。ここで述べる2つの両極にある目的とは，企業競争力の強化と企業不祥事への対処である。つまり，世界の主要国における企業競争力の低下が起こり，より一層自由な企業経営を行える制度の模索が起こると同時に，世界的に影響を及ぼす大型企業不祥事が多発し，企業内部者と企業外部者からのチェック機能を強化する2つを一緒に確保しようとする制度を手に入れようとしたことに，コーポレート・ガバナンス議論の大いなる疑念が潜んで

図7-2 今日のコーポレート・ガバナンス議論の混迷原因

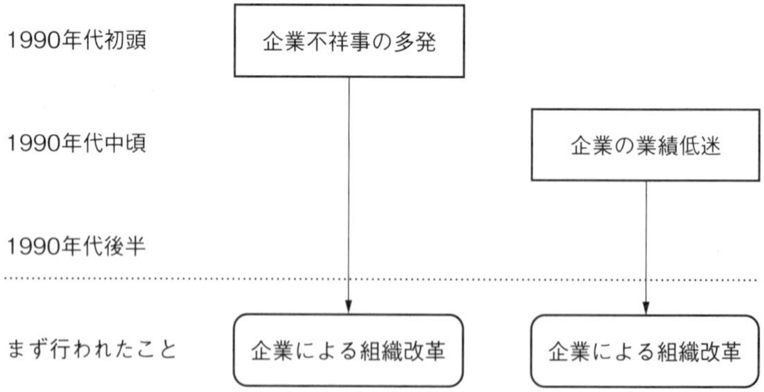

1990年代初頭	企業不祥事の多発	
1990年代中頃		企業の業績低迷
1990年代後半		
まず行われたこと	企業による組織改革	企業による組織改革

(出所) 筆者作成。

いるのである。

　この上記の疑念を詳細に検討すると，コーポレート・ガバナンスを語るうえで，必ず整理をしておかなければならない問題は，第1に企業の利益配分の問題から起因する企業所有者論争と，第2にコーポレート・ガバナンスの機能から生じる誤解，の2つである。まずは，第1から検討する。

　企業はもちろん利益を最大化して出資者に対して利益配分をしようとする。社会は企業活動を通して，高度に発展した経済と満たされた自己欲求を期待する。この両者は，根本的に矛盾しているはずなのである。つまり，単純に考えれば，企業活動から生まれた利益を，出資者に配分するか，社会に配分するか，の問題に行き着くのである。

　この利益の奪い合いの根拠を得ようとするのが，「企業は誰のものか」議論である。なぜならば，「企業は誰のものか」という議論で，たとえば，出資者（株式会社の場合は株主）であると解が出たとする。そうすると，所有者が使用，収益，処分するのが近代法の根本思想であることを考えると，利益の配分を所有者である出資者にすることは何ら問題がない。だが，その他のものと解が出たとすると，出資者に利益配分するのではなく，その他のものに利益配分する正当性を与えることになる。このような議論の発展が，コーポレート・ガバナンスを語るうえで，大きな障害となっているとも解することができる。

　なお，コーポレート・ガバナンスは，「企業は誰のものか」などを絡めて論じられる。このような議論は，各個人が心のなかに留めて，良心を形成すればよいのであり，経営学という学問において語ることを控えるべきであろう。そもそも，企業は，経済をより活力のあるものにするために，そして人の生活をより良くするために，人が制度として作り上げたものである。くわえて，社会のなかに企業が存在している。この2つをみても，社会全体としての市民社会が企業の所有者であることは疑う余地がない。また，それ以上の考察をしたところで，無意味な議論になることは明白である。

　そこで，コーポレート・ガバナンスは制度論として，つまり，極めて政策的に論じることが必要であるし，求められていると主張するのである[6]。

(4) コーポレート・ガバナンス目的の第2の疑念

それでは，第2のコーポレート・ガバナンスの機能から生じる誤解を検討する。そもそも，なぜコーポレート・ガバナンス機能には，企業不祥事への対処と企業競争力の強化との2つの目的があると信じられてきたのかという基本に立ち返る必要がある。

制度は運用する者の意識と人の意識の適合や離齬によって，善にも悪にもなる。企業制度においては，これまでも幾度となく制度理念と人の意識の離齬が生じてきたが，経済がグローバル化し高度に経済が発達したことから，制度を作成した当初を思えば，考えもしなかった問題を引き起こすことになる。たとえば，古くは公害問題から発生し，新しくは経済犯罪や経営者の意図的とも思われる大型企業不祥事である。特に1990年代初頭からは，この新しいタイプの企業不祥事が頻発し，対応策が社会的に検討されることになった。まだコーポレート・ガバナンスの議論が煮詰まっていない頃には，人の問題として捉えるのではなくて，制度の問題として議論された。つまり，健全な企業体制を確保するために，まず行ったことは，法令の改正により，企業経営機構の監視・監督体制および外部チェックの制度化，そしてスリム化などである。

一方，1990年代中頃からは，それまで先進的経済国であった多くの国が経済成長の鈍化に苦しみはじめた。そのため，主に経済界が企業制度の弾力的運用について意見集約を行い始める。そこでの要求は，経営者が自由に企業運営をすることができる制度作りである。第1章で論じたように，近年ではこれを受けて，経営者の自由を大幅に認める大改革が行われたばかりである。なお，この傾向は，先進的経済国に共通の問題である。それは，アメリカにおける企業改革法の世界的な影響力をみても明らかとなる。つまり，経済成長と企業成長を確保するために，まず行ったことは，企業経営機構の自由化および外部人材登用の制度化，そして意思決定の迅速化などであった。

このように，喫緊の課題であった企業不祥事への対処と企業競争力の強化は，いずれも企業経営機構改革を目指した。そこで，企業経営機構改革および各機関的役割の明確化をコーポレート・ガバナンスとし，今日のコーポレート・ガ

バナンス論の発展の基礎を形成したのである[7]。

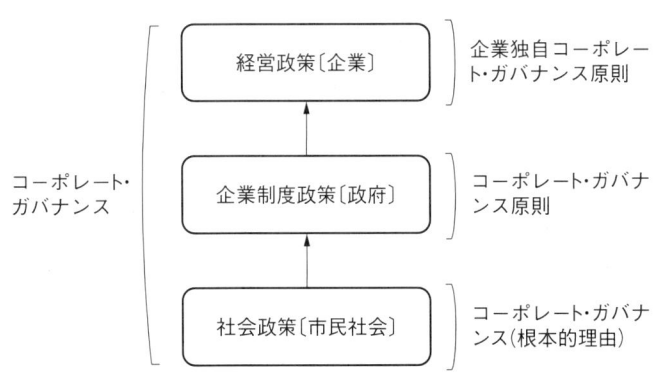

3 コーポレート・ガバナンス政策とコーポレート・ガバナンス

(1) コーポレート・ガバナンス政策とコーポレート・ガバナンス原則

既述のようなコーポレート・ガバナンス議論にまつわる今日的問題を解決するためにも、社会全体に目を配り、真実を探求する新たな視点による客観的検討が重要となる。既に論じたように、コーポレート・ガバナンスは、3つの主体を全体から検討しなければならない。

今日の企業経営を考察するにあたり、漠然としており、かつ注目の足りなかった部分が、市民社会における社会政策である。企業の存立理由が市民社会に求められるのであるから、コーポレート・ガバナンス構築の根本的理由も市民社会に求められる。そのうえで、市民社会の社会政策は、社会システムという範囲のなかで検討する必要がある。なぜならば、企業は私たち自然人が画定した社会システムのなかでのみ存在し、私たち自然人の創造物だからである[8]。

法人である企業は社会システムのなかでのみ存在するべきであるが、自然人は社会システムのなかに本質的な存立基盤を持たない。ここに法人と自然人の

図7-3 コーポレート・ガバナンス政策とコーポレート・ガバナンス

```
                    ┌─────────────────┐
                    │ 経営政策〔企業〕  │ ┐ 企業独自コーポレー
                    └─────────────────┘ │ ト・ガバナンス原則
                             ↑
コーポレート・      ┌─────────────────┐ ┐ コーポレート・ガバナ
ガバナンス          │企業制度政策〔政府〕│ │ ンス原則
                    └─────────────────┘
                             ↑
                    ┌─────────────────┐ ┐ コーポレート・ガバナ
                    │ 社会政策〔市民社会〕│ │ ンス(根本的理由)
                    └─────────────────┘
```

(出所) 筆者作成。

根本的な相違が存在する。なぜならば，社会システムは，自然人が集団生活のルールを形成し，個人の幸福を最大化するために人為的に画定したものであるからである。つまり，突き詰めると，市民社会による社会政策の前段階に，人としての尊厳および権利という問題が潜んでいることにも関係するのである[9]。

(2) 各政策論とコーポレート・ガバナンス

　論じるまでもなく，企業は現代経済システムの主体たる地位にある。その企業による経営活動は，経済を高度化させ，利益を社会に配分するという機能を持っている。しかし，かつては，「市場経済社会が成立し発展し始めたことには，企業がどのような手段を使おうとも，正の活動によって利益の極大化を企てる企業自らの進歩・発展は，必然的に社会の進歩・発展をもたらすという論理が通用していた[10]」が，近年では，「量的拡大と質的深化による企業の進歩・発展は，おのずから企業の社会に対する影響力を強め，企業の負の側面（これを逆機能という）が露わになってきた[11]」のである。このように，企業による営利活動は，徐々に負の側面を見せてきたのであるが，その最もわかりやすい事例が，大型の企業不祥事である。

　ここで企業の存立と経営目的を図7-4に表した。この図7-4の中央から右側が，企業の順機能としての企業の存立と経営目的である。そして，図7-4の中央から左側が，企業の逆機能が露わになった後に加えられた企業の存立と経営目的である。まず，企業の順機能としての企業の存立と経営目的は，市民社会から経済の発展と人の幸福の最大化に対する欲求が強まり，政府に対して要求が行われることである。この営利性の要求を受けて，政府は企業制度を充実させる。そして，市民権としての一部を与えられた法人を形作り，それにより企業が形成され，企業に対して自由が付与される（もちろん人よりも限定された自由）。この企業経営活動が，今日の経済をみるとわかるように，経済を高度化させ，市民社会に対して利益分配を行うという循環に結びつかせている。もちろん，その時代において企業活動や企業制度に適合したものを形作るために，循環を通じて制度の改正が行われることはいうまでもない。

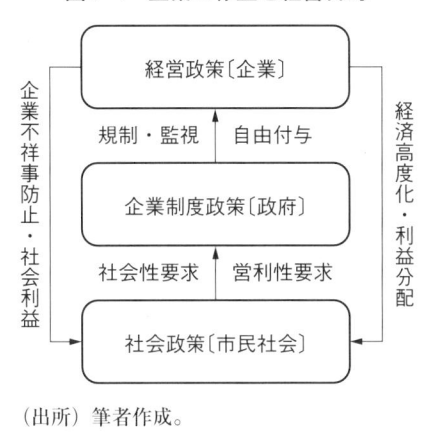

図7-4 企業の存立と経営目的

```
              ┌─────────────────┐
              │  経営政策〔企業〕  │
              └─────────────────┘
企                ↑規制・監視  ↓自由付与                経
業                                                      済
不            ┌─────────────────┐                      高
祥            │ 企業制度政策〔政府〕│                      度
事            └─────────────────┘                      化
防                ↑社会性要求  ↓営利性要求              ・
止                                                      利
・            ┌─────────────────┐                      益
社            │ 社会政策〔市民社会〕│                      分
会            └─────────────────┘                      配
利
益
```

(出所) 筆者作成。

　だが，この順機能が永遠に続くことがあり得ず，人が犯罪などの負の営みを行うように，企業も逆機能を起こすことがある。そこで，企業の逆機能としての企業の存立と経営目的を正すための政策が実施されることになる。まず，企業の逆機能を正すための企業の存立と経営目的は，市民社会から生命と財産を脅かす重大な企業活動に対する批判が起こり，政府に対して要求が行われることである。この社会性の要求を受けて，政府は企業制度を改定する。そして，市民権の一部を取り上げるか，監視・監督機能を充実させ，市民社会の一部として機能していることを企業に自覚させようとする（人による自由の剥奪と監視・監督）。この企業経営活動が，企業不祥事防止と社会利益に寄与するという循環に結びつかせている。もちろん，一連の循環を通じて，会社に対する法制度の充実と，被害を受けた人の救済が行われることはいうまでもない。

(3) コーポレート・ガバナンス政策論の役割

　各主体による企業にまつわる活動は，図7-5で説明したように，コーポレート・ガバナンスの範囲に置かれるということができた。そして，これらの社会政策，企業制度政策，経営政策は，近年のコーポレート・ガバナンスに関する議論である「企業は誰のものか」などの，わかりやすく例えれば，「人は何な

のか」という主体の内面や社会の合意などの普遍性を求める学問分野とは区別し，コーポレート・ガバナンス政策論と呼ぶべきであろう。もちろん，前者と後者は常に影響していることは疑いがなく，重なり合う議論が多いことも承知している[12]。しかし，今まで，コーポレート・ガバナンスを論じると最終的に前者に行き着くことが多く，制度論として最後まで論じられることが少なかった。つまり，極めて政策的に作られた企業というものは，極めて政策的に論じる必要があろうとの考えで，コーポレート・ガバナンス政策論という分野を提示するものである。

さて，このようなコーポレート・ガバナンス政策論を論じる際は，コーポレート・ガバナンス原則を取り上げなければならない。なぜならば，近年，市民社会，政府，企業の各主体は，原則を通じて発言し，より影響力を行使し，自己の権利および良き制度の構築に向けて実施することを目指すようになっているためである。これについては，度々，言及しているところである。

コーポレート・ガバナンス政策論は，表7-2に表すように，(1)国や政府が主体となり実施する制度政策，(2)企業が主体となり実施する経営政策，(3)市民社会の合意と行動により形作られる社会政策，の3つから成る。そして，前章で明らかにしたように，これら3つの実施主体がコーポレート・ガバナンス構築のために使用する道具は，(1)ではコーポレート・ガバナンス原則，(2)では企業独自コーポレート・ガバナンス原則，(3)ではコーポレート・ガバナンス原則，なのである。

表7-2　コーポレート・ガバナンス政策論の詳細

	政策概要	主体	内容
コーポレート・ガバナンス政策論	制度政策	国，政府	コーポレート・ガバナンス原則
	経営政策	企業	企業独自コーポレート・ガバナンス原則
	社会政策	市民社会	コーポレート・ガバナンス原則

(出所) 筆者作成。

(4) 本国の国際社会および国内社会と政府

ここで冒頭でも案内したように，原則の隠れたる任務と使命について，図7-5の横列の検討を行う。より詳しくいうと，図7-5の本国，他国，多国間における横の繋がりを論じる。

各国には，それぞれ不文および明文という形式こそは違うが，国の統治機構および人権規定を定める憲法を保有する。各国の憲法を繋ぐ役割を有するのは，

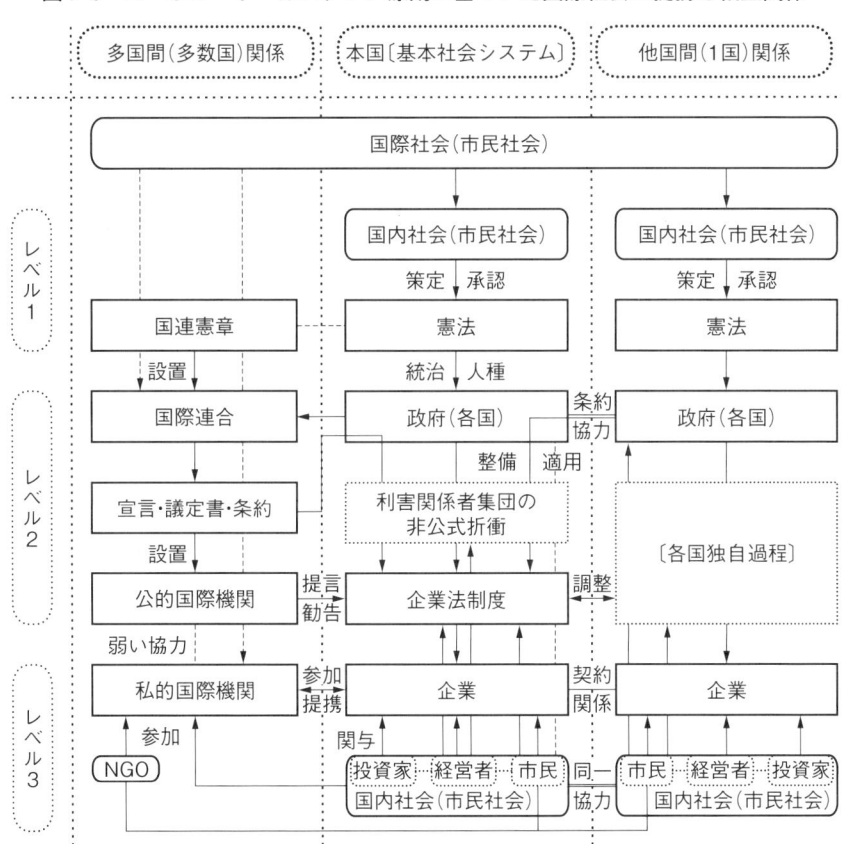

図7-5 コーポレート・ガバナンス原則に基づいた国際社会の提携と相互関係

	多国間(多数国)関係	本国〔基本社会システム〕	他国間(1国)関係
レベル1	国際社会(市民社会)	国内社会(市民社会) 策定↓承認 憲法	国内社会(市民社会) 策定↓承認 憲法
レベル2	国連憲章 ↓設置 国際連合 ↓設置 宣言・議定書・条約 ↓設置 公的国際機関 ↓弱い協力 私的国際機関	統治↓人種 政府(各国) ←条約・協力→ 政府(各国) 整備↓適用 利害関係者集団の非公式折衝 ↓ 企業法制度 ←調整→	〔各国独自過程〕
レベル3	↑参加 NGO	提言・勧告／参加・提携 企業 関与↓ 投資家・経営者・市民 国内社会(市民社会)	契約関係 企業 ↑ 市民・経営者・投資家 国内社会(市民社会)

(出所) 筆者作成。

今日，国際連合憲章が担っているといえる。国際連合憲章は，条約であり，各国が締結することによって，国際平和をはじめとする，人類普遍の価値観について，各国に遵守義務を負わせることになる。ただ，国際連合憲章をはじめとする条約の取扱いは，各国においてまちまちである。たとえば，日本を例として挙げると，日本国憲法前段において，国際協調主義を掲げ，また，日本国憲法第98条2項において，「日本国が締結した条約及び確立された国際法規は，これを誠実に遵守することを必要とする」と規定する。ここでは，憲法と条約のどちらを優先するべきかについて法学の世界で争いがある。現在のところ，日本では憲法優先説が通説となっているようである。

多くの独立国は，国際連合憲章を批准し，国際連合憲章によって設置された機関である国際連合に参加する。そこでは，平和や人権に関することを中心として，あらゆる国際問題が話し合われる。経済問題も例外ではない。これは，国際連合においてもコーポレート・ガバナンスが話し合われていることからも理解できる。

多くの場合，今日の二国間および多国間条約は，国際連合および関連諸国際機関において話し合いが行われた成果物である。その意味において，条約は実質的に国際連合（より正確にいえば市民社会）の枠内にあるということもできるであろう。

4 本国と他国間の政府と企業法制度[13]

(1) 国際会議のコーポレート・ガバナンス政策

近年，各国が企業法制度を形作り，企業法制度を整える際にコーポレート・ガバナンスに関する合意が国際会議で行われている。特に1990年代半ばからは，サミットでもコーポレート・ガバナンスが取り上げられるようになり，経済先進国間の共通の課題となっていると指摘しても良いであろう。

古くは，1998年10月，G7蔵相会議の『G7蔵相会議宣言』で情報開示・透明性の重要性を指摘しつつ，コーポレート・ガバナンスの国際的な議論と

『OECD コーポレート・ガバナンス原則-1999-』の進展を支持すると表明した。近年行われた，G8サミットを取り上げると，ハイリゲンダム・サミットにおいて，2007年6月7日に『世界経済における成長と責任（サミット首脳宣言）』の中の「世界経済の成長と安定のためのG8アジェンダ」の項で，コーポレート・ガバナンスを具体的に，「27. コーポレート・ガバナンスの強化：コーポレート・ガバナンスは経済効率，経済成長の向上及び投資家の信頼強化における主要な要素である。よいコーポレート・ガバナンスは役員会や経営者に対して，企業と株主の利益に適う目的を追求する適切な動機を与えるとともに，効果的な監視，監督を促進する。コーポレート・ガバナンスの挑戦はどの国にも存在するが，特に新興経済国において深刻である。我々は，OECDのコーポレート・ガバナンス原則の最も幅広い遵守を奨励し，OECD/世界銀行『地域におけるコーポレート・ガバナンス円卓会議』による作業の継続を支持する」とすると宣言している。

また，地域的国際会議に目を向けると1998年11月のAPEC第10回マレーシア会議において，『OECD コーポレート・ガバナンス原則-1999-』の策定作業を歓迎すると表明した。最近でも，2008年8月，APECの『構造改革担当大臣会合閣僚共同声明』において，「競争政策，規制改革，公的部門管理，コーポレート・ガバナンス，経済法制度整備の5つのLAISRの優先作業の推進についてAPECを支持するコミットメントを再確認する」と，引き続きコーポレート・ガバナンスが重要政策であることを確認している。

(2) 国際地域会議と経済協力会議のコーポレート・ガバナンス政策

近年では，二国間におけるコーポレート・ガバナンスの合意や政策的な擦り合わせも活発化している。2008年7月の『日米間の「規制改革及び競争政策イニシアティブ」に関する日米両首脳への第7回報告書』では，コーポレート・ガバナンスについて単独の節を置き「日本国政府は，企業の不正行為の防止及び企業の競争力・収益力を向上させるに当たって，強力かつ効果的なコーポレート・ガバナンスの仕組みが重要であると認識しており，我が国における

コーポレート・ガバナンスを強化するための施策を講じている」として，具体的に，(1)金融庁の閣議決定に基づいた2007年12月21日の「金融・資本市場競争力強化プラン」，(2)東京証券取引所の2007年11月の「上場規程」改正，(3)厚生労働省の「厚生年金保険法及び確定給付企業年金法」改正，(4)政府の「金融商品取引法」および「投資信託及び投資法人に関する法律」の改正，などを報告している。このような二国間の経済体制の整備に関する報告書と会議は，1990年代に活発に行われた日米構造協議の流れであると推測され，協議国間の企業政策に極めて大きな影響を与えるものである。

最近の動向について言及すると，経済協力に関わる会議においてコーポレート・ガバナンスに触れることが多くなっている。2008年5月30日のアフリカ開発国際会議 (TICAD) では，『横浜宣言』を踏まえ，今後，アフリカ開発国際会議 (TICAD) プロセスの下でアフリカの成長と発展を支援するためのロードマップを提供する「横浜行動計画」では，日本政府（外務省）/JETRO/JBIC/UNCTAD/世界銀行グループが，「2. 外国投資誘致」として，「法制度及び投資環境の整備を支援」することを計画する。その中では，「(1)アフリカにおけるビジネス環境に関する情報・相談プラットフォームを構築・促進，(2)競争力のある地場産業の自立的発展及びコーポレート・ガバナンスと経済運営の改善の達成に貢献する」と具体的に策定している。

(3) 多国間会議における役割と具体的国際会議

ここで，多国間会議における役割と具体的な国際会議名をまとめることにする。コーポレート・ガバナンスに関して検討すると，多国間会議は，国際会議，二国間会議，経済協力会議の3つに分類することができる。それぞれの会議では，会議の性質を活かしつつ，各国のコーポレート・ガバナンス政策に影響を与える施策が話し合われているのである。

第1に，国際会議の役割は，多国間における行政府の長が一堂に会し，条約，議定書，宣言などを行い，各国に履行を迫るのと同時に，各国は履行の義務を負わせる。なお，宣言などは，国際的な公約というよりも，対外的な方針の公

表7-3 多国間会議における役割と具体的国際会議

多国間会議の種類	役割と内容
国際会議	〔役割〕 多国間における行政府の長が一堂に会し，条約，議定書，宣言などを行い，各国に履行を迫るのと同時に，各国は履行の義務を負う。なお，宣言などは，国際的な公約というよりも，対外的な方針の公表という性質を帯びている。 〔具体的国際会議〕 G8サミット・APECなど
二国間会議	〔役割〕 二国間の行政府の長が会し，特に二国間における経済に関する懸念事項を集中して協議することで，今後の政策的方向性を定め，企業法制度および裁判，裁判外の一切の事項に関して具体的に政策協議を行う。なお，協議ではあるが，お互いに遵守および改善状況を定期的に公表することを求められる場合が多く，実質的に各国内の政策の一部とされる。 〔具体的二国間協議〕 日米構造協議など
経済協力会議	〔役割〕 先進諸国と発展途上諸国が，合同でまたは個別に経済協力（ODAなど）について話し合うために，多国間における行政府の長が一堂あるいは個別に会し，経済協力を行う見返りとして，企業法制度の近代化などに関する要請の合意文書を作成すること。 〔具体的経済協力会議〕 アフリカ開発国際会議（TICAD），ODAに関する二国間会議など ※一昔までは，APECもこの分類に入る。

（出所）筆者作成。

表という性質を帯びている。この国際会議は，G8サミットやAPECなどが該当する。

　第2に，二国間会議の役割は，二国間の行政府の長が会し，特に二国間における経済に関する懸念事項を集中して協議することで，今後の政策的方向性を定め，企業法制度および裁判，裁判外の一切の事項に関して具体的に政策協議を行うことである。なお，協議ではあるが，お互いに遵守および改善状況を定期的に公表することを求められる場合が多く，実質的に各国内の政策の一部とされる。この二国間会議は，1990年代初めに活発化していた日米構造協議などが該当する。

第3に，経済協力会議の役割は，先進諸国と発展途上諸国が，合同でまたは個別に経済協力（ODAなど）について話し合うために，多国間における行政府の長が一堂あるいは個別に会し，経済協力を行う見返りとして，企業法制度の近代化などに関する要請の合意文書を作成することである。この経済協力会議は，アフリカ開発国際会議（TICAD）やODAに関する二国間会議などが該当する。

(4) 多国間会議におけるコーポレート・ガバナンス政策と原則の活用

今まで検討してきたように，多国間会議において，各国はそれぞれの目的を胸に秘めつつも，各国のコーポレート・ガバナンス体制を世界に広めようと取り組んでいる。このような取り組みを広める手段として，または具体的に実施させる方策として，常にコーポレート・ガバナンス原則が活用されている。国際会議，二国間会議，経済協力会議の3つにおけるコーポレート・ガバナンス政策と，コーポレート・ガバナンス原則の活用を表7-4のように表した。

第1に，国際会議のコーポレート・ガバナンス政策は，企業活動が高度にグローバル化するなかで，各国の企業法制度の平準化を図り，かつ各国の規制を創設および自由を確保することで，より活発な世界経済を維持しようとすることを目的とする。そして，国際会議におけるコーポレート・ガバナンス原則の活用は，G7およびG8サミットで，OECDのコーポレート・ガバナンスに対する取り組みの支持と，『OECDコーポレート・ガバナンス原則』の活用を宣言することによる。

第2に，二国間会議のコーポレート・ガバナンス政策は，お互いの企業法制度や企業活動の自由，障壁の排除についての改善を求めることを目的とする。これにより，当然，各国政府の政策課題として織り込まれ，実現が強く求められることになる。そして，具体的なコーポレート・ガバナンス原則名を挙げないが，『OECDコーポレート・ガバナンス原則』を意識した構成により，コーポレート・ガバナンス政策の実施を国内政策に取り入れるように，国際会議よりも具体的な記述が見られる。

表7-4 多国間会議におけるコーポレート・ガバナンス政策と原則の活用

多国間会議の種類	役割と内容
国際会議	〔コーポレート・ガバナンス政策〕 企業活動が高度にグローバル化するなかで，各国の企業法制度の平準化を図り，かつ各国の規制を創設および自由を確保することで，より活発な世界経済を維持しようとすることを目的とする。 〔コーポレート・ガバナンス原則の活用〕 G7およびG8サミットで，OECDのコーポレート・ガバナンスに対する取り組みの支持と，『OECDコーポレート・ガバナンス原則』の活用を宣言する。
二国間会議	〔コーポレート・ガバナンス政策〕 お互いの企業法制度や企業活動の自由，障壁の排除についての改善を求めることを目的とする。これにより，当然，各国政府の政策課題として織り込まれ，実現が強く求められることになる。 〔コーポレート・ガバナンス原則の活用〕 具体的なコーポレート・ガバナンス原則名を挙げないが，『OECDコーポレート・ガバナンス原則』を意識した構成により，コーポレート・ガバナンス政策の実施を国内政策に取り入れるように，国際会議よりも具体的な記述が見られる。
経済協力会議	〔コーポレート・ガバナンス政策〕 経済協力の見返りとして，それぞれの企業が活動しやすいように，企業法制度の整備や改正などを求め，コーポレート・ガバナンスの構築を求めることを目的とする。なお，この場合は，経済協力を行う国の影響力が甚大であるといえる。 〔コーポレート・ガバナンス原則の活用〕 まず，経済協力を行う国は，自国のコーポレート・ガバナンス原則またはコーポレート・ガバナンス政策を実施するように求める。また，経済協力を受け入れる国に，コーポレート・ガバナンス原則，あるいはコーポレート・ガバナンス政策の具体的項目などの策定を促し，コーポレート・ガバナンスの実施を強力に要求する。

(出所) 筆者作成。

　第3に，経済協力会議のコーポレート・ガバナンス政策は，経済協力の見返りとして，それぞれの企業が活動しやすいように，企業法制度の整備や改正などを求め，コーポレート・ガバナンスの構築を求めることを目的とする。なお，この場合は，経済協力を行う国の影響力が甚大であるといえる。そして，経済協力会議におけるコーポレート・ガバナンス原則の活用は，まず，経済協力を行う国は，自国のコーポレート・ガバナンス原則またはコーポレート・ガバナ

ンス政策を実施するように求める。また，経済協力を受け入れる国に，コーポレート・ガバナンス原則，あるいはコーポレート・ガバナンス政策の具体的項目などの策定を促し，コーポレート・ガバナンスの実施を強力に要求する。

　コーポレート・ガバナンスにおける企業制度政策は，今まで注目されてきた企業に関係する者以外にも，多国間会議における合意の影響が多大である。そのため，機関投資家などの企業に対するコーポレート・ガバナンス行動は企業経営の細部にわたるコーポレート・ガバナンス構築活動として位置付け，二国間以上の会議における政策にも，今後は注視していくことが必要である。

5　本国の企業経営と市民社会

(1)　企業の利害関係者と市民社会

　経済のグローバル化が叫ばれて久しいが，経済のグローバル化の裏には，市民社会の底流が動きだし，温度差が平準化されつつあることを示している。この両者の関係は，どちらが先か後かという問題ではなく，両者が同時にそれぞれの動きを誘発していると考えるのが妥当である。

　市民社会には，市民だけではなく，経営者や投資家なども含まれる。一般的に，機関投資家などは原則の策定や原則を通じた投資行動，対話や圧力によって，企業のコーポレート・ガバナンス構築に大きな力を発揮する。しかし，このような投資家も機関投資家も，市民社会の一部の作用と考える必要がある。これは，市民社会の合意によって，会社制度が作られていることと無関係ではない。つまり，投資家も市民としての立場に基づきつつ，自己の欲求を達成するために投資家の立場が加わったにすぎない。このように，社会システムの内部にあっては，立場が変化することも当然である。くわえて言えば，社会システムのなかで制度として存在している以上，市民社会の構成員は，あらゆる立場に立脚することを認めているといえる。

　もちろん，各国内の文化や慣習，そして経済システムによって，市民社会の性質も若干ではあるが異なっている。逆に，市民社会を人の経済活動の範囲内

にまで広げても、さらに地球全体に広げたとしても、企業という経済単位の行動と市民社会を同じ範囲にあることを前提とするならば、同じ価値観の上に立脚していると主張しても良いであろう。そこで、各国内社会の市民社会の協力関係について論じる必要がある。国内社会の細分化した市民の立場によって、既に個別的に協力関係は形成されている。たとえば、図7-5の中で表している名称を用いるならば、投資家同士の原則を通じた株主利益最大化に関する諸行動、企業の提携・合併の主体的役割を果たす経営者同士の話し合いや行動などは分かり易い。

近年では、極めて微妙なバランスの上に成り立っていた社会システムと市民社会の範囲に入らない組織や団体が、活発に活動している。たとえば、NGOは、社会システムよりも市民社会の市民としての立場を強めた組織や団体である。そして、このNGOは、私的国際機関に加わりつつ、公的国際機関にも影響力を行使し（今日においては参加する場合も多い）、コーポレート・ガバナンス活動に積極的である。これらの団体は、市民としての立場に多くの性質を委ねているから、経済的利益を求めず、人としての本来的権利を主張することになる。一方、国内においては、NPOに代表される機関や団体が、企業経営に参加する形態が散見される。これは、アメリカにおける取締役会に、各利益団体が参加する事例が分かり易い。とにもかくにも、社会システムのなかで解決できない問題は、市民社会に立脚した人としての権利に立脚した他の方策が探られることになるし、そのような活動が今後も活発になってくるものと考えられる。

(2) **コーポレート・ガバナンスの主体と市民社会**

コーポレート・ガバナンスに関わる者を経営学者、企業経営者、市民代表者、市場監督者、の4つに分けるとする。まず、経営学者は、企業が最も効率よく経営を行える企業経営活動を検討し、加えて企業が市民に負の影響を与えることのないような制度設計に力を入れる。この経営学者の立場は、企業経営と一線を画した客観的な立場での意見表明が行われている。また、企業経営者は、

言わずもがな，企業経営に当たる主体であり，企業を運営する責任者たる地位にある。この企業経営者の立場は，もちろん，企業経営の意思決定の主体であり，経営の最終責任を有する地位にある。そして，市民代表者は，主に消費者および住民としての立場を強調し，企業を監視する役割を果たそうとする。この市民代表者の立場は，自己の利益を最大化することを目的としながらも，それが社会全体の利益となることが多い地位にある。さらに，市場監督者は，企業経営者と市民代表者の中間的な役割が求められ，両者の自由に対して客観的な指導および判断を行う。この市場監督者の立場は，企業に対して監視を行う機関などが担当し，行政および機関投資家などがその地位にある。

　市場経済体制下における企業の経営行動を，この4者の動向から検討すると，横軸は，企業経営者と市場監督者が直接的企業経営の主体的役割を有することを表す。一方，縦軸は，経営学者と市場代表者が，社会全体の利益を少なからず考慮して行動を起こすという役割を有することを表す。なお，企業経営者と市場監督者，経営学者と市民代表者のそれぞれ両者は，親和性がある。

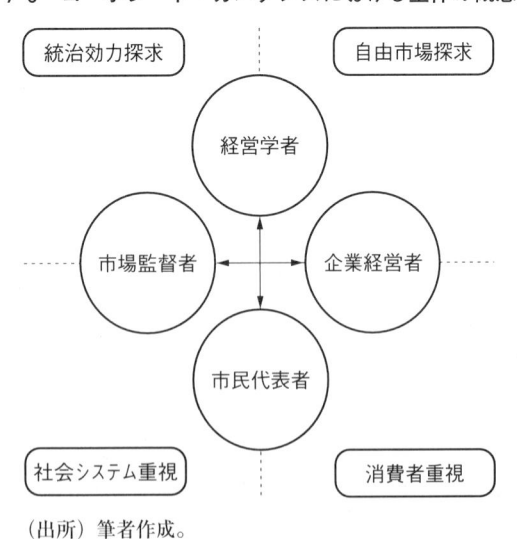

図7-6　コーポレート・ガバナンスにおける主体の概念図

（出所）筆者作成。

これらの市民社会の活動を通じて、企業のコーポレート・ガバナンス構築に本格的な関与がなされるようになったときに、コーポレート・ガバナンスだけではなく、次世代の企業制度が現れるようになると考えている。

6 社会システムとコーポレート・ガバナンス政策論

これまで詳細に論じたてきたように、原則がまとめられる状況、および企業経営におけるコーポレート・ガバナンスが企業不祥事への対処と企業競争力の強化を主眼としていることを考えると、コーポレート・ガバナンスは、極めて政策的に論じる必要がある。冒頭に「企業本質論」は無意味であると述べたが、コーポレート・ガバナンスにこのような議論を持ち込むのならば、社会システムという概念を念頭に置き、論じる必要があると考えたからに他ならない。

「人は誰のものか」と「企業は誰のものか」は、本質的に違うことは疑いがない(最近は共通利益である地球環境に、あまりにも人が影響を与えるので、人の活動における社会システムの創設と制限が行われているようであるが)。なぜならば、人は自由であり、企業は自由の制限(責任ではない)がなされているからである。つまり、企業は政策的に創設された創造物であり、社会システムの範囲内における活動という制限がなされている擬制物だからである。ここに、企業不祥事の防止および対処を目的としたコーポレート・ガバナンスを実施しようとするならば、創造物としての、そして擬制物としての社会システムの範囲内における実施を主眼に置くのは当然である。また、コーポレート・ガバナンスの範囲を、創造物としての、そして擬制物としての活動範囲を超えて設定すると、コーポレート・ガバナンスの本来期待された役割を果たすことができないのは、自明の理である。そこで、今までのコーポレート・ガバナンス議論を尊重しつつも、範囲を企業の活動範囲に合わせることが必要となる。それが、コーポレート・ガバナンス政策論なのである。

このような考えを裏付けるかのように、本章で論じてきた国(政府)と国(政府)による企業制度をグローバル化するにあたって原則が用いられるだけ

ではなく，経済協力という極めて政治的な分野でも原則が活用されている。今やコーポレート・ガバナンスは，国レベルの提携において政策的に論じられ活用されている現状が明らかとなったのである。

注

1) コーポレート・ガバナンス原則と企業の実践は，小島大徳［2004］を参照のこと。
2) 小島大徳［2004］32頁。
3) 日本における様々な機関や団体による原則の活用などは，小島大徳［2004］35-40頁を参照のこと。
4) 企業独自原則の必要性や詳細は，小島大徳［2004］109-132, 152-185頁を参照のこと。
5) なお，市民社会が主体となる社会政策に機関投資家を含めることに対しては，異論があるように思うが，このことについては，後述することにする。
6) 企業を捉える道筋は異なるが，「企業は誰のものでもない」という主張は，傾聴するに値する論であるように考えている。
7) 学者なども，コーポレート・ガバナンスに企業不祥事だけの機能を持たせたのでは，制度化できない虞もあり，経営者の要求を入れる形で，企業競争力の強化も達成できるはずだとの形を整えたのであると考えるのが自然である。
8) コーポレート・ガバナンスと社会システムの詳細は，小島大徳［2007］188-205頁を参照のこと。
9) 市民社会が企業の成立を許した過程は，小島大徳［2007］173-176頁を参照のこと。
10) 平田光弘［2008］11頁。
11) 平田光弘［2008］11頁。
12) 小島大徳［2007］256-258頁，および257頁の図14-3を参照のこと。
13) この節における国際会議の文書などの引用は，外務省公式ホームページ（http://www.mofa.go.jp/）に依拠している。

参考文献

菊池敏夫・平田光弘・厚東偉介（編著）［2008］『企業の責任・統治・再生』文眞堂。
小島大徳［2007］『市民社会とコーポレート・ガバナンス』文眞堂。
小島大徳［2004］『世界のコーポレート・ガバナンス原則―原則の体系化と企業の実践―』文眞堂。
平田光弘［2008］『経営者自己統治論―社会に信頼される企業の形成―』中央経済社。

第Ⅲ部
非営利企業の論理

第8章
営利企業と公益企業

1 営利企業の役割と公益企業への関心

　新たな経済状況の変化は，新たな経営形態の勃興を意味する。今日の資本主義経済体制において，主役としての座を守り続けてきているのは，いうまでもなく株式会社である。株式会社は，営利企業の代表格として，基本的な機能をほぼ変化させることなく，およそ400年にわたって光り輝く人類英知の賜物といっても過言ではない。20世紀に入ってからの地球規模の経済成長と，それによる恩恵は，株式会社の存在なしでは考えることができないであろう。

　しかし，株式会社の役割に否定的な見解を述べるつもりではないが，株式会社の存在に限界が生じてきていることも，先を見通すことができる研究者や実務家ならば，あるいは賢明な市民であれば，気付いていることであろう。一部の株式会社は，当初，考えもしなかったほど大規模化し，コントロールが利かなくなりつつある。そのため，今日では，株式会社制度の内部に，法令遵守の徹底，企業倫理の確立，社会的責任観の浸透，などの精神論を基礎とした考えを取り入れるべく，要望と実践が行われている。だが，株式会社の基幹的制度を変更することなく，これら複雑な問題に対処することができるのであろうか。

　また，市場の発展と社会生活の高度化に伴って，人々の関心も移り変わり，特に株式会社においては，株式会社内部で働くことと株式投資による利益に，もっぱら関心が集まることになる。つまり，株主の2大権利の1つである経営者の選解任に関心が薄れ，コントロールが利かなくなりつつある。そのため，機関投資家などへ物言う株主として自己の権利を依頼し，株式会社への監視と

監督を強めようとしている。だが，機関投資家も，株式会社であることが多く，加えて利益を求める集団であるのだから，あまり綺麗でない言葉であるが，毒をもって毒を制すかの如く，株式会社の欠陥に対する根本的な解決にならないのではないだろうか。

実は，コーポレート・ガバナンスを研究する上で，主眼に置くべき問題意識が上記の2つなのである。近年議論されているコーポレート・ガバナンスに過大な期待を寄せるべきではない，との警告を生かすのであれば，問題解決策は，新しい制度を設計あるいは新しい概念の導入の2つにあろうと考えている。本章で注目する最終的な組織体は，非営利組織である。最近では，営利と非営利の両組織の重なり合う活動領域が増えるとともに，両者の異なる点が薄れてきている。そこで，この営利と非営利の面する部分こそ，今日の資本主義経済社会における対立であり，新たな会社制度を生み出す原動力の1つである[1]と初めのハードルを定めたところから，本章の幕を開けよう。

2 営利企業と非営利企業の概念と存在意義

(1) 「責任」を論じる必要性

昨今，企業に対して求められ強制されるのは，多くの場合に「責任」である。このことは，企業社会責任論や企業倫理論の発展に比例している。この原因は，幾つか考えられるが，市民社会を揺るがす大型企業不祥事や，世間と乖離した経営者倫理の意識が明確に発現しているからであろう。人々の生命や財産に多大な影響を及ぼす企業経営の結果は，実に憂慮すべきであり，根本的な原因を解明するとともに，解決策の提示が早急に求められているのである。

このような議論には，2つの理由から疑問を感じる。それは，そもそも企業に法律で定められた以上の規制があるのかという疑問と，今日の企業社会責任論は，企業という自由な存在に対して責任論をあまりに広く適用しようとしてはいないかという疑問である。後者の疑問は，しばらくしてから検討することにして，何よりもまず，企業に法律で定められた以上の規制（≒「責任」）があ

るのかということについて探らなければならない。

　本章では，今まで本書において論じてきた企業観に基づいて，企業の本質的理解を進めていきたいと考えている[2]。そして，その論のなかから浮き出てきた，今まであまり考えられることのなかった営利企業と非営利企業の分類や概念，そして存在意義について深く考察していきたいと考えている。

(2)　自由と CSR 活動の行方

　まず，企業経営の自由を考えるにあたり，具体例として適当なのが，昨今の経済発展に伴う企業経営の負の遺産を解消しようとする企業の社会的責任（CSR）論である。本章における結論から述べると，測定可能な負の遺産についてのみ，企業は法的責任として役割を果たすのであって，CSR 活動全般を，企業の役割として全面的に企業経営の一部として加えるは，抵抗があるという立場に立つ。なぜならば，これこそ，伝統や慣習，風習といった目に見えない根拠のないものによる，企業経営における自由の侵害であると考えるからである。

　ジョン・ミル（John Stuart Mill, 1806-1873）は，国家と社会との関わりを自由の観点から記した箇所において「個人の独立と社会による管理の均衡をうまくとるにはどうすべきかという実際的な問題になると，解決されている点はほとんどないのが現実である」と指摘しつつ，「慣習は第二の天性だといわれるが，それだけではなく，つねに第一の天性だと誤解されているのだ。…（中略）…人々が互いに課している行動の規則は，習慣になっているために疑問がもたれにくいのだが，それだけではない。行動の規則については一般に，他人に対しても自分に対しても理由を示す必要があるとは考えられていないので，習慣の影響がさらに強くなっているのである。人は通常，この種の問題では理由よりも感情の方が重要なので，理由を明確にする必要はないと考えているし，哲学者として認められたいと望む人もこの考えを後押ししている[3]」とする。

　このようなジョン・ミルの考えは，現代の企業における CSR を考える上でも，重要な課題を提示している。まずは，私たちにとって習慣あるいは当然と

思っている CSR 活動が，本当に重要なのかという問題を，今日の CSR 研究をする前段階に挿入する必要があるように思うのである。そして，この CSR 活動に関して，研究者や実務家自身が感情的になっていないかも検討する必要があろう。普段は感情的になることが不見識とみられる社会においても，慣習を守らないことに感情的になることは正当化されるからである。

企業経営における自由を責任と読み替える風潮は，企業倫理にも当てはまる。法律を守ることが最低限とされる論拠は，その当時の市民の合意に依拠すると考えるべきであり，法律を絶対視して，不磨の大典として依拠すると考えるべきではない。企業倫理は，法学の世界での「悪法も法か」という，永遠に解決されない課題にも通じる大問題であることを自覚させてくれる。

(3) CSR 論の解決のために

これまで CSR の本質的問題について言及したので，この後は今日的 CSR 論争の問題点を指摘したい。CSR 研究の難しさは，企業内部の「企業の思い」と企業経営の発現としての「経営行為」の両面から検討することが必要であることにある。そして，最も困難な作業が，企業内部の「企業の思い」を如何に判別するかであり，その次に困難な作業が，企業経営の発現としての「経営行為」を如何に測定するか，ということにある。前者の「企業の思い」は，いわゆる戦略的 CSR なのか，心からの慈善活動としての CSR なのか，という疑問として例えて説明するとわかりやすいであろう。このことを分けて検討しなければ，CSR の本質に接近することができないが，それが容易にできることではないということは想像に難くない。これを CSR の第 1 の問題と呼ぼう。後者の「経営行為」は，経営活動として，CSR を市民側および企業側で測定する方策についてである。企業経営は，常に測定，つまり監査できる記録を残し，常に開示することを前提にしなくてはならないのである。これを CSR の第 2 の問題と呼ぼう。

第 1 の問題は，企業が CSR 活動を戦略的 CSR と認識し，将来，収益をあげることを目的とする，実質的な営業活動を行ったとし，それを第三者が社会に

対する無償の慈善活動だと判断した場合に起こる。企業倫理やコンプライアンス経営は，プログラムを策定し経営者の道徳心などを高め，企業市民としての役割を説く。これは，内心と発現が異なる場合を，どのように説明するのかという必要に迫られるであろう。

第2の問題は，経営活動は，原則として全てを明らかにする必要があるが，測定不可能なCSR活動を開示および評価しなければならない場合に起こる。現代企業経営の測定方法は，一般に公正妥当と認められる会計基準によるが，近代株式会社以降，科学的に行われている経営管理は，評価の段階で立証されていないか，あるいは可能性がある程度の非科学的な測定によって行われてよいのかという問題に直面する。これは，「CSR活動は企業価値を高める」ということを証明する必要に迫られるであろう。

3　企業経営における「自由」

(1) 社会システムと「自由」の概念

本章では，国家の自由，市民社会の自由，経営者の自由のうち企業経営に関係する最も重要な自由である経営者の自由に焦点をあてる。経営者の自由には，厳密に3つの概念が内包されている。これらを詳細に検討することで，最終的にコーポレート・ガバナンス論や企業倫理論，企業社会責任論の核心的概念が浮き彫りになるのである。

さて，基本的人権[4]を保持し，自由が約束されている人は，その基本的人権と自由を最大限増幅させるために，国家機構を策定した。その国家機構を定めるのが，市民社会が国家機構の基本的構造と国家機構に課した責任を規定した憲法である。つまり，ここでは，市民社会によって国家機構に自由の委任が行われているとみることができよう[5]。

くわえて，国家機構が市民社会の自由増幅の責任を自ら行うのには限界がある。そこで，国家によって制度が作られ，これを運用しているのである。その主役は企業である。企業は，国家の策定した法令の範囲内において経済活動を

図 8-1　自由の委任と自由の留保

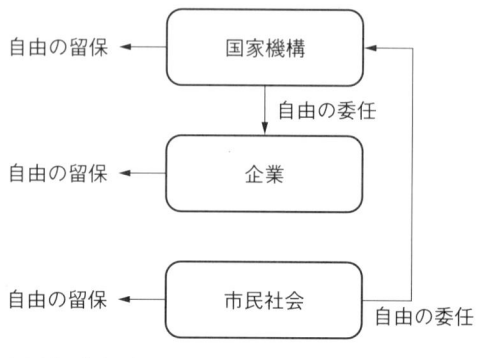

自由の留保 ← 国家機構
　　　　　　　↓ 自由の委任
自由の留保 ← 企業
自由の留保 ← 市民社会 ← 自由の委任

（出所）筆者作成。

行うことが許される。他方，この企業に参加するのは市民なのであるから，準則主義などに現れるように，法令の範囲内であれば自由に参加することができる制度を設計しているのである。以上のことは，再三にわたって指摘してきた[6]。

このような構図を表したのが，図 8-1 である。上記の理論を簡潔にまとめると，市民社会によって国家機構に対して自由の委任が行われ，国家機構によって企業に対して自由の委任が行われる。この委任関係が継続するに伴って，自由の概念は縮小することになる。さて，ここで重要なのが，自由の委任が行われる際には，必ずや「自由の留保」がなされているということである。まず，市民社会レベルにおいて自由の留保の発現は，革命権や改革権である。また，国家機構レベルにおいての自由の留保は，行政指導や裁判権である。ここまでの流れは理解できようが，自由の留保の内容が何なのかについて，興味が湧くことであろう。

(2) 自由の留保の内容

自由の留保は，当然に，市民社会における自由の留保と国家機構における自由の留保の2つがある（表 8-1 参照）。市民社会における自由の留保は，営利活動にそぐわない市民活動を内容とする。この活動は，(1)市民活動が自主的に

表8-1 自由の留保の具体的内容

自由の留保	具体的内容	事例
市民社会における自由の留保	営利活動にそぐわない市民活動	(1) 市民活動が自主的に市民生活・市民共同生活を豊かにするため行う活動である。〔具体例〕NPO（ボランティア）〔特徴〕基本的に法令に依らなくとも活動することができるが，税制などの優遇策を得るために，法律により，組織などを細かく規定されることがある。(2) 市民が自主的なコミュニティーを策定し，主張や相互扶助を国家という枠組みを超えて行う活動である。〔具体例〕NGO（非政府組織）〔特徴〕近年では，国家レベルの国際機関に参加するなど，大規模なNGOは，国家と同等のレベルでの取り扱いがなされるようになってきている。
国家機構における自由の留保	民間企業に委任できない非営利活動	(1) 公益となる活動であり，かつ個人レベルで行うことに支障がある場合に，法人化し，公益目的を達成しようとする活動。〔具体例〕公益法人，財団法人〔特徴〕法人の活動自体に営利性を有さないが，国家機構によって管理することが適切ではない資本市場の枠組みにある。(2) 一定のレベルの能力を確保し，免許を出すことにより，高度な専門知識を認め，市民生活を円滑に行えるようにする活動。〔具体例〕独占業務（医師，弁護士，公認会計士，税理士など）〔特徴〕全て法律が存在し，細かな規定に適合，あるいは考査により免許を付与する。

(出所) 筆者作成。

市民生活・市民共同生活を豊かにするため行う活動，(2)市民が自主的なコミュニティを策定し，主張や相互扶助を国家という枠組みを超えて行う活動，の2つに分けることができる。まず，(1)については，NPO（ボランティア）を具体例としてあげることができ，基本的に法令に依らなくとも活動することができるが，税制優遇策[7]などを得るために，法律により，組織などを細かく規定されることがあることを特徴とする。また，(2)については，NGO（非政府

組織）を具体例としてあげることができ，国家レベルの国際機関に参加するなど，大規模な NGO は，国家と同等のレベルでの取り扱いがなされるようになってきていることを特徴とする。

　一方，国家機構における自由の留保は，民間企業に委任できない非営利活動を内容とする。この活動は，(1) 公益となる活動であり，かつ個人レベルで行うことに支障がある場合に，法人化し，公益目的を達成しようとする活動，(2) 一定のレベルの能力を確保し，免許を出すことにより，高度な専門知識を認め，市民生活を円滑に行えるようにする活動，の2つに分けることができる。まず，(1) については，公益法人や財団法人を具体例としてあげることができ，法人の活動自体に営利性を有さないが，国家機構によって管理することが適切ではない資本市場の枠組みにあることを特徴とする。また，(2) については，独占業務（医師，弁護士，公認会計士，税理士など）が具体例としてあげることができ，全て法律が存在し，細かな規定に適合，あるいは考査により免許を付与することを特徴とする。

(3) 市民社会における自由の留保

　市民社会における自由の留保と，国家機構における自由の留保の両者で，最大の相違は，2つ存在する。第1に，市民社会における自由の留保は，前国家的人権に基づく権利であるが，国家機構における自由の留保は，後国家的人権の範囲内で行われる。第2に，市民社会における自由の留保は，法規制や指導などのルールや罰則が存在しないが，国家機構における自由の留保は，基本的に憲法に基づいて主権者たる市民の意向を後ろ盾とし，法令による制限や指導，勧告などが行われることである。

　つまり，自由の留保とは，自らが独占して発揮する活動と言い換えることができる。もちろん，制度を整備するにあたって，国家機構が法令を策定し制度化することもあろう。しかし，市民社会の意志と国家機構の意志が完全に合致していなければ，紛争が起こりえることになる。これらの現れが，開発や環境問題に対する市民の行政訴訟である。突き詰めていくと，これが自由の対立[8]

表8-2 市民社会における自由の留保

市民社会における自由の留保の種類	具体的内容	事例
最終的市民としての承認	最終的な意志の存在主体として、企業経営で市民社会の意向に反する事態が表面化した場合に、直接行動をする。	不買運動、内部告発

(出所) 筆者作成。

なのである。

　自由の対立を避けるために、一般には自由の留保が行われると考えても問題はない。だが、自由の留保の一番悩ましい問題は、慣習法や自然法に依っているということである。つまり、何処の範囲までが市民社会の自由の留保として確定されるべきなのかという問題である。近年では、ソフト・ローに対する議論が静かに、かつ活発に行われているが、この緩やかな遊びこそが、対立の基であり、自由という概念が生まれる余地なのであると考えている。

　さて、市民社会が企業経営の自由を直接拘束することはない。しかし、最終的な意志の存在主体として、企業経営で市民社会の意向に反する事態が表面化した場合に、直接行動を起こせるのかが問題になる。たとえば、企業不祥事が起こった場合に、消費者が不買運動をしたり、企業の従業員が内部告発をしたりする行為は、市民社会において留保した自由の発現であると認識することができる。

(4) 国家機構における自由の留保

　国家機構における自由の留保は、市民社会における自由の留保よりも、よりはっきりと現れることになる。これは、国家という存在が憲法または法律によって形成されているため、会社の存在も会社法制度において明確に規定されているからである。このような性質の国家機構における自由の留保は、「特許主義に基づく企業の設立要件」と「独占業務の付与」との2つがある。

　まず、特許主義に基づく企業の設立要件は、自由な経済システムに設置することが適切でない企業種別、および一定の認証が伴う法人種別に対して、行政

表 8-3　国家機構における自由の留保

国家機構における自由の留保の種類	具体的内容	事例
特許主義に基づく企業の設立要件	自由な経済システムに置くことが適切でない企業種別，および一定の認証が伴う法人種別に対して，行政が一定の基準に基づいて，法人として活動できるように，法人を認証する。	医療法人，公益法人，宗教法人
独占業務の付与	専門的知識を保証し，専門家として活動する免許を付与し，市民活動を円滑に営ませる。	弁護士，公認会計士，税理士

(出所)　筆者作成。

が一定の基準に基づいて，法人として活動できるように，法人を認証することに意義がある。たとえば，医療法人，公益法人，宗教法人などが該当する。ただし，この分野の法人は，医療法人などの非営利企業と，宗教法人などの認証法人とに分かれる。

　また，独占業務の付与は，職業を選択することの自由および自由な経済システムのなかでも，特定の専門的職能にあっては，国家によって付与された免許を必要とすることをいう。この独占業務の付与によって，最終的に市民社会の混乱を防ぎ，安定した市民生活を営むことができる一助となるのである。たとえば，弁護士や公認会計士，税理士などを思い浮かべるとわかりやすい。なお，多くの場合，法人設立の要件に厳格な規制を付すことが多い。これは，個人レベルにおいて規制がなされるのであるから，法人レベルでも規制がなされて当然という考えに立脚するのであるが，近年では，免許を持った者が法人を設立する場合は，特別に認めるとの流れにある。

4　自由の対立と自由の自制，自由の留保

(1)　自由の自制

　自由を語る多くの場合に，必ず責任が論じられるのであるが，責任の理解の

図8-2 従来の「自由」と「責任」の考え方

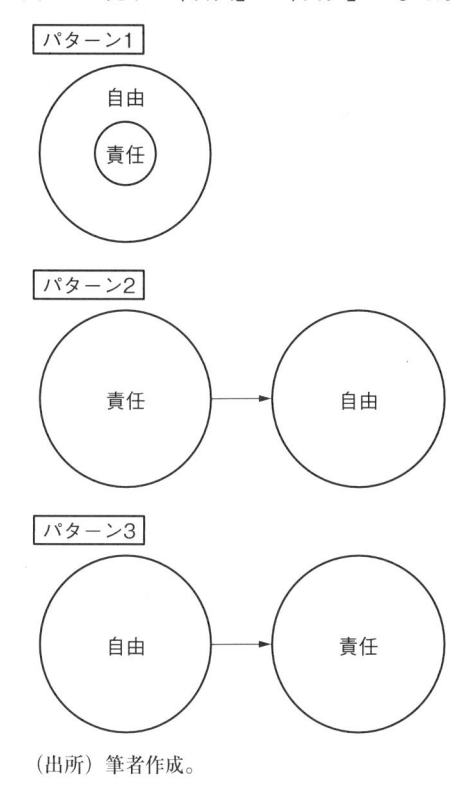

パターン1

（自由（責任））

パターン2

（責任）→（自由）

パターン3

（自由）→（責任）

（出所）筆者作成。

仕方にも，幾通りかのパターンに分かれる。大まかに経営における責任の意味を分類すると，3つに分けることができよう。1つ目は，「自由があるのは，責任を内身に保持しているからである。」である。2つ目は，「自由を享受できるのは，責任を果たしてからである。」である。3つ目は，「自由を行使した後は，責任が待っている。」である。これらの3つを詳細に検討すると，自由と責任を論じる立場においても，大きく考え方に隔たりがあり，企業経営の自由を検討するにあたり，大きな相違が生じるものと考えられる。

ただ，自由と責任の捉え方は，おおむね，「表裏一体」と捉えられる向きがあり，自由を保持したならば，同等の責任を伴うという表現で，間違いはない

図 8-3　表裏一体な自由と責任

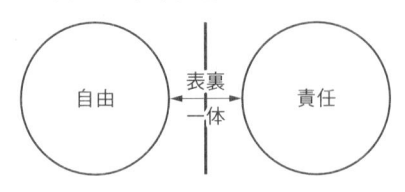

自由　表裏一体　責任

（出所）筆者作成。

であろう。しかし，本当にそのように考え行動するのが正しいのであろうか。ここで，大いなる問題提起をしなければならないのである。

　企業経営は，市民社会における経済的利益を極大化するために，市民社会から経済活動における委任を受けて，その限りにおける自由を行使する権能を有する。そうすると，企業に責任を押しつける論法は成り立つはずがない。たとえ企業が悪さを起こしたとしても，その責任は市民社会が全体で受けるべきである。なお，このような考えは，極論でもなんでもなく，大企業破綻，殊に銀行などの破綻における公的資金投入は，市民の税金を最終的に一般企業に充てる，という事例をみると理解できるのである。それに，このようにするしか解決策がないともいえる。なお，いわゆる企業市民論は，企業を市民としての責任ある行動を求めるところに最終的な主眼が置かれており，自由という意味での企業経営を指し示しているわけではないことに注意しなければならない。

　これが正しい理解であるとすると，企業経営において，「自由」と「責任」では，説明がつかない。責任という独立した倫理規範に基づく基準によって，企業経営活動を制限するのではなく，企業活動の自由を経営者自らが自制する行動とするべきである。つまり，企業経営は，市民社会から与えられた経営の自由を基本に持ち，市民社会や政府における留保を除き，自由を根拠とした自制を行う。その自制には，CSR 活動なども含まれ，これはあくまで自由の発現であり，責任ではないと考えなければならないのである。本章では，「自由」と「自制」と意味付けて表現するのが，最も妥当だと考えている。

　これらの考え方は，社会的責任論の他にも，今日のトピックであるコーポレート・ガバナンスや企業倫理にも共通する考え方となろう。3つの領域を共

第 8 章 営利企業と公益企業　183

図 8-4　自由と自制

（出所）筆者作成。

有する考え方が合ってこそ，今後の経営学の発展と，企業経営の発展が保証されるのである。

(2) 「国」「企業」「市民」の自由

　今日の企業を巡る色々な問題は，今まで，政官財，つまり政（政治家），官（官僚），財（財界）の3者の利権構造と説明するのが有名であるが，経済や経営の分野において，国（行政・司法・立法），企業（経営者），市民（市民・市民社会）の3者の枠組みで対立や協調が行われている。そうだとするならば，こ

図 8-5　現代における企業を巡る問題の関係図

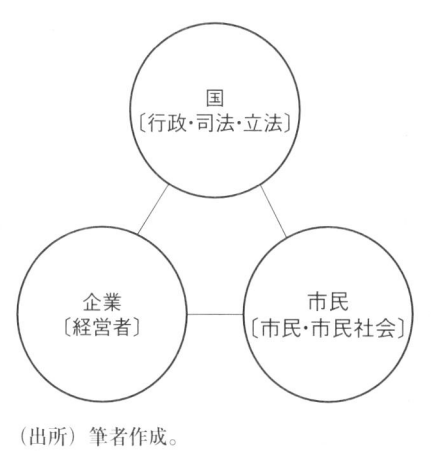

（出所）筆者作成。

の国,企業,市民の3者によってチェック・アンド・バランスの緊張関係にあるのが最も理想的な姿となろう。逆を言えば,3者のいずれかの関係において,癒着などが生じた場合に,不祥事が生じる危険性が高まる,あるいは生じたことになる。この構造をみると,広い意味のコーポレート・ガバナンスは,この3者が如何なる関係にあるのかを問う学問領域であるともいえよう。

　新自由主義という概念が生まれ,グローバル化に相まって,瞬く間に世界に広まった。この概念は,経済システムの自由化を基礎としているため,今まで形作られてきた法人制度にも影響を与えるようになる。小泉純一郎内閣(2001-2006)時における経済財政諮問会議などは,行政と経営者によって経済政策が決定実施されていた舞台であった。各方面のニーズに応えるためには,市民社会(この場合は立法府)と国家機構(この場合は行政府)が共になって,経済システムを作り上げることが重要なのである。

　一方,自由の対立の表れからであるとも指摘できよう。その顕著な例が民営化問題である。たとえば,郵政民営化問題では,「官から民へ」を基本理念として,官営から民営へと移管が議論された。これは,国家機構に組み入れられていた郵政事業を,企業へと自由の委任が行われた最たる事例なのである[9]。

(3) 市民社会の構造と自由の留保

　郵政民営化問題は,市民社会の構造および自由の対立,自由の自制,自由の留保を考える上で,近年において最も分かり易い事例である。それでは,郵政民営化問題から,国家構造の仕組みと民間企業の仕組みを検討することにする。旧郵政事業と旧郵政公社は,それぞれ国家行政組織法および郵政事業庁設置法,日本郵政公社法により設置された国営企業である。これらの事業形態の特徴は,国の方針の行政庁に一部として,あるいは指導に基づいて,運営されることにある。これらの組織は,旧郵政事業においては郵政事業庁長官を,旧郵政公社においては郵政公社総裁を,総務大臣が実質的に選任することから,行政の強力な影響力に基づいて運営される。一方,郵政株式会社は,会社法の規定に基づいて株式会社として経営にあたる。この組織は,一般の株式会社と同様に,

表 8-4 郵政民営化問題に現れる自由の対立

	旧郵政事業	旧郵政公社	郵政株式会社
組織	国営	国営	民営
根拠法	国家行政組織法 郵政事業庁設置法	日本郵政公社法	会社法
特徴	(1) 経営方針など，行政庁の一部として運営される。 (2) 構成員は，国家公務員である。 (3) 国家機構の一部の事業体であるから，原則として税金がかからない。	(1) 国民生活の安定向上及び国民経済の健全な発展に資する業務等を総合的かつ効率的に行うことを目的とする。 (2) 構成員は，国家公務員（特別）である。 (3) 国営であるから，原則として税金がかからない。	(1) 経営方針，配当，事業の解散など，法令や定款に従って，自由に行うことができる。 (2) 構成員は，非公務員である。 (3) 民間企業であるから，税金が課税される。

(出所）筆者作成。

株主総会において経営者を選任されることからも，法令の範囲内で自由な経営を実践することができる。

　これらは，国家の自由において運営されていた事業を，会社の自由において経営される事業として，委任された最もわかり易い事例である。このような民営化は，経済の自由化や民間を活性化するための方策として実施されることが多いが，自由の主体が変更されたことが重要なのである。郵政株式会社の事例の他に，国営鉄道から JR へなどの事例を検討すると，さらに理解が進むことになる。

5 新しい会社制度

　経済システムを形作る主体は，システムである以上，法令によって形作られる。そして，企業は法令を守らなければならない。確かに，そのとおりである。今日の社会世論の動向をみるに，社会が感情的なまで企業経営の自由を縛り，営利的な成果による経済社会の発展よりも，社会的な貢献を求める風潮を肯定する土壌を理解することができる。しかし，「社会全体，あるいは社会のうち

のとくに強力な部分の好悪の感情こそが、全体的な規則を決め、それを遵守させるために法律の罰則や世論の制裁を設ける上で、実際上、主要な要因になっているのである[10]」との指摘は重い。

さて、多様化する今日において、ボランティア思想という営利とは根本的に異なった発祥から生まれた活動がみられるにつき、今のままのシステムで適用可能なのかという問題を孕むことになる。これは、少し大袈裟にいうならば、人類利益に役立つのかという問題である。つまり、企業利益の極大化が人類利益の極大化に繋がらなくなる。

この問題提起は、実のところ、今日の経済のなかで明確に現象として現れているのであるし、実際に議論も活発化している。それは、企業倫理の問題や社会的責任論の再台頭である。これらの論に対する批判をたびたび行ってきたが、これらの論は結局のところ、根本思想として営利を保持している企業に、非営利活動を「責任」「倫理」として押しつけているところにある。簡単に言えば、企業倫理で法令遵守を唱えながら、法令に定めのないところまでを責任と言い、そのように反論すれば倫理の問題であると言う。制度論争なのか哲学論争なのか、あるいは混同しているのか、この不整合に皆は、あまり気づかない。

もちろん、大企業が、いわゆる社会的責任を果たすべきだという考えに賛同する。しかし、これらのことを話し合う前提問題が欠けていると論じている。それは、私たちの行動様式にあった法人制度を論じ、作り上げることなのである。その動きは、先進各国において、水面下で始まっており、これらの動向を検討し、現在の課題を精査することで、新しい法人制度を形作っていかなければならないのである。

注

1) その他にも、高度経済成長を遂げている新興国間における経済摩擦の結果として生じる可能性の高い会社制度や、文化の対立が著しい地域における会社制度などを注目している。
2) 第5章などで述べているように、自由を基礎に置いた企業経営および自由の概念を

大切にした会社制度の創設と運営のことを指す。
3) ジョン・ミル［2006］17 頁。
4) 基本的人権と人の人権を表記しているが，この場合は，人権と表記しても差し支えない。基本的人権とは，人たる全ての自由と言い換えることもできる。なお，この基本的人権の表記は，日本国憲法の記載に合わせてのことである。
5) なお，ここで享受という語を使用しなかったのは，享受が受益という他力的な意味を含んでいるからである。厳密に言えば，享受とは，基本的人権に基づく自由にあらわれない事象を受けることである。しかし，そのような考えは，現代市民社会においてあり得ないのである。
6) 本章の基礎となったこれまでの論は，小島大徳［2007］および第 5 章を参照のこと。
7) 本来，前国家時代には税制という概念がないのであるから，ここで「優遇」と使用することに違和感がある。つまり，優遇とは，「給付」と同じく，与えられるものという含意があり，市民社会が元々持っているものを市民が「優遇を受ける」と表現するのは，正確ではないということである。だが，ここでは，わかりやすく論を展開するために，一般に税制などを語る上で使用されている「優遇」という語を使用することにする。
8) 自由の対立に関する詳細は，第 5 章を参照のこと。
9) この郵政民営化法案を時の首相が国会に提出し，衆議院で小差において可決し，参議院で否決された。そして，首相が民意を問うとして衆議院を解散した。この行為に対して，メディアや学会から，衆議院で可決し参議院で否決した法案について，可決した衆議院を解散するとはけしからんとの声が大勢を占めた。しかし，市民社会の委任で国家機構の自由が裏付けされているのであるから，委任者に確認する行為は，しごく正当であり，これ以上に確かなことはないのである。ひとまず，種々の批判はあるものの，首相に解散権があるという手続きを認めているのは，市民社会と国家機構との自由の委任関係があることに依るものなのである。
10) ジョン・ミル［2006］22 頁。

参考文献

小島大徳［2007］『市民社会とコーポレート・ガバナンス』文眞堂。
小島大徳［2004］『世界のコーポレート・ガバナンス原則―原則の体系化と企業の実践―』文眞堂。
小島 愛［2008］『医療システムとコーポレート・ガバナンス』文眞堂。
ジョン・ミル（著）山岡洋一（訳）［2006］『自由論』光文社。
平田光弘［2008］『経営者自己統治論―社会に信頼される企業の形成―』中央経済社。

第9章
公益法人改革とコーポレート・ガバナンス

1　公益性とは何か

　今日の複雑化した経済活動の主体として，そして経営活動の中心的役割を果たす企業を，正確に分類することこそ，果てしなく困難なことであると言わざるを得ない。近年では，複雑化する社会構造と人々の欲求を満たすために，実に色とりどりの経済主体が現れている。また，それぞれの経済主体は，事態の変遷とともに毛色を変え，実情に合わせた変化をもみせている。

　そうはいっても，企業存立や企業活動がシステムのなかに組み込まれているのであるから，各々の権利義務関係を理解する上でも，より多くの利潤を得るためにも，自らの存在を認識することが重要であることはいうまでもないことである。もちろん，「企業とは何か」という根本性格を問うことも，激流のなかにある今日にあって，己の役割を立ち止まり考えるという位の意味を持つ。だが，一般的な経営管理を理解する上では，「企業と会社はどう違うの」という疑問が出発点になろう。

　一般的な理解によると，自然人および法人のみが，この地球上あるいは人間の勢力が及ぶ範囲内で権利義務を有することができるとされている。自然人は，全ての権利義務の帰属主体になることができ，法人は，法に定められた範囲内での限定的な権利義務の帰属主体になることができる。そして，法人の役割は，人の集団を管理するのか，金（金銭的換価価値のある物も含む）の集合体を管理するのか，の2つに分けられる。人の集団を管理することを主眼に置く場合は社団に，金の集合体を管理することを主眼に置く場合は財団となる。もちろん，

図 9-1　法人の種類

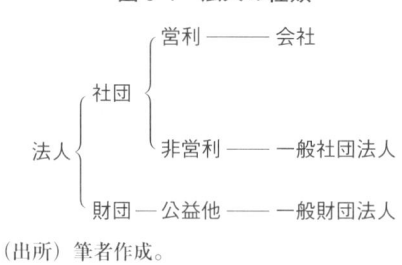

```
          ┌ 社団 ┬ 営利 ─── 会社
          │      │
法人 ─────┤      └ 非営利 ── 一般社団法人
          │
          └ 財団 ── 公益他 ── 一般財団法人
```

（出所）筆者作成。

　管理する対象が人か金かによるだけで，管理をする主体は人であるから，人が法人の代表者あるいは管理者になることはいうまでもない。

　さて，従来の公益法人は，財団法人，社団法人の2つに分類されていた。しかし，2008年に施行された公益法人制度改革関連3法によって，2つの分類であった公益法人が，「公益性」を有さない法人は，一般社団法人，一般財団法人とされ，「公益性」を有すると判断された法人は，公益社団法人，公益財団法人とすることになった。この制度の変化が，今日の日本が求めている「公益性」を具体化したものである。そこで，公益法人制度改革を検証することで，日本における「公益性」の定義を探るとともに，営利法人ではなく公益法人の必要性についての考察をする。

　本章では具体的に，まず，公益法人改革が行われた背景を検討することにより，日本社会が求める公益性の変化について論じるとともに，公益法人改革の概要を調査し，公益性の概念の変化について論じる。つぎに，公益認定の要件を調査し，公益法人の公益性について論じる。そして，公益法人の公益性の調査を基に公益性の利点を考察し，公益法人と営利法人における株式会社との比較研究を行う。

2　公益法人改革の背景と概要

(1)　公益法人改革の背景と流れ

　2008年12月に，公益法人改革関連の3つの法律が公布された。それは，

「一般社団法人及び一般財団法人に関する法律（一般法人法）」，「公益社団法人及び公益財団法人の認定等に関する法律（認定法）」，「一般社団法人及び一般財団法人に関する法律及び公益社団法人及び公益財団法人の認定等に関する法律の施行に伴う関係法律の整備等に関する法律（整備法）」である。

『公益法人制度の抜本的改革に関する基本方針』では，「主務官庁の許可主義による我が国の公益法人制度は，1986年の民法制定以来，100余年にわたり抜本的な見直しは行われておらず，特別法による法人制度を除き，近年に至るまで，一般的な非営利法人制度がなかったため，時代の変化に対応した国民による非営利活動の妨げになってきたとの指摘がある。特に，公益法人は，公益性の判断基準が不明確であり，営利法人類似の法人や共益的な法人が主務官庁の許可によって多数設立され，税務上の優遇措置や行政の委託，補助金，天下りの受け皿等について様々な批判，指摘を受けるに至っている[1]」と総括している。

また，『公益法人改革に関する有識者会議報告書』では，「今後の我が国社会の中で重要性を増すと見込まれる民間非営利部門にあって，歴史的に大きな役割を果たしてきた公益法人については，その制度のあり方との関係で，①主務官庁の許可主義の下，裁量の幅が大きく，法人設立が簡便ではない，②事業分野毎の主務官庁による指導監督が縦割りで煩雑，③情報開示が不十分，④公益性の判断基準が不明確，⑤公益性を失った法人が公益法人として存在し続ける，⑥ガバナンスに問題がある[2]」という問題を指摘している。

そして，『今後の行政改革の方針』では，「個人の価値観が多様化する今日の日本においては，官から民への大きな流れの中で，行政でも営利企業でもない民間非営利部門が，社会のニーズに柔軟かつ機動的に対処して，公益活動を積極的に展開することが強く要請されるようになってきており，こうした活動の健全な発展を促進するためには，簡易に設立できる法人制度の創設が求められてきた[3]」と今後の展望を記し，期待を寄せている。

このような諸問題に対処するため，2003年6月には『公益法人制度の抜本的改革に関する基本方針』が閣議決定された。そして，2004年11月，『公益

法人改革に関する有識者会議報告書』が公表され，12月には，閣議決定された『今後の行政改革の方針』の中で基本事項を具体化した「公益法人制度改革の基本的枠組み」が示された。この基本的枠組みに基づいて作成された公益法人改革関連3法案が2006年3月に国会に提出され，5月に成立し，6月に公布された。2007年には関連法令や内閣府令が作成され，2008年12月に施行された。

また，公益法人制度改革に伴い，2008年4月に，内閣府公益認定等委員会が発足し，新しい公益法人の認定基準に係る政令や内閣府令に関する審議を行い，2007年6月に答申を提出した。そして，2008年4月に『公益認定等に関する運用について』や『公益法人会計基準』などを決定した。公益法人制度改革法案が施行される2008年12月からは，内閣府の公益認定等委員会と都道府県の合議制の機関で公益認定が行われることとなったのである。

この公益法人制度改革関連3法案の特色は，従来の制度において，各主務官庁が公益法人の設立許可などを行う仕組みであったところを，新たな制度において，設立許可と一体であった公益性の判断を分離し，法人の設立は登記のみで行え，公益性の認定は第三者機関である公益認定等委員会が，最終的な判断をすることにしたことにある。つまり，これらの法人の設立は，これまでの許可主義に代わり，準則主義により簡便に法人が設立できることとなる。そして，一般財団法人と一般社団法人のなかから法令で定められた明確な基準によって公益性の認定を受けた法人のみが，公益法人となり，公益性の認定は，民間有識者からなる合議制機関の意見に基づき，国にあっては内閣府，地方にあっては知事が一元的に行うこととなるため，これまでの制度とは異なり，省庁から切断されることとなる。

(2) **公益法人改革の概要**

つぎに，新しく施行された公益法人改革関連3法案の概要について検討する。まず，一般法人法は，「剰余金の分配を目的としない社団および財団について，その行う事業の公益性の有無にかかわらず，準則主義により簡便に法人格を取

図 9-2　公益法人改革の概要

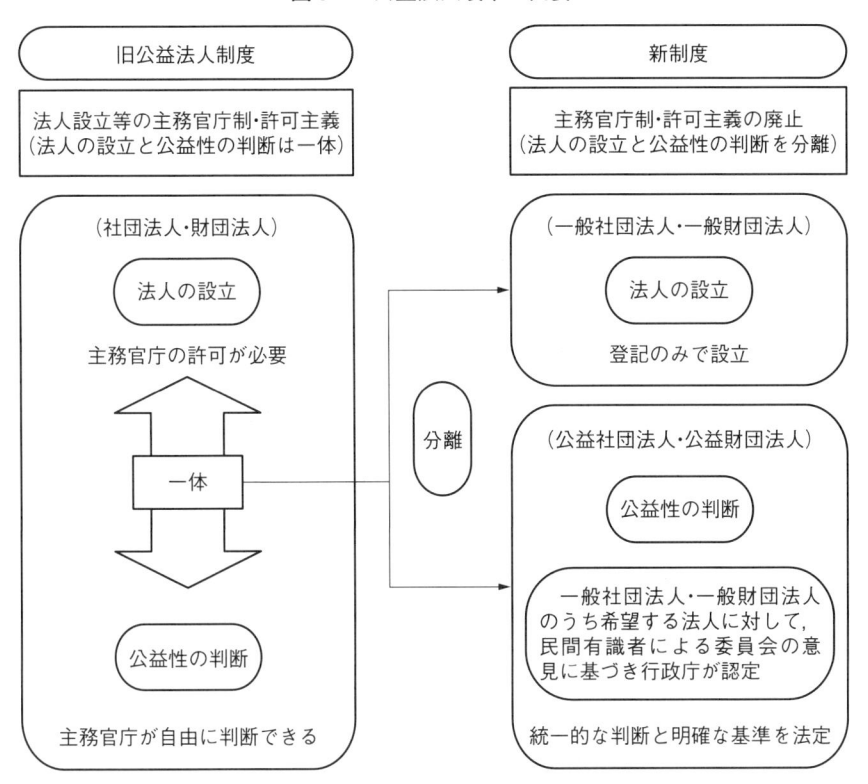

```
┌─────────────────────────┐         ┌─────────────────────────┐
│      旧公益法人制度       │         │         新制度          │
├─────────────────────────┤         ├─────────────────────────┤
│ 法人設立等の主務官庁制・許可主義 │         │ 主務官庁制・許可主義の廃止  │
│ (法人の設立と公益性の判断は一体) │         │ (法人の設立と公益性の判断を分離)│
└─────────────────────────┘         └─────────────────────────┘
```

（社団法人・財団法人）
　法人の設立
　主務官庁の許可が必要
　一体
　公益性の判断
　主務官庁が自由に判断できる

分離 →

（一般社団法人・一般財団法人）
　法人の設立
　登記のみで設立

（公益社団法人・公益財団法人）
　公益性の判断
　一般社団法人・一般財団法人のうち希望する法人に対して，民間有識者による委員会の意見に基づき行政庁が認定
　統一的な判断と明確な基準を法定

（出所）中村雅浩［2008］2頁を基に筆者作成。

得することができる一般社団法人及び一般財団法人に関する制度を創設し，その設立，組織，運営及び管理についての規定を整備するものである[4]」としている。

　また，認定法は，「民間の団体が自発的に行う公益を目的とする事業の実施を促進して，活力ある社会を実現するため，社団法人および財団法人の設立の許可およびこれらに対する監督を主務官庁の裁量により行うこととしていた公益法人に関する制度を改め，公益社団法人および公益財団法人としての認定およびこれらに対する監督を独立した委員会等の関与の下で内閣総理大臣または

都道府県知事が行う制度を創設するものである[5]」としている。そして，整備法は，「一般法および認定法の施行に伴い，中間法人法を廃止するほか，民法その他の関連する諸法律の規定を整備するとともに，既存の公益法人に係る経過措置を定めるものである[6]」としている。

公益法人制度改革は，従来の公益法人制度にみられた従来の公益法人制度では，公益事業の判断基準が不明確な部分があり，また，主務官庁による許可主義であったことから，法人格取得が非常に困難であったことや，なかには営利法人と競合する法人も存在するなど，多くの問題が集積していた[7]問題に対応するため，従来の主務官庁による公益法人の設立許可制度を改め，登記のみで法人が設立できるとともに，そのうち公益目的事業を行うことを主たる目的とする法人は，民間有識者による公益認定等委員会の意見に基づき，公益法人に認定する制度を創設したのである。

この制度により，現行の公益法人は，法律施行以後，5年間の移行期間内に一般社団法人または一般財団法人への認可の申請，公益社団法人または公益財団法人への移行の認定を申請する必要があるが，この移行の認可および認定の申請は同時に重複して行うことができない。

これら申請に関して，事務所の所在地や法人の事業活動区域などが複数の都道府県に跨るなどの場合には内閣総理大臣へ申請することとなる。また，1つの都道府県にとどまる場合には都道府県知事へ申請を行うこととなる（整備法第47条）。今回の新制度は，複数の行政庁が共同して所管することはないため，内閣総理大臣または都道府県知事のどちらか一方に申請することとなる。

3 公益認定とその要件

(1) 公益認定の目的

公益認定法第1条で，公益認定の目的を「内外の社会情勢の変化に伴い，民間の団体が自発的に行う公益を目的とする事業の実施が公益の増進のために重要となっていることにかんがみ，当該事業を適正に実施し得る公益法人を認定

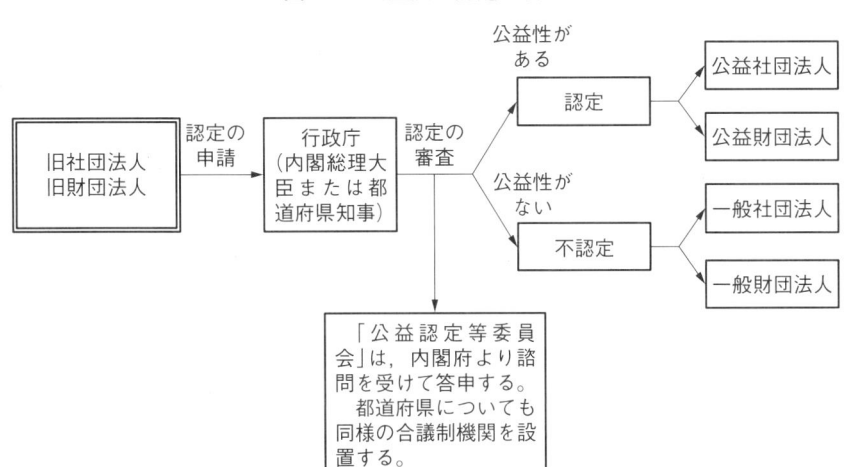

第9章 公益法人改革とコーポレート・ガバナンス　195

図9-3　公益法人認定の流れ

```
                                    公益性が
                                    ある
                                         → 認定 → 公益社団法人
                認定の      行政庁      認定の              公益財団法人
旧社団法人  →   申請   → （内閣総理大 →  審査
旧財団法人               臣または都          公益性が
                        道府県知事）       ない
                             ↓            → 不認定 → 一般社団法人
                                                    一般財団法人
                    「公益認定等委員
                    会」は，内閣府より諮
                    問を受けて答申する。
                    都道府県についても
                    同様の合議制機関を設
                    置する。
```

（出所）羽生正宗[2008]234頁を基に筆者作成。

する制度を設けるとともに，公益法人による当該事業の適正な実施を確保するための措置等を定め，もって公益の増進及び活力のある社会の実現に資することを目的としている」とする。つまり，今回の公益法人制度改革では，主務官庁の裁量による許可主義を廃止したのである。つまり，法人の設立と公益性の判断を分離した今回の新制度において，登記のみで設立できる法人は，あくまでも「一般社団法人」「一般財団法人」である。しかし，一般社団法人，一般財団法人は法人名に「社団」や「財団」との名称が付されているのみであり，それが「公益性」を有しているわけではない。公益法人の認定を受けるには，行政庁や各都道府知事に公益認定を申請しなければならず，行政庁により公益認定の基準に適合していると認められてはじめて，「公益性」を有した公益法人となるのである。

(2)　**公益法人の認定基準**

公益法人の認定を受けるには，認定法に規定されている3つの認定要件を満たさなければならない[8]。

表 9-1　公益目的事業の種類

一	学術及び科学技術の振興を目的とする事業
二	文化及び芸術の振興を目的とする事業
三	障害者若しくは生活困窮者又は事故，災害若しくは犯罪による被害者の支援を目的とする事業
四	高齢者の福祉の増進を目的とする事業
五	勤労意欲のある者に対する就労の支援を目的とする事業
六	公衆衛生の向上を目的とする事業
七	児童又は青少年の健全な育成を目的とする事業
八	勤労者の福祉の向上を目的とする事業
九	教育，スポーツ等を通じて国民の心身の健全な発達に寄与し，又は豊かな人間性を涵養することを目的とする事業
十	犯罪の防止又は治安の維持を目的とする事業
十一	事故又は災害の防止を目的とする事業
十二	人種，性別その他の事由による不当な差別又は偏見の防止及び根絶を目的とする事業
十三	思想及び良心の自由，信教の自由又は表現の自由の尊重又は擁護を目的とする事業
十四	男女共同参画社会の形成その他のより良い社会の形成の推進を目的とする事業
十五	国際相互理解の促進及び開発途上にある海外の地域に対する経済協力を目的とする事業
十六	地球環境の保全又は自然環境の保護及び整備を目的とする事業
十七	国土の利用，整備又は保全を目的とする事業
十八	国政の健全な運営の確保に資することを目的とする事業
十九	地域社会の健全な発展を目的とする事業
二十	公正かつ自由な経済活動の機会の確保及び促進並びにその活性化による国民生活の安定向上を目的とする事業
二十一	国民生活に不可欠な物質，エネルギー等の安定供給の確保を目的とする事業
二十二	一般消費者の利益の獲得又は増進を目的とする事業
二十三	前各号に掲げるもののほか，公益に関する事業として政令で定めるもの

(出所) 認定法別表を基に筆者作成。

表9-2 公益認定基準の内容の要旨

1	公益目的事業が主たる目的であること
2	公益目的事業を行うための経理的基礎及び技術的能力を有するものであること
3	事業を行うに当たり,当該法人の関係者に対し特別な利益を与えないものであること
4	その事業を行うに当たり,株式会社その他の営利企業を営む関係者に対し,寄附その他の特別な利益を与える行為を行わないものであること。ただし,公益法人に対し,公益目的事業のために寄附その他の特別の利益を与える行為を行う場合はこの限りではない
5	投機的な取引,高利の融資であって,公益法人として公の秩序や善良の風俗を害する事業を行わないこと
6	公益目的事業に係る収入がその事業に要する適正な費用を償う額を超えないと見込まれること
7	収益事業等[9]を行う場合,公益目的事業の実施に支障を及ぼすおそれがないこと
8	公益目的事業を行うに当たり,公益目的事業比率[10]が50%以上あること
9	公益目的事業を行うに当たり,遊休財産額が1年間の公益目的事業の実施費用に準ずる額を超えないこと
10	理事または監事の親族[11]の合計数が理事または監事の総数の3分の1を超えないこと
11	他の同一団体の理事または監事,使用人などの合計数が理事または監事の総数の3分の1を超えないこと
12	基準を上回る大規模法人の場合は,原則として会計監査人を置いていること
13	役員または評議員に対する報酬等[12]が民間事業者の役員や従業員の報酬と比べて不当に高い水準ではないこと
14	一般社団法人にあっては,理事会を置いていることおよび社員の資格や議決権の数や条件に関して不当に差別的な条件をつけていないこと,のいずれにも該当すること
15	原則として他の団体の意思決定に関与できる株式などを保有しないこと
16	公益目的事業を行うための不可欠な特定財産がある場合,その旨や維持および処分の制限について定款で定めていること
17	公益認定の取消し処分や合併により法人が消滅した場合,公益目的取得財産残額[13]を,その公益認定取消し日または合併日から1カ月以内に類似事業目的の公益法人などに贈与することを定款で定めていること
18	清算をする場合,残余財産を類似事業目的の公益法人などに帰属させることを定款で定めていること

(出所) 認定法5条を基に筆者作成。

まず,「公益目的事業を行っていること」である。「公益目的事業」とは,認定法第2条別表に掲げられた23項目の事業であり,一般社団法人や一般財団法人は,これら事業のいずれかに該当する事業を行っている必要があるが,たとえ別表に掲げられた公益目的事業のいずれかに該当する事業を行っていても,「不特定かつ多数の利益の増進に寄与するもの」(認定法第5条第2項) でなければ認定の要件を満たしているとはいえないのである。学術や技芸,慈善その他の公益に関する別表に掲げる23種類の事業であって,不特定かつ多数の者の利益の増進に寄与するものをいう (認定法第2条第4項)。なお,表9-1に記載されている23種類の公益目的事業を行っている従来の公益法人は,行政庁による公益認定を受けることとなるが,行政庁は,申請をした従来の公益法人が表9-1に掲げる公益認定の基準に適合する場合において,公益認定をするものとしている (認定法第5条)。

つぎに,「公益認定の基準」に合致しているかどうかである。「公益認定の基準」は法人運営に関する基準や事業活動に関する基準,機関に関する基準,財

表9-3　欠格事由

①	次のような理事,監事および評議員がいる場合 (1) 公益認定の取消しの原因となった事実があった日より1年以内に,その公益法人の理事であった者で,その取消しの日から5年を経過しないもの (2) この法律等の規定に違反し,罰金の刑に処せられ,その執行後,または執行を受けることがなくなった日から5年を経過しないもの (3) 禁錮以上の刑に処せられ,その刑の執行後,または刑の執行を受けることがなくなった日から5年を経過しないもの (4) 暴力団員又は暴力団員で無くなった日から5年を経過しないもの
②	公益認定を取消され,その取消しの日から5年を経過しない場合
③	その定款又は事業計画書の内容が法令又は法令に基づく行政機関の処分に違反しない場合
④	その事業を行うに当たり法令上必要となる行政機関の許認可等を受けることができない場合
⑤	国税又は地方税の滞納処分の執行がされているもの又はその滞納処分の終了の日から3年を経過しない場合
⑥	暴力団員等がその事業活動を支配する場合

(出所) 認定法第6条を基に筆者作成。

産に関する基準などにより構成されており、これら 18 項目の基準に合致していなければならない（認定法第 5 条）。

そして、公益認定の「欠格事由」に該当していないことである。たとえ、申請を希望する現行公益法人が公益目的事業を行い、公益認定基準に合致していても表 9-2 の 6 項目の「欠格事由」に該当する場合には、公益認定を受けることができない（認定法第 6 条）。表 9-3 のように、法律上で欠格事由を定めた理由は、新たな公益法人において、現行の公益法人のような指導監督の仕組みが無いためであり、該当する場合には公益認定を受けることができないようにすることにより、新しい公益法人を悪用しないようにするなど濫用を予防したものである。

4 公益法人と営利法人の制度比較

(1) 公益法人の設立優位性

これまで、公益法人制度と公益性の認定要件について検討してきたが、ここでは、公益法人が必要とされている理由について述べる。まず、公益性の認定基準でもある公益目的事業は営利法人でも行うことが可能である。くわえて、営利法人は相互に競争しあうことで企業努力を行い、より優れた事業を展開できる。そこで、本節では、公益法人の利点を探るとともに、営利法人として株式会社との比較を行う。

公益法人の利点については、4 つを挙げることができる。まず、「公益認定されていること」である。これは、公益法人に移行した一般法人は、「公益社団法人」「公益財団法人」という名称を独占的に使用できる。これにより、公益認定を受けていない法人と区分されることとなるために、社会の信頼を獲得できることとなり、社会的支援を受け易くなることが考えられる。ちなみに、認定法第 9 条第 5 項において「何人も不正の目的を持ってほかの公益法人と誤認される名称を使用してはならない」とされているため、名称使用が保護されている。

つぎに、「寄附金税制の優遇」である。2008 年度税制改正の大綱では、従来

の特定公益増進法人にのみ認められていた寄附金優遇策を，公益法人に拡大することになった。さらに，寄附金の損金算入限度額も特定公益増進法人に対する限度額が拡充された。これにより，公益社団法人，公益財団法人に寄附金を拠出した法人が，一般の寄附金とは別枠で損金算入メリットを受けることができることになった。そのため，公益法人は，寄附を受け易くなるであろう。

また，「公益目的事業の非課税」である。2008年度税制改正の大綱では，公益社団法人，公益財団法人に対しては，各事業年度の所得のうち収益事業から生じた所得のみに課税する「収益事業課税方式」を継続する方針となった。さらに，公益社団法人と公益財団法人については，公益目的事業と認められた事業は，この税法上の収益事業から除外することとなった。これにより，公益事業を行うにあたって課税を考慮することなく事業が行えるであろう。

そして，「法人税の実質的軽減」である。2008年度税制改正の大綱では，公益社団法人，公益財団法人が収益事業から得た所得についても，その50%以上を公益目的事業のために充当すれば，その部分は損金算入されることになった。従来のみなし寄附金は所得の20%であったため，認定法で収益事業等の利益の最低50%を公益目的事業財産に繰り入れることが義務付けられていた（認定法第18条第4項）のに合わせて拡充された。これにより，公益社団法人，公益財団法人が収益目的事業から得た所得のうち，その50%が課税対象から外れることになり，税負担も実質的に軽減されることになった。そのため，公益事業のみならず，収益事業も行い易くなったといえるであろう。

これら，4つの利点から，公益法人は公益目的事業を行うにあたって，課税をほとんど考慮することなく事業が行えるために，今後，公益法人が行う公益目的事業がより優れたものとなるだろう。

(2) **公益法人と営利法人の制度比較**

公益法人と営利法人における株式会社とを立法根拠，税制，配当，脱退社員の払戻し，収益事業，解散時の配分という分類で両者を比較することとする。

公益法人は一般法人法に基づき一般法人を設立し，その後，認定法人への申

表 9-4 公益法人と営利法人における株式会社の経営形態の比較

	公益法人	株式会社
①立法根拠	一般法人法，認定法，整備法	商法，会社法
②税制	所得のうち，収益事業から生じた所得から，公益目的事業に関する費用を控除した額に対してのみ普通税率課税：30%	所得の全部に対して普通税率課税：30%
③配当	不可	可
④脱退社員の払戻し	不可	制度として認められない
⑤収益事業	公益目的事業比率 50% まで可能	可
⑥解散時の配分	類似公益法人等に贈与	株主の持ち分に応じて配分

(出所) 筆者作成。

請を行い，認定法の公益認定の要件を満たすことにより公益法人となる。これは，民法とその特別法である商法との関係に似ていることを意味している。つまり，公益法人と株式会社とに，経営形態に関する大きな違いはない。税制については，公益法人は収益事業のみ課税対象とされるため，公益目的事業に関しては課税対象とされていない。配当については，公益法人では禁止されている。脱退社員の払戻しについては，それは公益法人では禁止されている，公益法人は認定法第 4 条第 4 項で会社経営者や特定の個人，特定の団体に対する寄附や特別の利益を与えることを禁止している。これは，特定の者に利益を与えること自体が公益の概念に反しているからだろう。最後に，解散時の配分については，社員出資額に関係なく，類似公益目的事業を行っている公益事業などに贈与することとなっている。これも，脱退社員の払戻しと同様である。

以上のように，今日，公益法人では，立法根拠の点において，法律上の類似点がみられるが，その他は基本的に異なる点が多い。したがって，公益企業と営利企業の両制度は，会社形態としては類似部分が存在するが，収益や寄附などの財政面に関しては大きく異なっているといえよう。

5　国営企業の民営化と公益法人

　本章では，まず，公益法人制度改革の背景や概要を調査し，今日における公益法人の必要性を考察した。日本において公益法人が必要とされた理由は，社会から民間非営利部門が，公益活動を積極的に展開することを強く求められたからである。そして，今回の公益法人制度改革は，民間非営利活動の幅が広がったとともに，公益法人という名ばかりで，公益目的事業を既に行っていない法人を廃止し，官僚の天下り先を無くすことを目的としていたことが明らかとなった。
　つぎに，公益認定の要件を調査し，公益法人の公益性について考察した。日本において，法人の公益性は，行政庁や都道府県知事から認定されてはじめて，公益性を有した法人となる。日本において法人の公益性を定める認定要件は，学術や技芸，慈善その他の公益に関する別表に掲げる23種類の事業であって，不特定かつ多数の者の利益の増進に寄与し，かつ，公益認定基準に合致し，さらに欠格事由に該当しないことであると明らかになった。
　そして，公益法人の公益性の調査を基に公益性の利点を考察し，公益法人と営利法人における株式会社との比較を行った。公益法人の利点には，(1) 公益認定されていること，(2) 寄附金税制の優遇，(3) 公益法人事業の非課税，(4) 法人税の実質的軽減，の4つが挙げられる。このような，財政面での優遇が公益法人を設立することの利点である。
　今回の改革では，上述のように，天下り問題などの問題点を解決することを目的として，従来までの主務官庁による許可制を廃止し，「官」の関与を減らすために，主務官庁ではなく，有識者で作られた第三者機関である認定等委員会が，公益性の判断を行うことになった。しかし，公益性の判断基準については，明確な基準とはなっておらず，申請時の社会状況や，認定等委員会の委員の裁量に任せる部分が存在する。そのため，判断の平準化を図るために，認定基準について検討することが必要だろう。

ここまで検討してきたように，公益法人は，公益事業という社会貢献活動を行うことが，公益性の認定基準であり，公益法人として存続するための条件である。そして，このような社会貢献活動は営利企業にも求められている。営利企業に非営利活動である社会貢献活動を求めるのであれば，当然，公益法人と営利法人の制度は歩み寄っていく必要があるといえるであろう。そこで誕生する会社制度こそが，株式会社制度に代わる新しい会社制度となるのである。つまり，新しい会社制度の構築に向けて，非営利分野にまで視野を広げた検討をしていくことが必要なのである。

注

1) 総務省 [2008]
2) 総務省 [2006]
3) 総務省 [2004]
4) 総務省 [2000]
5) 総務省 [2000]
6) 総務省 [2000]
7) 羽生正宗 [2008] 233 頁。
8) 羽生正宗 [2008] 241 頁。
9) ここでは，認定法 2 条別表で掲げる 23 種類の公益目的事業以外の事業をいう。
10) 認定法 15 条に規定されている。
11) 配偶者または，3 親等内の者を指す。
12) 報酬や賞与，または職務遂行の対価として受ける財産上の利益および退職手当をいう。
13) 認定法 30 条 2 項。

参考文献

尾身祐介 [2008]「公益企業のガバナンス構造と経営効率性」『社会経済研究』第 56 号，電力中央研究所，95-111 頁。
金子　宏 [2008]『租税法（第 13 版）』弘文堂。
亀田利光 [1999]「イタリア公（益）企業の民営化」『大原社会問題研究所雑誌』第 485 号，法政大学大原社会問題研究所，32-43 頁。
小坂直人 [2005]『公益と公共性　公益は誰に属するか』日本経済評論社。
小島大徳 [2007]『市民社会とコーポレート・ガバナンス』文眞堂。

小島大徳［2004］『世界のコーポレート・ガバナンス原則―原則の体系化と企業の実践―』文眞堂。
小島　愛［2008］『医療システムとコーポレート・ガバナンス』文眞堂
境　新一［2002］「現代公益企業に関する考察―経営と法律の視点から―」『東京家政学院大学紀要』第42号，東京家政学院大学，23-40頁。
桜井　徹［2007］「公益企業のコーポレート・ガバナンスと民営化・規制緩和」『会計学研究』第21号，17-40頁。
渋谷幸夫［2006］「新公益法人の機関と運営(1)公益法人制度改革3法の概要」『月刊公益法人』第37巻11号，公益法人協会，26-41頁。
自由民主党［2007］『平成20年度税制改正大綱』自由民主党。
総務省［2008］『公益法人白書』総務省。
寺本義也［2007］『営利と非営利のネットワークシップ』同友館。
中村雅浩［2008］『公益認定を受けるための新公益法人の定款作成と運営の実務』株式会社TKC出版。
羽生正宗［2008］『全訂版　新公益法人移行手続きの実務』大蔵財務協会。
藤田正一［1995］「公益企業の領域―わが国の各種法規に散在している定義の条項を中心として―」『公益事業研究』第47巻第2号，公益事業学会，1-26頁。
藤田正一［1975］「公益企業規制の発展と意義」『経済と経営』第5巻第2号，札幌大学，163-202頁。
藤田正一［1973］「公益企業概念についての考察」『経済と経営』第4巻第1号，札幌大学，17-44頁。
堀田和宏［2008］「BSCの非営利組織への適用（上）―適用の可能性と新たなダッシュボード（計器盤）―」『月刊公益法人』第11巻第39号，公益法人協会，38-51頁。
松原　明［2008］「NPO法の原点からみた新公益法人制度」『都市問題』第99巻第12号，東京市政調査会，94-102頁。
松原　聡［1988］「公企業としての特殊会社」『東海大学文明研究所紀要』第8号，東海大学文明研究所，21-29頁。

第10章
企業制度の進化と本質

1　株式会社と企業制度

　将来にわたって変化することのない組織や制度はあり得ない。このことは，幾度もなく進化し成長し続けてきた組織や制度を，深く検討すればするほど納得できる。これは，経営学の世界でも，もちろん同じである。経営学の中心的な検討物である株式会社も，今後，未来永劫，今日の姿のまま存在することは無い。しかし，絶対的に変わらないものも存在する。それは，有史以来の人としての葛藤から生まれた人の本質であり，人と社会の関係についての身分と契約なのである。ただ，このように考えると，本質を探究する進化を，人は企業制度を通じて続けていると認識するのが正確なのかもしれない。

　実のところ，新しい会社制度の興りは，世界の各地で確認することができる。それが認識できない，あるいは拡大しないのは，新しい会社制度の興りが，今までの社会制度に馴染んでいないからである。今まで，数百年かけて成長を続けてきた株式会社制度を中心に経済が組まれている今日，株式会社に変わる企業制度を，一朝一夕に作り上げることは不可能である。だが，新しい生命が常に芽生え，それを育てるのが，将来に対する役割の一つであるとするならば，私たちの重要な使命として付け加えなければならないのである。

　本章では，これまで論じてきた企業の本質的理解から紐解いた，新しい企業制度を展望することを目的とする。そのために，今までの議論をまとめるとともに，現代の株式会社を中心とした企業制度の検討を行い，新しい企業制度を検討するための現代的課題と実践を検討する。

2　日本の営利企業と非営利企業

(1) 営利企業における企業倫理問題と企業社会責任論

　今日の経営学において，企業倫理の問題や企業社会責任論が声高らかに叫ばれ，根本思想として営利を保持している企業に，非営利活動を「責任」「倫理」として押しつける傾向にある。しかし，非営利活動は，ボランティア思想という営利とは根本的に異なった発祥地から生まれた活動である。そして，非営利活動の核となるボランティア思想は，企業の営利活動にそぐわないため，自由の留保によって営利企業から切り離された。このような，営利企業に対する非営利活動の押しつけは，現代の企業システムで解決するには，あまりに営利企業の根本思想と掛け離れている。

　自由の留保が行われることによって，ボランティア思想を根本とする非営利活動は，NPO(Not for profit Organization)や NGO(Non Governmental Organization)，公益法人や財団法人，などの市民社会や国家機構レベルで実践されてきた。このように，営利企業から切り離されてきた非営利活動を，営利企業の経営活動に組み込むのであれば，営利・非営利の壁を越えて非営利法人に特有の法人システムをも営利企業の経営に取り入れていく必要があるのである。しかし，今日の経営学において，営利活動と非営利活動に適したガバナンス構造を論じることなく，企業倫理の問題や企業社会責任論が声高らかに叫ばれているのには，大きな問題があると言わざるを得ない。

　コーポレート・ガバナンスの中核をなしているのは，経営機構改革である。経営機構改革とは，経営陣の組織体制を整備することによって，企業不祥事への対処，企業競争力の強化の姿勢を企業内部から構築することを目的としている。そして，企業にとって最も重要なガバナンス機能とマネジメント機能を制度化し，組織化したトップマネジメント機構であるということができる。

(2) 営利企業と非営利企業のガバナンス機構

　日本の営利企業の主役である株式会社と非営利企業[1]の経営機構は，それぞれ，「会社法」と「一般社団法人および一般財団法人に関する法律（一般法人法）」に規定されている。日本の株式会社と非営利企業の経営機構に設置できる機関を比較したものが表10-1である。株式会社と非営利企業は，主として，(1)最高意思決定機関，(2)業務意思決定機関，(3)業務執行機関，(4)監督機関，などの機関が法律によって規定されている。営利企業と非営利企業に設置できる機関は名称が異なるものの，大枠の役割だけを比較すると違いはみられない。

表10-1　株式会社と非営利企業の設置機関

	営利企業	非営利企業	
	株式会社	一般社団法人 （公益社団法人）	一般財団法人 （公益財団法人）
最高意思決定機関	株主総会	社員総会	評議会
業務意思決定機関	取締役会	理事会	理事
業務執行機関	代表取締役 （執行役＊）	代表理事	代表理事
監査機関	監査役会 （監査委員会＊）	不要（理事会設置会社 の場合1名）	監事
会計監査人	委員会設置会社の場合 必要	大規模法人の場合必要	不要

＊委員会設置会社の機関
(出所) 筆者作成。

　これらの機関の組み合わせによって，経営機構が決定する。株式会社は，会社法の規定では，39通りの経営機構を構築することができるが，おおむね，①監査役会設置会社，②委員会設置会社，の2つに分けられる。これと同様に，非営利企業のガバナンス構造も設置される機関によって分けられる。表10-1に表されるように，非営利企業は，大きく社団法人[2]と財団法人[3]に分けられる。まず，社団法人は，①理事のみ，②理事会非設置・監事設置型，③理事会・監事設置型，④理事会・監事・会計監査人設置型，⑤監事・会計監査人設置型，の5つに分けることができる。つぎに，財団法人は，①会計監査人設置

図10-1 非営利企業の経営機構の種類

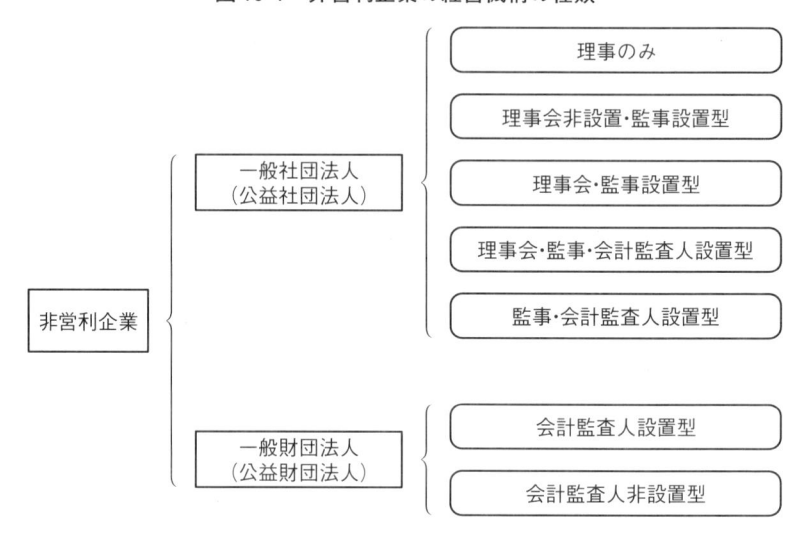

```
                           ┌─ 理事のみ
                           │
               ┌─ 一般社団法人 ─┼─ 理事会非設置・監事設置型
               │  (公益社団法人) │
               │               ├─ 理事会・監事設置型
               │               │
非営利企業 ─┤               ├─ 理事会・監事・会計監査人設置型
               │               │
               │               └─ 監事・会計監査人設置型
               │
               └─ 一般財団法人 ─┬─ 会計監査人設置型
                  (公益財団法人) │
                                └─ 会計監査人非設置型
```

(出所) 筆者作成。

図10-2 各経営機構の設置機関

一般社団法人 (公益社団法人)	理事のみ	社員総会	理事			
	理事会非設置・監事設置	社員総会	理事		監事	
	理事会・監事設置	社員総会	理事	理事会	監事	
	理事会・監事・会計監査人設置型	社員総会	理事	理事会	監事	会計監査人
	監事・会計監査人設置型	社員総会	理事		監事	会計監査人
一般財団法人 (公益財団法人)	会計監査人設置型	評議員会	理事	理事会	監事	会計監査人
	会計監査人非設置型	評議員会	理事	理事会	監事	

(出所) 筆者作成。

型，②会計監査人非設置会社，の2つに分けることができる。

　さて，図10-1 で分類された非営利企業の各経営機構の設置機関を示したものが，図10-2 である。社団法人において，社員総会と理事を必ず設置しなければならない（一般法人60条1項）。その他の，理事会，監事，会計監査人，は任意で設置することができる（一般法人60条2項）。また，財団法人は，評議会，理事，理事会，監事，を必ず設置しなくてはならない（一般法人170条1項）。そして，会計監査人は任意で設置することができる（一般法人170条2項）。

(3) 営利企業と非営利企業の経営機構

　社団法人の経営機構は，5つに分類され，財団法人の経営機構は2つに分類される。そのなかでも，最も監視力が強い経営機構は，社団法人においては，理事会・監事・会計監査人設置型であり，一般財団法人においては，会計監査人設置型であろう。これらの経営機構と株式会社の経営機構を比較したものが図10-3 である。

　社団法人と財団法人の経営機構は，株式会社の監査役設置会社の経営機構に近いといえるであろう。これらの経営機構の最高意思決定機関は，業務意思決定機関[4]と監査機関[5]，会計監査人を選任・解任することができる。株式会社において，最高意思決定機関である株主総会は，株主が出資を権限の根拠として組織する。また，社団法人において，最高意思決定機関である社員総会は，社員による経費の支払いを権限の根拠として組織する（一般法人27条）。そして，財団法人において，最高意思決定機関である評議員会は，財団法人と委任関係にある評議員によって組織される（一般法人172条1項）。ここからも分かるように，財団法人の最高意思決定機能を担う評議員は，株主や社員とは性格が異なる。

　業務意思決定機関は，最高意思決定機関によって選任・解任され，業務執行機関を選定・解職することができる。株式会社において，業務意思決定機関である取締役会は，株主総会で選任された3人以上の取締役で組織される（会社

210　第Ⅲ部　非営利企業の論理

図10-3　株式会社と非営利法人の経営機構

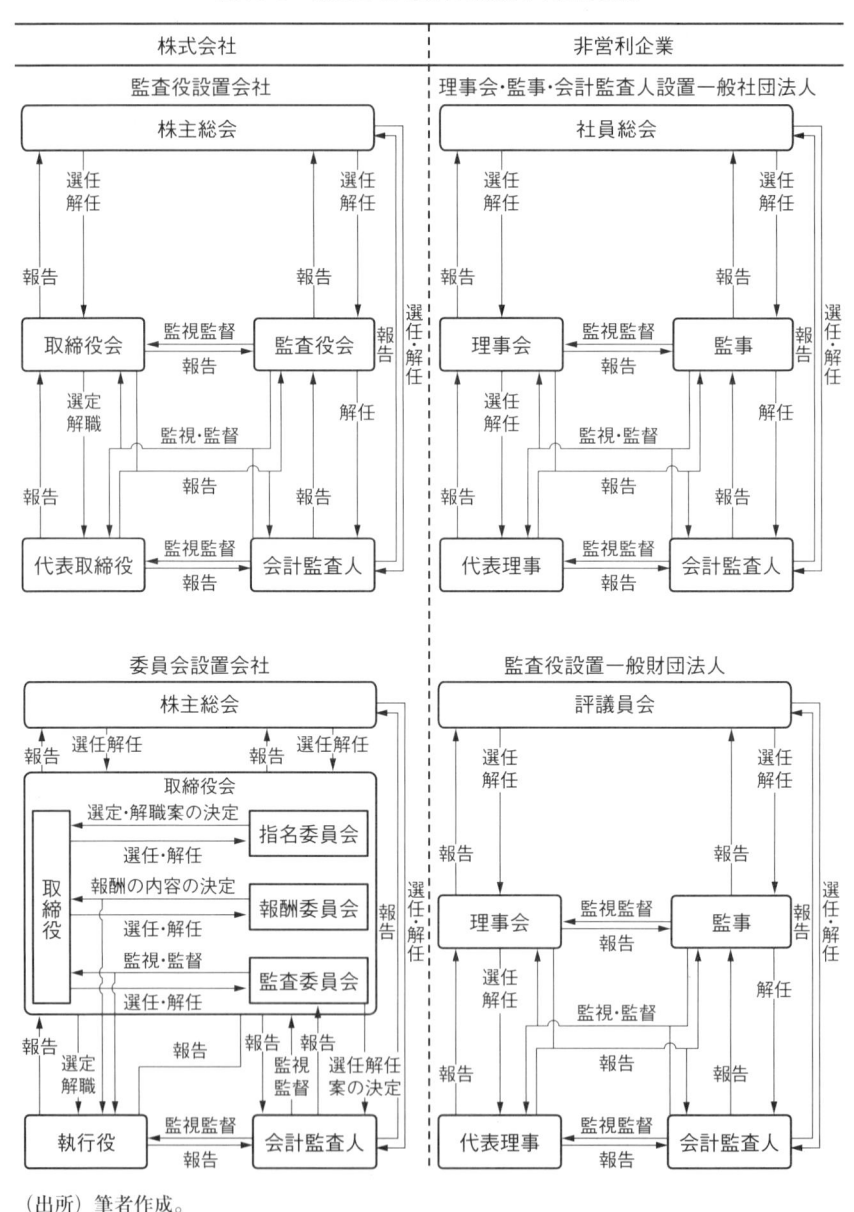

株式会社

監査役設置会社

株主総会 ← 選任・解任/報告 → 取締役会 ←監視監督/報告→ 監査役会、代表取締役 ←監視監督/報告← 会計監査人

委員会設置会社

株主総会 ← 選任解任/報告 → 取締役会（指名委員会、報酬委員会、監査委員会）、執行役 ←監視監督/報告← 会計監査人

非営利企業

理事会・監事・会計監査人設置一般社団法人

社員総会 ← 選任・解任/報告 → 理事会 ←監視監督/報告→ 監事、代表理事 ←監視監督/報告← 会計監査人

監査役設置一般財団法人

評議員会 ← 選任・解任/報告 → 理事会 ←監視監督/報告→ 監事、代表理事 ←監視監督/報告← 会計監査人

（出所）筆者作成。

331条4項)。また，社団法人と財団法人の業務意思決定機関である理事会は，社員総会または評議会で選任された3人以上の理事によって組織される（一般法人65条3項，173条3項）。

　監査機関は，最高意思決定機関によって選任・解任され，会計監査人を解任することができる。また，監査役設置会社において，監査機関である監査役会は，株主総会で選任された3人以上の監査役で組織され，その半数以上が社外監査役によって組織される（会社335条3項）。そして，社団法人と財団法人の監査機関である監事は，1人以上の監事で組織される。

　このように，一般法人の構造が株式会社の構造と類似しているのは，「一般法人の規律の多くは新会社法の規律が援用され…（中略）…理事，監事，会計監査人の権限・職務，任期，義務と責任は株式会社における取締役，監査役に，社員総会，理事会は，株主総会，取締役にそれぞれ類似した制度となっている[6]」からである。そのため，「ガバナンスに関連する規律，役員の損害賠償責任とその免除の制度，情報開示，大規模法人が必ず講じなければならない内部統制制度など一般法人の根幹となる規定は会社法の影響が色濃いもの[7]」となるのである。株式会社制度が非営利法人制度に影響を与え，株式会社と非営利企業の経営機構にはそれほど大きな違いはみられない。そうであるならば，営利企業を中心として深化してきたコーポレート・ガバナンスの中核をなす経営機構改革は，営利企業や非営利企業の垣根を越えて議論されるべきである。

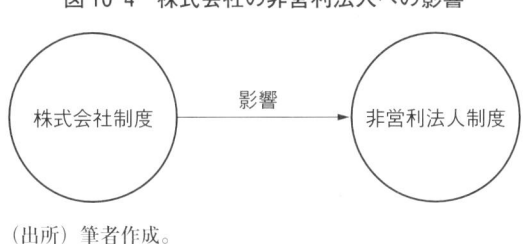

図10-4　株式会社の非営利法人への影響

株式会社制度　→影響→　非営利法人制度

（出所）筆者作成。

3　非営利企業と利害関係者の関係

(1)　株式会社の経営機構

　経営機構改革は，営利企業や非営利企業の垣根を越えて議論されるべきであるが，類似する各経営機構の違いを正確に把握するために，今一度，詳細な経営機構の構造を検討する。株式会社の経営機構は，先に確認したように，おおむね，①監査役設置会社，②委員会設置会社，の2つに分けられる。それぞれの経営機構は，それぞれ監査役設置会社が図10-5，委員会設置会社が図10-6，のように表すことができる。

　第1に，監査役設置会社と委員会設置会社の共通点を検討する。それぞれの経営機構において，共通の役割を担っているは，株主総会と会計監査人である。最高意思決定機関である株主総会は，(1)株式会社の組織，運営，管理，その他株式会社に関する一切の事項についての決議，(2)取締役，監査役および会計監査人の選解任，の2つの権限を有している（会社295条1項，329条1項）。また，株主総会は，(1)剰余金配当請求権，(2)残余財産分配請求権，(3)株主総会の議決権，(4)株主提案権，の4つの権利を有している（会社105条，302条）。そして，株主総会の決議は，株主の議決権の過半数を有する株主が出席し，出席した株主の議決権の過半数をもって行われる（会社309条1項）。会計監査機関である会計監査人は，計算書類および付属明細書，臨時計算書類，連結計算書類，を監査し，会計監査報告を作成しなければならない（会社396条1項）。また，会計監査人は，会計帳簿等の閲覧および謄写，または取締役，執行役および会計参与ならびに支配人その他の使用人に対して，会計に関する報告を求めることができる（会社396条2項）。そして，会計監査人は，子会社に対する報告請求または業務および財産の状況の調査を行うことができる（会社396条3項）。

　第2に，監査役設置会社の機関を検討する。監査役設置会社は，株主総会と会計監査人の他に，取締役会，代表取締役，監査役会，を有する経営機構であ

第 10 章 企業制度の進化と本質 213

図 10-5 監査役設置会社の経営機構

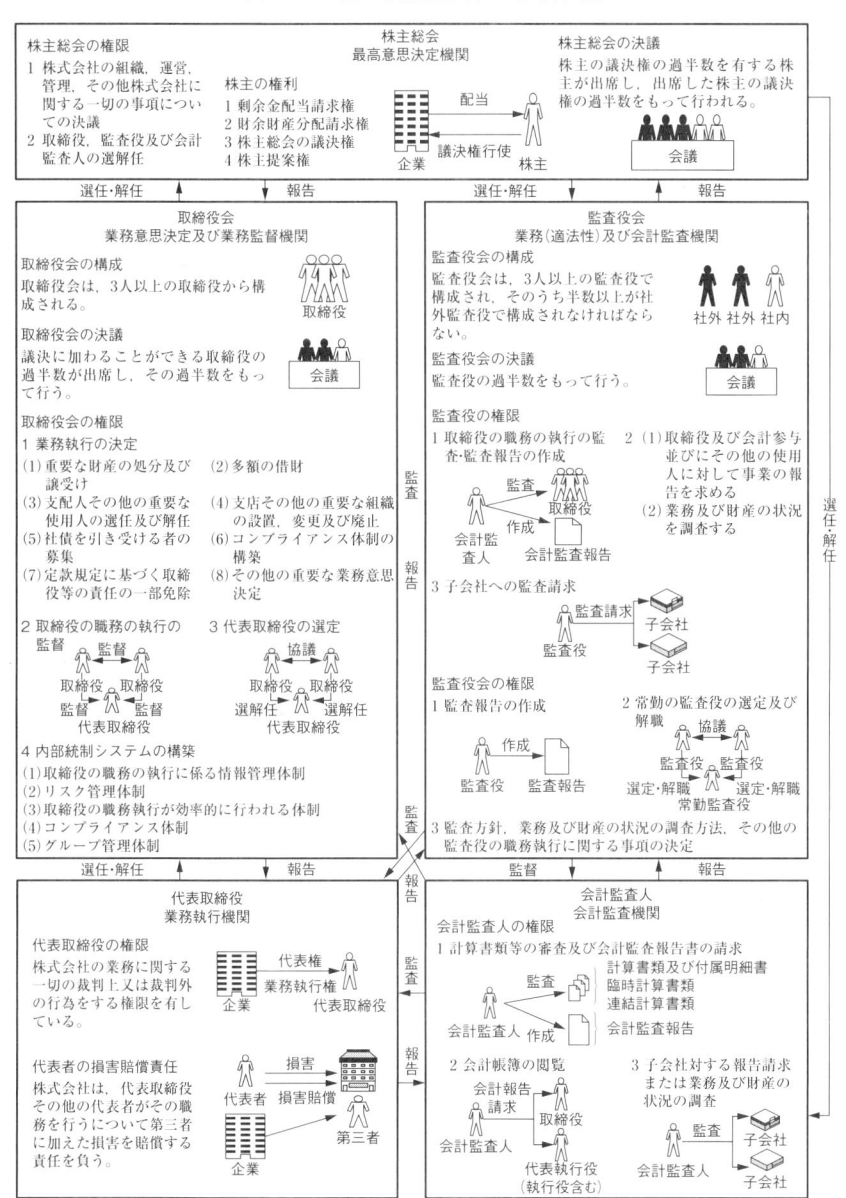

株主総会
最高意思決定機関

株主総会の権限
1 株式会社の組織，運営，管理，その他株式会社に関する一切の事項についての決議
2 取締役，監査役及び会計監査人の選解任

株主の権利
1 剰余金配当請求権
2 残余財産分配請求権
3 株主総会の議決権
4 株主提案権

株主総会の決議
株主の議決権の過半数を有する株主が出席し，出席した株主の議決権の過半数をもって行われる。

企業 → 配当 → 株主
議決権行使
会議

↓選任・解任　↑報告　　　　↓選任・解任　↑報告

取締役会
業務意思決定及び業務監督機関

取締役会の構成
取締役会は，3人以上の取締役から構成される。

取締役会の決議
議決に加わることができる取締役の過半数が出席し，その過半数をもって行う。

取締役会の権限
1 業務執行の決定
(1) 重要な財産の処分及び譲受け
(2) 多額の借財
(3) 支配人その他の重要な使用人の選任及び解任
(4) 支店その他の重要な組織の設置，変更及び廃止
(5) 社債を引き受ける者の募集
(6) コンプライアンス体制の構築
(7) 定款規定に基づく取締役等の責任の一部免除
(8) その他の重要な業務意思決定

2 取締役の職務の執行の監督
3 代表取締役の選定
　協議　取締役⇔取締役　選解任　選任

4 内部統制システムの構築
(1) 取締役の職務の執行に係る情報管理体制
(2) リスク管理体制
(3) 取締役の職務執行が効率的に行われる体制
(4) コンプライアンス体制
(5) グループ管理体制

監査役会
業務（適法性）及び会計監査機関

監査役会の構成
監査役会は，3人以上の監査役で構成され，そのうち半数以上が社外監査役で構成されなければならない。
社外　社外　社内　会議

監査役会の決議
監査役の過半数をもって行う。

監査役の権限
1 取締役の職務の執行の監査・監査報告の作成
　監査　取締役
　会計監査人 作成 会計監査報告

2 (1) 取締役及び会計参与並びにその他の使用人に対して事業の報告を求める。
(2) 業務及び財産の状況を調査する

3 子会社への監査請求
　監査請求　子会社　監査役

監査役会の権限
1 監査報告の作成
　作成　監査役　監査報告

2 常勤の監査役の選定及び解職
　協議　監査役⇔監査役
　選定・解職　選定・解職　常勤監査役

3 監査方針，業務及び財産の状況の調査方法，その他の監査役の職務執行に関する事項の決定

↓選任・解任　↑報告　　　↑監査　↓報告　　↓監督　↑報告

代表取締役
業務執行機関

代表取締役の権限
株式会社の業務に関する一切の裁判上又は裁判外の行為をする権限を有している。
代表権　業務執行権
企業　代表取締役

代表者の損害賠償責任
株式会社は，代表取締役その他の代表者がその職務を行うについて第三者に加えた損害を賠償する責任を負う。
代表者→損害→企業　損害賠償→第三者

会計監査人
会計監査機関

会計監査人の権限
1 計算書類等の審査及び会計監査報告書の請求
　監査　計算書類及び付属明細書　臨時計算書類　連結計算書類
　会計監査人 作成 会計監査報告

2 会計帳簿の閲覧
　会計報告請求　会計監査人　取締役　代表執行役（執行役含む）

3 子会社対する報告請求または業務及び財産の状況の調査
　監査　会計監査人　子会社　子会社

（出所）筆者作成。

図10-6 委員会設置会社の経営機構

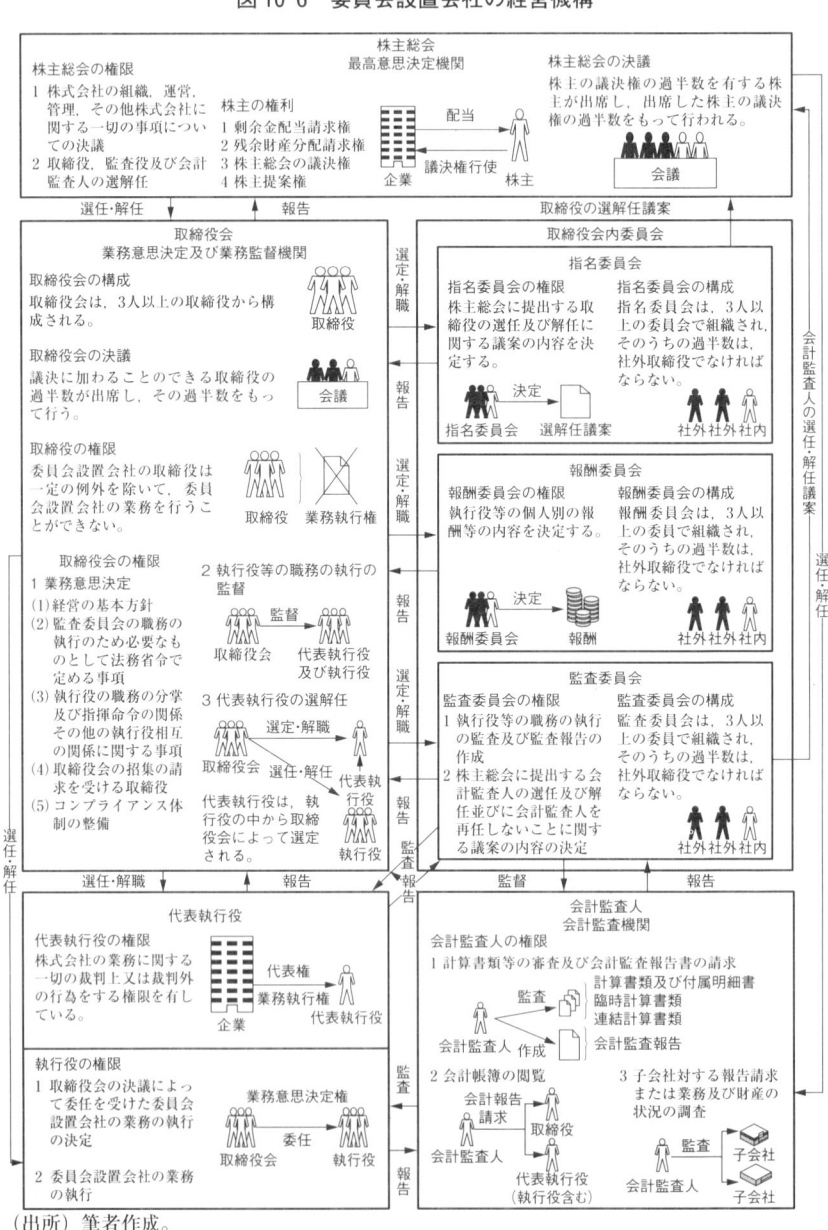

株主総会 最高意思決定機関

株主総会の権限
1. 株式会社の組織, 運営, 管理, その他株式会社に関する一切の事項についての決議
2. 取締役, 監査役及び会計監査人の選解任

株主の権利
1. 剰余金配当請求権
2. 残余財産分配請求権
3. 株主総会の議決権
4. 株主提案権

配当 企業 → 株主 議決権行使

株主総会の決議
株主の議決権の過半数を有する株主が出席し, 出席した株主の議決権の過半数をもって行われる。

取締役会 業務意思決定及び業務監督機関

取締役会の構成
取締役会は, 3人以上の取締役から構成される。

取締役会の決議
議決に加わることのできる取締役の過半数が出席し, その過半数をもって行う。

取締役の権限
委員会設置会社の取締役は一定の例外を除いて, 委員会設置会社の業務を行うことができない。

取締役会の権限
1. 業務意思決定
   (1) 経営の基本方針
   (2) 監査委員会の職務の執行のため必要なものとして法務省令で定める事項
   (3) 執行役の職務の分掌及び指揮命令の関係その他の執行役相互の関係に関する事項
   (4) 取締役会の招集の請求を受ける取締役
   (5) コンプライアンス体制の整備
2. 執行役等の職務の執行の監督
3. 代表執行役の選解任

代表執行役は, 執行役の中から取締役会によって選定される。

取締役会内委員会

指名委員会の権限
株主総会に提出する取締役の選任及び解任に関する議案の内容を決定する。

指名委員会の構成
指名委員会は, 3人以上の委員で組織され, そのうちの過半数は, 社外取締役でなければならない。

報酬委員会の権限
執行役等の個人別の報酬等の内容を決定する。

報酬委員会の構成
報酬委員会は, 3人以上の委員で組織され, そのうちの過半数は, 社外取締役でなければならない。

監査委員会の権限
1. 執行役等の職務の執行の監査及び監査報告の作成
2. 株主総会に提出する会計監査人の選任及び解任並びに会計監査人を再任しないことに関する議案の内容の決定

監査委員会の構成
監査委員会は, 3人以上の委員で組織され, そのうちの過半数は, 社外取締役でなければならない。

代表執行役

代表執行役の権限
株式会社の業務に関する一切の裁判上又は裁判外の行為をする権限を有している。

執行役の権限
1. 取締役会の決議によって委任を受けた委員会設置会社の業務の執行の決定
2. 委員会設置会社の業務の執行

会計監査人 会計監査機関

会計監査人の権限
1. 計算書類等の審査及び会計監査報告書の請求
   計算書類及び付属明細書
   臨時計算書類
   連結計算書類
   会計監査報告
2. 会計帳簿の閲覧
3. 子会社に対する報告請求または業務及び財産の状況の調査

(出所) 筆者作成。

る。業務意思決定機関および業務監督機関である取締役会は，株主から経営を委任された取締役が3人以上集まって構成される（会社330条，331条4項）。取締役会は，(1)業務執行の決定，(2)取締役の職務の執行の監督，(3)代表取締役の選定・解職，(4)内部統制システムの構築，の4つの権限を有する（会社362条）。業務および会計監査機関である監査役会は，3人以上の監査役で構成され，そのうち半数以上が社外監査役で構成されなければならない（会社335条3項）。また，監査役は，(1)取締役の職務の執行の監査および監査報告の作成，(2)会計報告の請求と調査，(3)子会社への監査請求，の3つの権限を有する（会社381条）。そして，監査役会は，常勤の監査役の選定および解職を行う権限を有する。業務執行機関である代表取締役は，会社の業務に関する一切の裁判上または裁判外の行為をする権限を有している（会社390条）。また，代表取締役は，その職務を行うについて，第三者に加えた損害を賠償する責任を負っている（会社350条）。

　第3に，委員会設置会社の機関を検討する。委員会設置会社は，株主総会と会計監査人の他に，取締役会，取締役会内委員会，執行役，を有する経営機構である。業務意思決定機関および業務監督機関である取締役会には，株主から経営を委任された取締役が3人以上集まって構成される。取締役会は，(1)業務執行の決定，(2)執行役等の職務の執行の監督，(3)代表執行役の選定・解職，(4)内部統制システムの構築，の4つの権限を有する（会社416条）。取締役会内委員会には，おもに指名委員会，報酬委員会，監査委員会の3つの委員会がある（会社2条12号）。指名委員会は，株主総会に提出する取締役の選任および解任に関する議案の内容を決定する（会社404条1項）。報酬委員会は，執行役等の個人別の報酬等の内容を決定する（会社404条3項）。監査委員会は，(1)執行役等の職務の執行の監査および監査報告の作成，(2)株主総会に提出する会計監査人の選任および解任ならびに会計監査人を再任しないことに関する議案の内容の決定，を行う（会社404条2項）。業務執行機関である執行役は，(1)取締役会の決議によって委任を受けた委員会設置会社の業務の執行の決定，(2)委員会設置会社の業務の執行，を行う権限を有する（会社418条）。また，取締

役会で選定された代表執行役は，代表取締役と同様に，株式会社の業務に関する一切の裁判上または裁判外の行為をする権限を有している（会社420条3項）。

(2) 社団法人の経営機構

社団法人の経営機構は，先に確認したように，①理事のみ，②理事会非設置・監事設置型，③理事会・監事設置型，④理事会・監事・会計監査人設置型，⑤監事・会計監査人設置型，の5つに分けることができる。そのなかでも，最も監視力が強いガバナンス構造を有する経営機構は，理事会・監事・会計監査人設置型である。理事会・監事・会計監査人設置社団法人の経営機構は，図10-7のように表すことができる。

一般社団法人の最高意思決定機関である社員総会は，社団法人の組織，運営，管理，その他社団法人に関する一切の事項について決議することができる（一般法人35条1項）。しかし，株式会社とは異なり，社員に剰余金を分配する旨の決議をすることができない（一般法人35条3項）。また，社員は，定款で定めるところにより，一般社団法人に対し，経費を支払う義務を負う（一般法人27条）。そして，社員は，理事に対し，一定の事項を社員総会の目的とすることを請求する権利を有している。

会計監査機関である会計監査人は，(1)計算書類等の審査および会計監査報告の作成，(2)会計帳簿の閲覧，(3)子会社に対する会計報告または業務および財産の調査，を行う権限を有している。会計監査人は，株式会社における会計監査人とほとんど同じ役割を有しているということができよう（一般法人107条）。

業務意思決定機関および業務監督機関である理事会は，社団法人から経営を委任された理事が3人以上集まって構成される（一般法人64条，65条3項）。理事会は，(1)業務執行の決定，(2)職務の執行の監督，(3)代表理事の選定・解職，(4)内部統制システムの構築，の4つの権限を有する（一般法人90条）。

業務および会計監査機関である監事は，(1)理事会への報告義務，(2)理事会への出席義務，(3)社員総会に対する報告義務，の3つの義務を負っている。

第10章 企業制度の進化と本質　217

図10-7　理事会・監事・会計監査人設置社団法人の経営機構

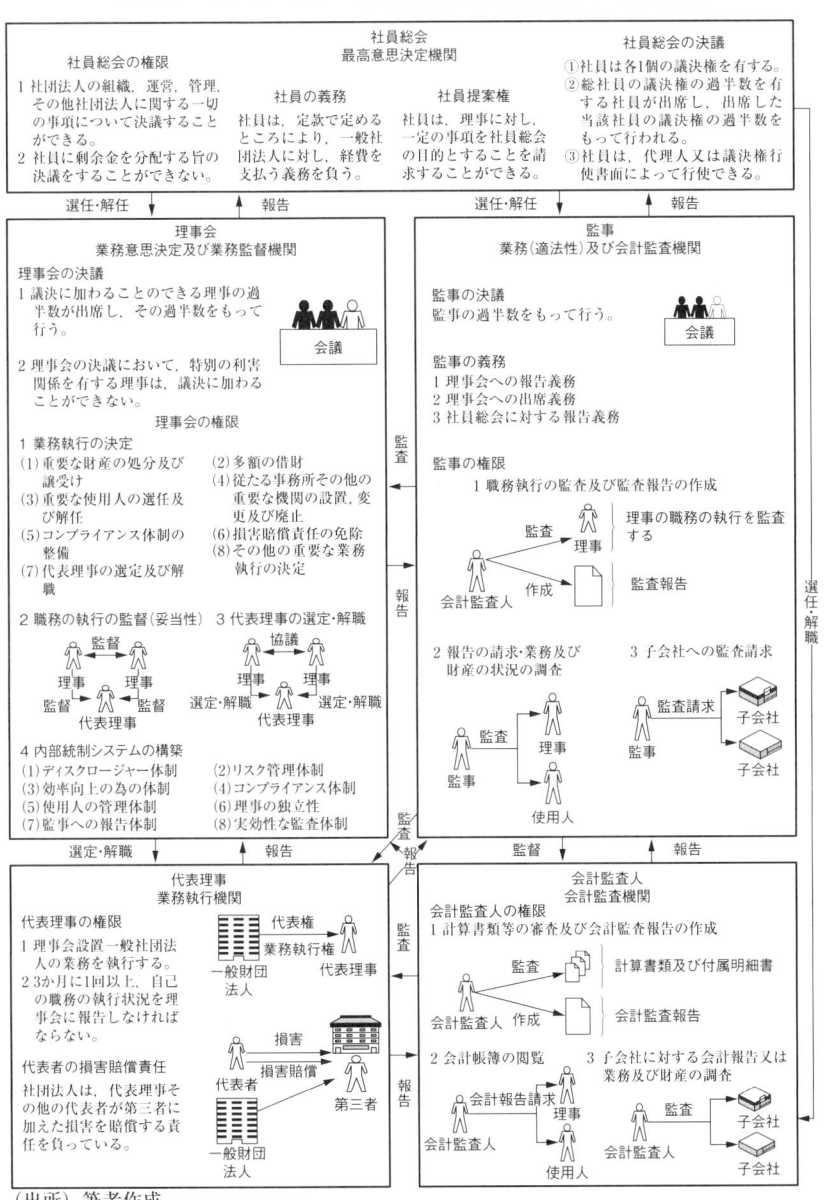

社員総会（最高意思決定機関）

社員総会の権限
1. 社団法人の組織，運営，管理，その他社団法人に関する一切の事項について決議することができる。
2. 社員に剰余金を分配する旨の決議をすることができない。

社員の義務
社員は，定款で定めるところにより，一般社団法人に対し，経費を支払う義務を負う。

社員提案権
社員は，理事に対し，一定の事項を社員総会の目的とすることを請求することができる。

社員総会の決議
① 社員は各1個の議決権を有する。
② 総社員の議決権の過半数を有する社員が出席し，出席した当該社員の議決権の過半数をもって行われる。
③ 社員は，代理人又は議決権行使書面によって行使できる。

理事会（業務意思決定及び業務監督機関）

理事会の決議
1. 議決に加わることのできる理事の過半数が出席し，その過半数をもって行う。
2. 理事会の決議において，特別の利害関係を有する理事は，議決に加わることができない。

理事会の権限
1. 業務執行の決定
   (1) 重要な財産の処分及び譲受け
   (2) 多額の借財
   (3) 重要な使用人の選任及び解任
   (4) 従たる事務所その他の重要な機関の設置，変更及び廃止
   (5) コンプライアンス体制の整備
   (6) 損害賠償責任の免除
   (7) 代表理事の選定及び解職
   (8) その他の重要な業務執行の決定
2. 職務の執行の監督（妥当性）
3. 代表理事の選定・解職
4. 内部統制システムの構築
   (1) ディスクロージャー体制
   (2) リスク管理体制
   (3) 効率向上の為の体制
   (4) コンプライアンス体制
   (5) 使用人の管理体制
   (6) 理事の独立性
   (7) 監事への報告体制
   (8) 実効性な監査体制

監事（業務（適法性）及び会計監査機関）

監事の決議
監事の過半数をもって行う。

監事の義務
1. 理事会への報告義務
2. 理事会への出席義務
3. 社員総会に対する報告義務

監事の権限
1. 職務執行の監査及び監査報告の作成
   - 理事の職務の執行を監査する
   - 監査報告
2. 報告の請求・業務及び財産の状況の調査
3. 子会社への監査請求

代表理事（業務執行機関）

代表理事の権限
1. 理事会設置一般社団法人の業務を執行する。
2. 3か月に1回以上，自己の職務の執行状況を理事会に報告しなければならない。

代表者の損害賠償責任
社団法人は，代表理事その他の代表者が第三者に加えた損害を賠償する責任を負っている。

会計監査人（会計監査機関）

会計監査人の権限
1. 計算書類等の審査及び会計監査報告の作成
   - 計算書類及び付属明細書
   - 会計監査報告
2. 会計帳簿の閲覧
3. 子会社に対する会計報告又は業務及び財産の調査

（出所）筆者作成。

また，監事は，(1)職務の執行の監査および監査報告の作成，(2)報告の請求と業務および財産の状況の調査，(3)子会社への監査請求，の3つの権限を有する（一般法人99条）。

業務執行機関である代表理事は，理事会設置社団法人の業務を執行する権限，一般社団法人の業務に関する一切の裁判上または裁判外の行為をする権限を有している（一般法人77条4項）。また，代表理事が行う職務について，第三者に加えた損害を賠償する責任は社団法人が負っている（一般法人78条）。

(3) 財団法人の経営機構

財団法人は，先に確認したように，①会計監査人設置型，②会計監査人非設置会社，の2つに分けることができる。そのなかでも，最も監視力が強いガバナンス構造を有する経営機構は，会計監査人設置型である。会計監査人設置財団法人の経営機構は，図10-8のように表すことができる。

財団法人の経営機構は，原則として，社団法人と大きな違いはみられない。なぜならば，一般法人法において，財団法人の，理事，理事会，監事，会計監査人，に関する規定は，社団法人の規定が準用されるからである（一般法人197条）。財団法人において，異なる機関は，最高意思決定機関である。財団法人において，最高意思決定機関は，評議員会という。評議員会は，株式会社の株主や社団法人の社員と異なり，出資を前提としないため，財団法人とは委任関係にある（一般法人172条1項）。そのため，株主や社員ほど大きな権限を有している訳ではない。

社団法人と財団法人の違いは，社員と評議員の権限から読み取ることができる。一般社団法人の最高意思決定機関である社員総会は，社団法人の組織，運営，管理，その他社団法人に関する一切の事項について決議することができる（一般法人35条1項）。一方，財団法人の最高意思決定機関である評議員会は，一般法人法に規定される事項および定款に定めた事項に限り決議できる（一般法人178条2項）。つまり，社員は社団法人に関する一切を決議できるのに対して，評議員は決議できる内容が限られているのである。しかし，評議員は，出

第10章　企業制度の進化と本質　219

図10-8　会計監査人設置財団法人の経営機構

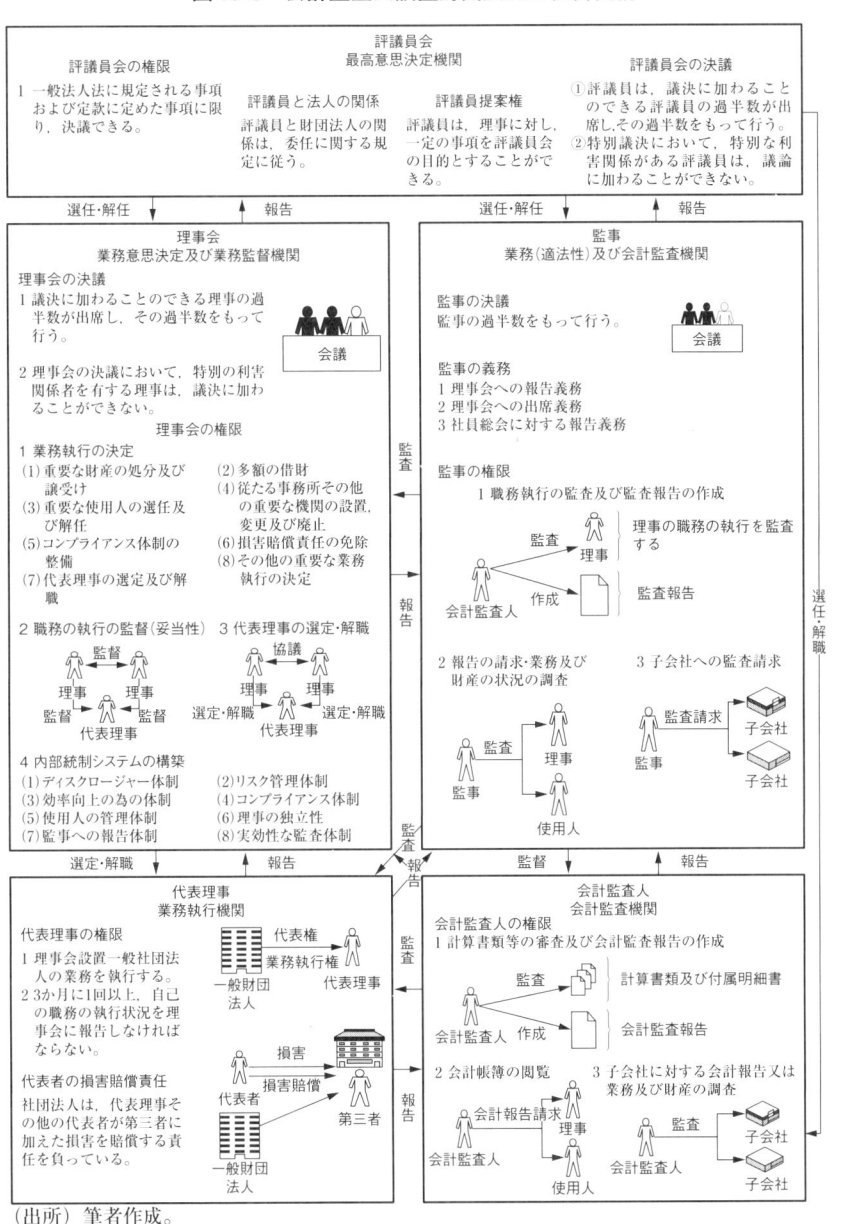

評議員会
最高意思決定機関

評議員会の権限
1 一般法人法に規定される事項および定款に定めた事項に限り，決議できる。

評議員と法人の関係
評議員と財団法人の関係は，委任に関する規定に従う。

評議員提案権
評議員は，理事に対し，一定の事項を評議員会の目的とすることができる。

評議員会の決議
①評議員は，議決に加わることのできる評議員の過半数が出席し，その過半数をもって行う。
②特別決議において，特別な利害関係がある評議員は，議論に加わることができない。

選任・解任　↓↑報告　　　　　選任・解任　↓↑報告

理事会
業務意思決定及び業務監督機関

理事会の決議
1 議決に加わることのできる理事の過半数が出席し，その過半数をもって行う。
2 理事会の決議において，特別の利害関係者を有する理事は，議決に加わることができない。

理事会の権限
1 業務執行の決定
(1)重要な財産の処分及び譲受け
(2)多額の借財
(3)重要な使用人の選任及び解任
(4)従たる事務所その他の重要な機関の設置，変更及び廃止
(5)コンプライアンス体制の整備
(6)損害賠償責任の免除
(7)代表理事の選定及び解職
(8)その他の重要な業務執行の決定

2 職務の執行の監督（妥当性）　3 代表理事の選定・解職

4 内部統制システムの構築
(1)ディスクロージャー体制
(2)リスク管理体制
(3)効率向上の為の体制
(4)コンプライアンス体制
(5)使用人の管理体制
(6)理事の独立性
(7)監事への報告体制
(8)実効性な監査体制

監事
業務（適法性）及び会計監査機関

監事の決議
監事の過半数をもって行う。

監事の義務
1 理事会への報告義務
2 理事会への出席義務
3 社員総会に対する報告義務

監事の権限
1 職務執行の監査及び監査報告の作成
　理事の職務の執行を監査する
　監査報告

2 報告の請求・業務及び財産の状況の調査
3 子会社への監査請求

選定・解職　↓↑報告　　　　監督　↓↑報告

代表理事
業務執行機関

代表理事の権限
1 理事会設置一般社団法人の業務を執行する。
2 3か月に1回以上，自己の職務の執行状況を理事会に報告しなければならない。

代表者の損害賠償責任
社団法人は，代表理事その他の代表者が第三者に加えた損害を賠償する責任を負っている。

会計監査人
会計監査機関

会計監査人の権限
1 計算書類等の審査及び会計監査報告の作成
　計算書類及び付属明細書
　会計監査報告

2 会計帳簿の閲覧
3 子会社に対する会計報告又は業務及び財産の調査

（出所）筆者作成。

資を前提としないため，出資以外の利害関係を持つ者によって構成することが可能である。

以上で検討してきたように，各法人の経営機構は，非常に類似しているが，最高意思決定機関は，多少の違いのあることを確認できた。つまり，株式会社においては，法人が営利を目的として設立されるため，株主には剰余金の分配を行うことができる。また，株主は出資を背景として，大きな権限を有している。一方，非営利企業である社団法人と財団法人は，剰余金の分配をすることができない。また，財団法人において，評議員の権限は，株主や社員よりも小さいが，その構成員の選出には，出資を必要としないため，株主や社員の選出よりも自由度が認められている。

しかし，今日の株式会社の実態を検討すると，剰余金の分配をしない企業や，社会貢献活動などの非営利活動を行っている企業が少なくない。また，非営利法人と称しながらも，営利活動を行っている非営利法人も少なくない。営利活動を行う非営利法人の代表的なものには，事業型NPOなどが挙げられよう。このように，経営機構が類似している株式会社と非営利企業は，活動内容までも接近し始めているといえるであろう。

図10-9　株式会社と非営利企業の接近

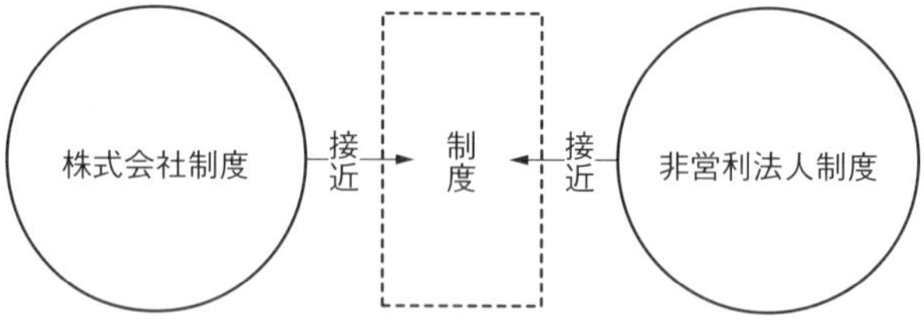

株式会社制度　→接近→　制度　←接近←　非営利法人制度

（出所）筆者作成。

4 新たな企業制度の構築にむけて

(1) コーポレート・ガバナンスの非営利企業への影響

　企業競争力の強化と企業不祥事への対処を目的として構築されてきたコーポレート・ガバナンスは，言及するまでもなく，株式会社を対象として論じられてきた。しかし，株式会社を中心として論じられてきたコーポレート・ガバナンスは，今やイギリスなどの国において，非営利企業にも制度的活用がなされている。小島愛［2008］は，図10-10に表したように，「『サーベンス・オクスレー法（Sarbanes-Oxley Act of 2002）』の影響を受けた『ヒッグス報告書（Higgs report)』と『新統合規範（Combined Code of Corporate Governance）』とによって，『新NHSプラン(The NHS Improvement Plan)』が公表されたのであった。それが，病院における原則として確立する『ガバナンス・ハンドブック（Integrated Governance Handbook)』を導いたのである[8]」と指摘する。つまり，コーポレート・ガバナンス原則（原則）が，非営利企業の代表格である病院経営に影響を与えていることを明らかにしたのである。

　イギリスにおいて，原則が病院経営に影響を与えることで，ガバナンス・ハンドブックが策定され，コーポレート・ガバナンスの実践を促進している。特に，ガバナンス・ハンドブックは，病院の経営機構改革を中心としている[9]。これによって，イギリスの病院は，多発する医療過誤と経営の赤字化の解決を図っている。イギリスにおいて，株式会社制度が非営利法人の経営機構に影響を与えたように，日本においても，株式会社のコーポレート・ガバナンスが非営利企業である病院に影響を与えるのは，ほぼ確実であろう。

(2) 利害関係者による経営参画

　イギリスの病院経営において，株式会社のコーポレート・ガバナンスとは，異なるコーポレート・ガバナンスの深化をみせているものがある。小島愛［2008］は，病院の潜在的な患者であるコミュニティ，つまり，地域住民や患

図10-10 病院経営とコーポレート・ガバナンス原則

コーポレート・ガバナンス原則と病院への浸透	策定の経緯	内容と各時期の特徴
2002　サーベンス・オクスレー法　↓　EUのコーポレート・ガバナンス全般に影響	アメリカでは、1990年代末に始まるエンロンやワールド・コムを代表とする大型不祥事を契機として、2002年のサーベンス・オクスレー法（the Sarbanes-Oxley Act）が制定された。	内容　取締役会内における監査人の独立性の強化、取締役の責任と義務の強化や情報開示の徹底などが盛りこまれた。　特徴　この法律は、内部統制の重要性を説いたことや、EUにおけるコーポレート・ガバナンスの再検討へ波及したことが特徴とされる。
2003　ヒッグス報告書　↓　NHSのガバナンスに重大なインパクト　提案	イギリスでは、1992年のキャドバリー報告書以降、脈々と原則が策定されていた。そのようななか、2003年、ヒッグス報告書が、サーベンス・オクスレー法から直接影響をうけ発表される。そして、この報告書は、1998年発表の統合規範（キャドバリー報告書やグリーンブリー報告書、ハンペル報告書を統合した原則）の改訂を提案する。	内容　ここでは、取締役会内の少なくとも半数は、非執行役であるべきことや、取締役会が有効に機能するための規範が強調された。　特徴　この報告書は、統合規範の改定を促すばかりか、NHSそのもののガバナンスにも重大な影響を与えた。
2003　新統合規範	2003年には、主に、ヒッグス報告書の影響を受け、新統合規範が策定される。これを実践的にするためのガイドラインも作られた。	内容　1998年の統合規範に、ヒッグス報告書やスミス報告書の内容を加え、取締役会のあるべき姿を定義付けながら、構築するための規定。　特徴　統合規範を契機として、病院へ、コーポレート・ガバナンスとコーポレート・ガバナンス原則の応用が示されることになる。そして、病院における原則が策定されていく。
2004　新NHSプラン（2000 NHSプランの改訂版）　↓　ファンデーション・トラストのガバナンス	2000年に発表されたNHSプラン（The New NHS Plan）は、社会保障や医療など、すべてを刷新しようとするものであった。そして、これの応用版として、保健省は、2004年、新NHSプラン（The Improvement Plan）を発表する。これの一環として、同年、より民営化された経営を行うファンデーション・トラスト（Foundation Trust）が設立される。そこでは、コーポレート・ガバナンスをめざしながら、社会に開かれた病院経営が展開されている。	内容　新NHSプランでは、患者のための医療をさらに促進するために、第一次・第二次医療のあらゆるレベルにおける問題点の解明をした。　特徴　新NHSプランでは、トラスト病院おける民営化と地域住民の参画などを進めたものの、コーポレート・ガバナンスこそなかった。しかし、この新NHSプランをきっかけに誕生したファンデーション・トラストを中心として、コーポレート・ガバナンスの実践を理念として明記しながら、トップ・マネジメント改革を中心としたコーポレート・ガバナンスが展開され始めた。
2006　ガバナンス・ハンドブック	新NHSプラン以降、第一次医療の病院にも、第二次医療の病院においても、コーポレート・ガバナンスを実践する法律が策定されている。このようななか、民間企業との相違点を認めながらも、とりわけ、コーポレート・ガバナンスにおける手段を生かしながら、経営を行うための、実践的なガバナンス・ハンドブック（Integrated Governance Handbook）が発表された。	内容　経営者が、患者のいる地域のために、病院における目的や安全性、質の向上を高めるためのシステム、過程、行動が書かれている。　特徴　ついに、保健省が、トラスト病院などの経営者に向けて、コーポレート・ガバナンス原則を提示し、それの実践をも推奨した。このことは、国際機関と機関投資家、国内機関において策定されたコーポレート・ガバナンス原則が、各企業に浸透し、企業独自原則が作られるようになったことと類似している。

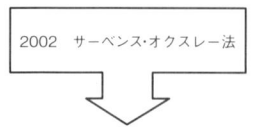

（出所）小島愛［2008］89頁。

者などが,病院の第1義的利害関係者であるとされ,コミュニティが病院の経営に参加していることを明らかにした[10]。小島愛［2008］によると,イギリスの病院形態の1つであるファンデーション・トラスト[11]において,経営の基盤は,地域の病院に登録した地域住民が担っており,病院の最高意思決定機関である評議会（Members' Council）は,主に,登録者のなかから選出された者が理事会（Executive Directors）の支援をしている[12]。

株式会社において,監視・牽制を強化するために,社外取締役制度や取締役会内委員会制度などが採用されてきた。しかし,株式会社において,イギリスの病院に根付いているコミュニティなどの利害関係者を経営の意思決定に参加させるという試みは,ほとんど無いといえる。このようにして,株式会社から非営利企業に輸入されたコーポレート・ガバナンスは,イギリスの病院において,非営利企業の公益性の概念を吸収し,株式会社におけるコーポレート・ガバナンスとは異なる深化をみせている。

このようなイギリスにおける病院経営の取り組みは,一見,第1義的利害関係者の違いから生まれるものでしかないようにもみえる。しかし,今や営利性を追求する株式会社が,社会貢献活動を積極的に実施したり,病院が赤字経営を克服するための営利性を追求した経営をすることが必要な社会となったのである。つまり,営利企業と非営利企業の経営活動の範囲が広まり,双方の差が徐々になくなりつつあるといえる。そうであるならば,図10-11に表したように,株式会社制度の非営利法人制度に与えた影響が非営利法人制度のなかで改

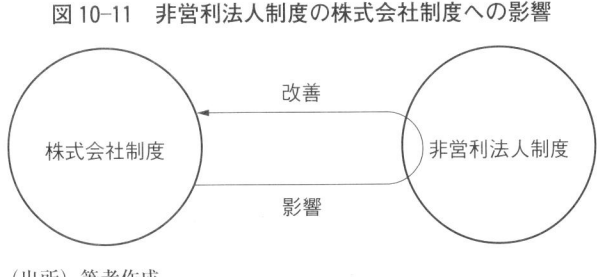

図10-11 非営利法人制度の株式会社制度への影響

（出所）筆者作成。

善され，それを株式会社が再度取り入れる必要があるだろう。そのようにして，営利企業と非営利企業は，相互に影響を受けて深化していくべきなのである。

(3) 営利企業におけるステークホルダー・ボードの役割

イギリスにおいて，病院経営でみられたような，ステークホルダーが経営の意思決定に影響を与えている株式会社が存在する。その企業は，オックスフォード・バス会社（The City of Oxford Motor Services Ltd）である。オックスフォード・バス会社は，イギリスにおいて，バス会社の5大メージャーの1つであるゴー・アヘッド・グループ（The Go-Ahead Group plc.）が株式を100％所有する完全子会社である。注目すべきことにオックスフォード・バス会社は，経営を監視する機関として，ステークホルダー・ボードを有しているのである。

表10-2に表したように，ステークホルダー・ボードの役割は，経営活動の監視・助言を行うことである。また，ステークホルダー・ボードは，顧客・従業員・コミュニティのメンバーのニーズに即応し事業を改善することを目的とする。ステークホルダー・ボードは，①永久職務会員，②顧客代表，③オックスフォード市内の大雇用主，④地域の圧力団体代表，⑤従業員代表，などによって構成される。潜在的な乗客である地域住民が，ステークホルダー・ボー

表10-2 ステークホルダー・ボードの詳細

役割	経営活動の監視・助言
目的	顧客・従業員・コミュニティのメンバーのニーズに即応し事業を改善すること
会員	①永久職務会員 ②顧客代表 ③オックスフォード市内の大雇用主 ④地域の圧力団体代表 ⑤従業員代表
参加方法	電話もしくはE-mailによる申込
任期	2-3年
報酬	無報酬
開催頻度	2か月に1度

(出所) 筆者作成。

ドに参加する場合は,電話もしくは E-mail で申し込むことが必要である。会員の任期は,2から3年とされている。ステークホルダー・ボードに参加する会員は,ボランティアでステークホルダー・ボードに参加するため,会員に報酬は支払われない。これによって,ステークホルダー・ボードの独立性が保たれるのである。ステークホルダー・ボードの開催頻度は,2か月に1度で,会員の出席率は高いといわれている[13]。

また,表10-3で表したように,ステークホルダー・ボードは,バスのサービスの提供に関する決定において,乗客,大雇用主,会社代表の見解や関係が考慮に入れられることを保証することを基本規約としている。そして,オックスフォード・バス会社が定めるステークホルダー原則にステークホルダー・ボードの目的と展望が記載されている。ステークホルダー・ボードの目的と展望は,①顧客,従業員およびマネージャーの主な要求についての協定を定めること,②監視し,意見と勧告をすること,③顧客とスタッフ両方のためにでき

表10-3 ステークホルダー・ボードの原則

基本規約
バスのサービスの提供に関する決定において,乗客,大雇用主,会社代表の見解や関係が考慮に入れられることを保証すること
目的と展望
①顧客,従業員およびマネージャーの主な要求についての協定を定めること
②監視し意見と勧告をすること
③顧客とスタッフ両方のためにできる改善方法を関係当局と共に調査すること
④正当な配慮がスタッフおよび顧客の健康および安全性に対して与えられることを保証すること
⑤顧客の見解が聞かれ,適切な処置が講じられることを保証すること
⑥標準手順内で十分に解決されていないステークホルダー・ボードの注意に対してもたらされた顧客の苦情を調査し解決を要求すること
⑦障害のある乗客に対する方策に従事することを保証し,潜在的な改善点を見つけ出すこと
⑧ステークホルダー・ボードの業務を詳しく述べる年次報告を編集すること

(出所) Oxford Bus Company [2008 a] p 4. を参考に筆者作成。

る改善方法を関係当局と共に調査すること，④正当な配慮がスタッフおよび顧客の健康および安全性に対して与えられることを保証すること，⑤顧客の見解が聞かれ，適切な処置が講じられることを保証すること，⑥標準手順内で十分に解決されていないステークホルダー・ボードの注意に対してもたらされた顧客の苦情を調査し解決を要求すること，⑦障害のある乗客に対する方策に従事することを保証し，潜在的な改善点を見つけ出すこと，⑧ステークホルダー・ボードの業務を詳しく述べる年次報告を編集すること，の8つである[14]。

このように，オックスフォード・バス会社において，顧客であるコミュニティが経営の意思決定に働き掛けをしている。たしかに，オックスフォード・バス会社のステークホルダー・ボードは，取締役会の意思決定に強制力を持つものではない。むしろ，社会責任を果たすツールとしての見方が強いのであろう。しかし，営利企業にも企業倫理の問題や企業社会責任論が叫ばれているのであるから，株式会社制度は，非営利企業にみられるコミュニティとの関わりや市民社会との関わりを意識し，制度内に組み込むことで，新しい企業制度へと深化する必要がある。オックスフォード・バス会社のステークホルダー・ボードは，名称はともあれ新たな企業制度を構築することの必要性を示唆しているのである。

5　企業論と経営学の本質

従業員を中心とした企業に関与する者が経営に関与する形態は，ドイツやフランスなどのヨーロッパで発達している。このようなヨーロッパでは，社会的企業やコミュニティが発達する土壌にあったことも注目すべきである。しかし，最終的な利益と責任の受益および負担者である市民が，経営に関与するという形態は，今までの企業形態とは全く違う発想に依っていることを強く理解する必要がある。つまり，今まで最も企業から遠いとされ，何の権利も有さなかった企業に関与する者が，最も重視すべき者たちであることを認識しつつある現れであろう。

今までは，最も重視するべき企業に関与する者を，制度あるいは企業が選び，経営に参加させるという形態を採ってきた。だが，市民社会による企業制度の創設，および経営の自由を考えるにつき，市民の原理において，積極的な参加の場が開かれていることこそ重要なのである。つまり，市民参加を制度としてしまうと硬直化し形骸化する虞が大きいし，市民参加を経営者の責任としてしまうと経営の自由を阻害する虞も大きい。そこで，これまでも言及した，病院経営組織あるいは，一般企業における自主的取り組みなどを参考に，次世代の企業制度を模索する取り組みに着手しなければならないのである。

企業経営は，2つの原理により支えられている。第1に，論理的な企業制度は，全ての者が納得する経営に繋がる。これを企業論の本質という。第2に，効率的な企業経営は，全ての者に利益をもたらす経営に繋がる。これを経営学の本質という。この2つの本質から，企業を運営し観察する力が，経営における経営者能力であり市民能力でなのである。

注

1) 非営利企業は，社団法人と財団法人の2つに分けることができる。非営利企業の1つである公益法人や医療法人は，社団法人と財団法人のどちらかを選択することができる。また，公益法人や医療法人，一般法人には，定員などの違いはあるが，それぞれのガバナンス構造は大別して社団法人と財団法人に分けることができるため，社団法人と財団法人を中心に論じていく。
2) 本章では，社団法人という場合，一般社団法人と公益社団法人の両方を指す。
3) 本章では，財団法人という場合，一般財団法人と公益財団法人の両方を指す。
4) ここでは，取締役と理事をいう。
5) ここでは，監査役と監事をいう。
6) 太田達夫 [2008] 26頁。
7) 太田達夫 [2008] 26頁。
8) 小島愛 [2008] 105頁。
9) 小島愛 [2008] 90頁。
10) 小島愛 [2008]
11) 小島愛 [2008] によると，ファンデーション・トラストとは，イギリスにおいて，「2004年に効率性および透明性が求められ新たに創設された，経営の裁量が大きいトラストである (50頁)」としている。また，小島愛 [2008] は，ファンデーション・トラ

ストは,「1991年に開始されたトラスト病院を,さらに民営化させたトラストである。それは,それまでのトラスト病院と比べて,保健省のコントロールよりも地域社会を中心とした利害関係者との関わりを重視した経営を行う民主的な病院である(92頁)」としている。
12) 小島愛［2008］108頁。
13) Oxford Bus Company［2008 a］p 3.
14) Oxford Bus Company［2008 a］p 4.

参考文献

太田達夫［2008］「公益法人制度改革の概要と今後の課題」『税研』141号,日本税務研究センター,26頁。
小島大徳［2007］『市民社会とコーポレート・ガバナンス』文眞堂。
小島大徳［2004］『世界のコーポレート・ガバナンス原則—原則の体系化と企業の実践—』文眞堂。
小島大徳［2001］「経営機構とコーポレート・ガバナンス—米国と日本の国際比較による現状と今後の展望」『東洋大学大学院紀要』38号,東洋大学大学院,225-244頁。
小島 愛［2008］『医療システムとコーポレート・ガバナンス』文眞堂。
総務省［2008］『公益法人白書』総務省。
平田光弘［2008］『経営者自己統治論—社会に信頼される企業の形成—』中央経済社。
平田光弘［2003］「日本における取締役会改革」『経営論集』58号,東洋大学経営学部,159-178頁。

外国語文献

Oxford Bus Company［2008 a］, *Oxford Bus Company Stakeholder Board Annual Report 2008*, Oxford Bus Company.
Oxford Bus Company［2008 b］, *Environmental and Social Report 2008*, Oxford Bus Company.

結
経営学研究の旅

1 本書の鍵概念

　本書の明示あるいは暗示している鍵概念は，存立と自由の2つである。まず，存立について本書では，市民社会による企業の成立に至る必要性と過程を紐解いてきた。これは，権力の源泉という人類の歴史で何度も問いかけがなされつつも解決に至っていない問題に行き着くことになる。また，自由について本書では，本質的な自由を市民社会が有しており，自由の委任による企業制度の成立と，自由の対立による企業経営問題の発生を論理的に明らかにした。これは，今までの企業倫理論あるいは企業の社会的責任論などを否定し，新たな価値観による論の定立を導くことになる。

　さて，これまで企業を主人公にし，10のストーリーに分け，いろいろな時と場面を旅してきた。企業あるいは企業経営という掴み所のないものを，普遍あるいは本質を求めての旅であった。それでは，ここで10のストーリーをまとめ，振り返ることにする。

2 本書の結論

(1) 第Ⅰ部　企業の理論

　本書は，第Ⅰ部企業の理論，第Ⅱ部営利企業論の論理，第Ⅲ部非営利企業の論理，の3部10章で構成している。ここで，各章の結論をまとめると，以下の通りとなる。

第1章では,「経営学と株式会社論」と題して,経営学の全体像を検討するにあたり,経営学と株式会社の関係を考察した。ここでの検討結果により,株式会社論を体系立て,理論の構築を行う必要があることが浮き彫りとなり,株式会社論は,大きく分けて,(1)市民社会を核として,(2)目的運営論,(3)機構論,(4)社会責任・統治論,の4つの領域からなる。そして,株式会社論は,それらの4つの領域がそれぞれ重なる領域をも含む全ての領域が有機的に関係し合うことで初めて成り立つことを明らかにした。また,株式会社制度は,万能ではなく,21世紀の企業形態が探究され確立されなければならない。そのために,(1)株式会社に変わる新しい企業形態を設計すること,(2)株式会社の新たな展開を実証的かつ論理的に研究すること,の2つが絶対的に必要であることを提示した。

　第2章では,「企業倫理の理論」と題して,21世紀に入ってから顕著に確立が目指されている企業倫理を今一度整理し,新たな視点を提示するために,企業経営を考える上で,避けては通れない「会社」や「社会」の意味を検討した。このことは,企業経営の幹となりつつあるコーポレート・ガバナンスだけではなく,企業の社会的責任 (CSR) や企業倫理においても,共通の課題である。ここでの検討結果により,資本主義社会の主役である株式会社の制度疲労が露呈しており,今までの株式会社への牽制や抑制,あるいは指導などの議論は,制度自体を根本的に変えなければ,限界があると考えなければならないことが明らかとなった。そこで,制度的疲労を埋めるために,今まで語られてきた株式会社論ではなく,新しい会社制度の創設を視野に入れた議論が活発になることへの基礎理論を提示した。

　第3章では,「企業社会責任の理論」と題して,経営学や法律学など多くの学問分野において議論されている企業の社会的責任の基礎理論を提示するために,社会的責任が,歴史的に如何なる事象を契機として論じられるに至ったのかについて考察した。ここでの検討結果により,(1)日本において,企業の社会的責任は,バブル崩壊を契機として,社会貢献活動などの新たな社会的責任概念へと変化していること,(2)企業はこのような社会的責任を当然に果たさ

なければならないという認識に変化してきていること，(3)社会的責任は少なからず段階的に考えていく必要があること，を明らかにした。また，社会的責任は当然に果たすべきものであるのであるならば，「企業の社会責任」あるいは「企業社会責任」というべきであることを提示した。

(2) 第Ⅱ部 営利企業の論理

第4章では，「市民社会と企業経営」と題して，私の一連の研究活動を通じて，頂いた非常に多くの共鳴意見や反対意見に，私の考えを表明しつつ，おもに，(1)利害関係者は不要ということか，(2)企業の所有者の分類がおかしいのではないか，(3)企業の社会的責任と市民社会とは如何に関係するのか，という3つの反対意見に対して再反論などを行った。ここでの検討結果により，(1)現代社会において，立場によって利害関係が変化する人間を利害関係によって細分化することは無駄であり，市民社会という枠組みで捉える必要があること，(2)所有の概念には，単独所有，共有，合有，総有，の4つがあり，これを突き詰めると，企業は合有状態にあること，(3)企業は営利性を常として，社会性を高度に実現するという使命を有していることは明らかであること，を明らかにした。さらに，コーポレート・ガバナンスはシステムのなかで語られるべきであり，コーポレート・ガバナンス政策論を構築することの必要性を提示した。

第5章では，「自由の対立」と題して，今後の会社制度における議論の基礎的土台を提供することを目的として，会社の「自由」と「責任」について検討した。具体的には，企業経営の本質を理解するために，会社の成り立ちや制度的変遷史を検討するだけではなく，人と会社の関係，および社会構造と企業の関係の両側面を中心に検討した。ここでの検討結果により，企業不祥事は，責任論によって説明できるものではなく，「自由の対立」によって生じるものであることを明らかにした。そして，自由と自由の調整を行うプロセスを大切にする必要があり，そうすることで，現代の経営課題を解決に導くことが可能となることを明らかにした。さらに，今後は，会社観に則って経営学における諸

問題の解決と，経営学の学問的発展に全力で取り組んでいかねばならないことを提示した。

　第6章では,「コーポレート・ガバナンス原則論」と題して，コーポレート・ガバナンス原則の隠れたる任務と使命を提示することを目的として，まず今や企業経営だけではなく，国レベルが原則を通じて企業経営に関わる政策的な統一や提携を行う過程を検討した。ここでの検討結果により，(1)原則が企業間における緩やかな統合的役割を有していること，(2)原則が各国間の企業法制度に関する条約としての機能を有するに至りつつあるということ，という2つの原則の隠れたる任務と使命があることを明らかにした。(1)については，今後，複数の企業間における合併や統合，戦略や組織においても活用する場が広がっていくであろうことを明らかにした。さらに，原則はもはや高級な役割を担っているのであるから，じっくりと腰を据えて検討していかねばならない課題であると提起した。

　第7章では,「コーポレート・ガバナンス政策論」と題して，第6章において，明らかにした2つの原則の隠れたる任務と使命のうち，(2)原則が各国間の企業法制度に関する条約としての機能を有するに至りつつあるということ，を詳細に検討している。ここでの検討結果により，国（政府）と国（政府）による企業制度をグローバル化するにあたって原則が用いられるだけではなく，経済協力という極めて政治的な分野でも原則が活用されている現状を明らかにした。そして，今やコーポレート・ガバナンスは，国レベルの提携において政策的に論じられ活用されている現状を解明した。さらに，コーポレート・ガバナンスは，コーポレート・ガバナンスの視点から企業本質論を語ることよりも，如何にして現代における企業経営活動の逆機能を防止し改善していくのかという制度論を論じなくてはならないことを提示した。

(3)　第Ⅲ部　非営利企業の論理

　第8章では,「営利企業と公益企業」と題して，(1)株式会社の存在に限界が生じてきていること，(2)株主の2大権利の1つである経営者の選解任に関心

が薄れ，コントロールが利かなくなりつつあること，の2つのコーポレート・ガバナンスの主要な問題について検討した。ここでの検討結果により，近年議論されているコーポレート・ガバナンスに過大な期待を寄せるべきではない，との警告を生かすのであれば，問題解決策は，新しい会社制度を設計あるいは新しい概念の導入の2つにあろうことを明らかにした。最近では，株式会社に社会的な貢献活動が求められ，営利と非営利の両組織の重なり合う活動領域が増えるとともに，両者の異なる点が薄れてきている。そこで，このような企業が社会的責任を果たすべきだという議論をする前提として，私たちの行動様式にあった法人制度を論じ，形作っていく必要性を提示した。

第9章では，「公益法人改革とコーポレート・ガバナンス」と題して，今日の日本が求めている「公益性」を具体化した公益法人制度改革を検証することで，日本における「公益性」の定義を探るとともに，公益法人の必要性について考察した。ここでの考察結果により，日本において，公益性とは，学術や技芸，慈善その他の公益に関する別表に掲げる23種類の事業であって，不特定かつ多数の者に対して利益を増進させることに寄与していることであった。また，日本において公益法人が必要とされた理由には，社会から，民間非営利部門が，公益活動を積極的に展開することが強く求められたからであることを明らかにした。そして，今回の公益法人制度改革により，民間非営利活動の幅が広がったとともに，公益法人という名ばかりで，公益目的事業を既に行っていない法人の廃止を行い，官僚の天下り先をなくすことを目的としていたことを指摘したのであった。

第10章では，「企業制度の進化と本質」と題して，これまでの本書における議論をまとめるとともに，現代の株式会社を中心とした企業制度の検討を行い，新しい企業制度を検討するための現代的課題と実践をまとめた。ここでの検討結果により，市民社会による企業制度の創設，および経営の自由を考えるにつき，市民の原理において，積極的な参加の場が開かれていることが重要であることが明らかとなった。そこで，病院経営組織あるいは一般企業における自主的取り組みなどを参考に，次世代の企業制度を模索する取り組みに着手しなけ

ればならないことを主張した。そして，(1)論理的な企業制度は，全ての者が納得する経営に繋がる，(2)効率的な企業経営は，全ての者に利益をもたらす経営に繋がる，という2つの原理により企業経営は支えられていることを明らかにした。さらに，それらはそれぞれ，(1)企業論の本質，(2)経営学の本質，の2つの本質であり，その2つの本質から企業を運営し観察する力が，経営における経営者能力であり市民能力であることを解明した。

3 今後の課題と展望

　思い起こせば，私はコーポレート・ガバナンスの研究から始まり，この研究を深める過程で，どうしても避けて通ることのできなかった企業の本質に迫る研究を，本書によって行うことができた。今はただ，企業の存在意義と存立基盤と企業の将来像を示すことができ，書き終えた達成感と満足感で一杯である。
　若干の気がかりがあることも確かである。幾つかの課題はあろうが，そのなかで最も重要なことは，権力の源泉についてである。もちろん，企業の存在および企業経営の裏付けは，市民社会の幸福追求権などの基本的人権にあることは，本書で述べてきたのだが，それを追求できない場合の対抗策，つまり権限の正当性について，まだまだ解明できていない点があることも否めない。しかし，この問題は，有史以降の人類の歴史で常に問われてきた難問と重なり，私のような一介の研究者が悩む問題でもないような気もする。この問題について一応の解答を用意するとするならば，人個人の探求と，人間と組織（企業）の関係の2つを解明することにより明らかにされるだろうと表明しよう。
　なにはともあれ，経営学も社会科学の一分野である。企業経営という事象を通じて，社会の本質に迫ろうとする学問であるから，今は社会の変化，人の変化，組織の変化から，普遍性を得ようとする旅の途中ということなのだろう。今後とも，激動する社会であるからこそ，本質を捉えた経営学を論じていかねばならないことを肝に銘じなければならない。

あとがき

　本書は私にとって3冊目の著書である。前著である2冊目の著書では，経営学は社会科学のなかで，今まで以上に大きな役割を担える能力があるはずだとの発想から，企業と人との関係を分析する基礎的考え方を示した。そして本書の構想は，前著において終盤の章を書き上げている時に浮かび上がっていた。人と企業を関係付けて，あるいは対比して研究するならば，一度，「自由」という人間の一番大切な宝と企業の本質とについて深く研究しなければならないのだと。

　特に2冊目の前著は，極めて基礎的考察であったためか，多くの研究者から，まさかこれで終わりませんよね，という建設的批判なのか皮肉なのか，判断がつかない感想や意見を頂いた。日々，今までの研究を発展させようと研究している最中にいるのだから，どうしてそのようなピント外れな問いかけをしてくるのかが理解できなかった。つまり，思いつきで論を立てた（本を書いた）と思われたわけだ。確かに，研究をする者が思いつきで論を立てることは，一番嫌われ，してはいけないことといわれている。もちろん，今まで論じてきた著書において，思いつきで書いたことはない。しかし，思いつきがきっかけとなって論文を書くことは多々ある。そこからも，私は思いつきが全て悪いことだとは思っていない。きっと株式会社制度そのものも思いつきで作られたものに違いない。それに，思いつき以上に，「自由」を感じる言葉はそうそうない。

　今回，本書を書き上げるにあたって，多くの自由な旅をした。それは，距離的な旅だけではなく，時空を超えた旅や空想上の旅なども含みつつである。その旅をしている最中に一番気を付けたことは，現在と現実を忘れないことであった。この現在の気持ちや立場，現実の環境や状況があってこそ，旅の感動や発見があるのだと思ったのである。そのことからも，経営学を社会科学全体のなかから観察することの重要さを訴えたいのである。

　さて，脚光を浴び続けている株式会社を，実は誰も目で見たことがない。つ

まり，現在に存在していて，現実に動いているように感じたり見えたりするものでも，実体は無体なのである。無体とは空想と同じことである。ならば，私たちに適合した都合の良い会社制度を，さらに自由な発想で空想してもよいということなのであろう。過去の空想に縛られた現在の夢ほど，ばかばかしいものはない。自由な思いつきと空想こそが，経営や経済の分野で，忘れ去られたのだが，最も重要な鍵概念なのである。

2009 年 9 月 26 日

小島 大徳

参考文献

邦語文献

芦部信喜 [2007]『憲法 (第4版)』岩波書店。
占部都美 [1975]「企業の社会的責任にたいする経営学的接近」『経営学論集』第45巻, 日本経営学会, 77-83頁。
太田達夫 [2008]「公益法人制度改革の概要と今後の課題」『税研』141号, 日本税務研究センター, 26頁。
尾身祐介 [2008]「公益企業のガバナンス構造と経営効率性」『社会経済研究』第56号, 電力中央研究所, 95-111頁。
奥村 宏 [2006]『株式会社に社会的責任はあるか』岩波書店。
小坂直人 [2005]『公益と公共性 公益は誰に属するか』日本経済評論社。
オリバー・シェルドン著 企業制度研究会訳 [1975]『経営のフィロソフィ』雄松堂。
亀田利光 [1999]「イタリア公 (益) 企業の民営化」『大原社会問題研究所雑誌』第485号, 法政大学大原社会問題研究所, 32-43頁。
金子 宏 [2008]『租税法 (第13版)』弘文堂。
菊池敏夫 [2007]『現代企業論』中央経済社。
菊地敏夫・平田光弘・厚東偉介 (編著) [2008]『企業の責任・統治・再生』文眞堂, 78-95頁。
菊池敏夫・平田光弘 (編著) [2001]『企業統治の国際比較』文眞堂。
経済同友会 [2003]『第15回企業白書—「市場の深化」と社会的責任経営—』経済同友会。
経済同友会 [2000]『二十一世紀宣言』経済同友会。
小島大徳 [2007a]『市民社会とコーポレート・ガバナンス』文眞堂。
小島大徳 [2007b]「コーポレート・ガバナンスと企業の社会的責任をめぐって」『経営学の新展開』税務経理協会, 69-89頁。
小島大徳 [2004]『世界のコーポレート・ガバナンス原則—原則の体系化と企業の実践—』文眞堂。
小島大徳 [2001]「経営機構とコーポレート・ガバナンス—米国と日本の国際比較による現状と今後の展望」『東洋大学大学院紀要』38号, 東洋大学大学院, 225-244頁。
小島 愛 [2008]『医療システムとコーポレート・ガバナンス』文眞堂。
境 新一 [2002]「現代公益企業に関する考察—経営と法律の視点から—」『東京家政学院大学紀要』第42号, 23-40頁。
櫻井克彦 [1999]「コーポレート・ガバナンスに関する一考察—企業の社会的責任との関

連を中心に一」『経済科学』第46巻4号, 名古屋大学大学院経済学研究科, 29-42頁。
櫻井克彦 [1976]『現代企業の社会的責任』千倉書房。
桜井　徹 [2007]「公益企業のコーポレート・ガバナンスと民営化・規制緩和」『会計学研究』第21巻, 17-40頁。
自由民主党 [2007]『平成20年度税制改正大綱』自由民主党。
ジョエル・ベイカン（著）酒井泰介（訳）[2004]『ザ・コーポレーション』早川書房。
ジョン・ミル（著）山岡洋一（訳）[2006]『自由論』光文社。
ジョン・ロック（著）鵜飼信成（翻訳）[1968]『社会契約論』岩波書店。
総務省 [2008]『公益法人白書』総務省。
高　巌（他共著）[2003]『企業の社会的責任―求められる新たな経営観』日本規格協会。
高田　馨 [1974]『経営者の社会的責任』千倉書房。
高橋和之 [2005]『立憲主義と日本国憲法』有斐閣。
田中照純 [2006]「企業倫理学に潜む三つの陥穽」『立命館経営学』第45巻第3号, 立命館大学経営学部, 54-65頁。
谷本寛治 [2006]『CSR―企業と社会を考える―』NTT出版。
谷本寛治（編著）[2004]『CSR経営』中央経済社。
対木隆英 [1972]「企業の社会的責任―その生成と内容―」『成蹊大学経済学部論集』第3巻第1号, 成蹊大学経済学部学会, 139-146頁。
寺本義也 [2007]『営利と非営利のネットワークシップ』同友館。
中村雅浩 [2008]『公益認定を受けるための新公益法人の定款作成と運営の実務』株式会社TKC出版。
中村瑞穂 [2006]「企業の社会的責任を考える」『専修大学商学研究所報』第37巻第5号, 専修大学商学研究所, 3-17頁。
羽生正宗 [2008]『全訂版　新公益法人移行手続きの実務』大蔵財務協会。
平田光弘 [2008]『経営者自己統治論―社会に信頼される企業の形成―』中央経済社。
平田光弘 [2006]「CSR時代と松下幸之助」『論叢松下幸之助』PHP総合研究所第一研究本部, 第5号, 25-53頁。
平田光弘 [2003]「コンプライアンス経営とはなにか」『経営論集』東洋大学経営学部, 第61号, 113-127頁。
平田光弘 [1982]『わが国株式会社の支配』千倉書房。
藤田正一 [1995]「公益企業の領域―わが国の各種法規に散在している定義的条項を中心として―」『公益事業研究』第47巻, 第2号, 1-26頁。
藤田正一 [1975]「公益企業規制の発展と意義」『経済と経営』第5巻, 第2号, 163-202頁。
藤田正一 [1973]「公益企業概念についての考察」『経済と経営』第4巻, 第1号, 17-44頁。
堀田和宏 [2008]「BSCの非営利組織への適用（上）―適用の可能性と新たなダッシュボード（計器盤）」『月刊公益法人』第11巻, 第39号, 38-51頁。
正木久司 [1992]「企業の倫理」『同志社商学』第43巻第5号, 同志社大学商学会, 61-73頁。

松原　明 [2008]「NPO 法の原点からみた新公益法人制度」『都市問題』第 99 巻，第 12 号，94-102 頁。
松原　聡 [1988]「公企業としての特殊会社」『東海大学文明研究所紀要』第 8 号，21-29 頁。
藻利重隆 [1959]「経営者の社会的責任とその企業的責任および自己責任」『経営学論集』第 31 巻，日本経営学会，33-42 頁。
藻利重隆 [1984]『現代株式会社と経営者』千倉書房。
藻利重隆先生古稀記念論文集編集委員会（編）[1981]『経営管理論の基本問題』千倉書房。
森本三男 [1994]『企業社会責任の経営学的研究』白桃書房。
山城　章 [1949]「経営の社会的責任—経営責任と経営権—」『経営評論』第 4 巻第 11 号，経営評論社，8-13 頁。
吉森　賢 [2007]『企業統治と企業倫理』放送大学教育振興会。

外国語文献

Archie B. Carroll [1991], The Pyramid of Corporate Social Responsibility : Toward the Moral Management of Organizational Stakeholders, *Business Horizons*, Vol. 34, No. 4, Indiana University Graduate School of Business, pp. 39-48.

Archie B. Carroll [1979], A Three-Dimensional Conceptual Model of Corporate Performance, *Academy of Management Review*, Vol. 4 No. 4, Academy of Management, pp. 497-505.

Ben. W. Lewis [1959], Economic by Admonition, *The American Economic Review*, Vol. 49, No. 2, American Economic Association, pp. 384-398.

Eells Richard [1960], *The Meaning of Modern Business*, Columbia University Press.

Ernest Dale [1961], The Social and Moral Responsibilities of The Executive in the Large Corporation, *American Economic Review*, Vol. 51 Issue. 2, American Economic Association, pp. 540-548.

Eugene V. Rostow [1959], To Whom and for What Ends is Corporate Management Responsible?, Edward S. Mason, *The Corporation In Modern Society*, Harvard University Press, pp. 46-71.

Friedrich A. Hayek [1960], The Corporation in Democratic Society, Melvin Anshen, George Leland Bach, *Management and Corporations 1985*, Greenwood Press Publishers, pp. 99-117.

Keith Davis [1973], The Case for and Against Business Assumption of Social Responsibilities, *The Academy of Management Jounal*, Vol. 16 No. 2, Academy of Management, pp. 312-322.

McGuire Joseph William [1963], *Business and Society*, McGraw-Hill, Inc.

Milton Friedman [1962], *Capitalism and Freedom*, University of Chicago.

参考文献

OECD [2004], *OECD Principles of Corporate Governance* 2004, Organisation for Economic Co-operation and Development.

OECD [1999], *OECD Principles of Corporate Governance* 1999, Organisation for Economic Co-operation and Development.

Oliver Sheldon [1924], *The philosophy of management*, Pitman.

Theodore Levitt [1958], The Dangers of Social Responsibility, *Harvard Business Review*, Vol. 36 Issue. 5, Harvard Business School Publishing, pp. 41–50.

William C. Fredric [1998], Moving to CSR 4, *Business and Society*, Vol. 37 No. 1, Sage Publications, pp. 40–59.

William C. Fredric [1986], Toward CSR 3 : Why Ethical Analysis is Indispensable and Unavoidable in Corporate Affairs, *California Management Review*, Volume 28 Number 2, University of California, pp. 126–141.

William C. Fredric, James E. Post, Keith Davis [1992], *Business and Society* (*seventh edition*), McGrew–Hill, Inc.

索 引

[A〜Z]

ADR ……………………………………… 35
APEC …………………………………… 159
Carroll, Archie B. …………………… 54
Combined Code of Corporate Governance
　………………………………………… 221
CSR（Corporate Social Responsibility）
　…………………………………… 45, 149
　――報告書 …………………………… 75
　――マルチステイクホルダー・フォーラ
　　ム（EMSF on CSR, 2004 年）…… 62
　――論 ………………………………… 21
EU ……………………………………… 133
　――統一会社法 ……………………… 134
Executive Directors ………… 209, 216, 223
Fredrick, William C. ………………… 54
Fridman, Milton ……………………… 57
from status to contract ……………… 81
G7 蔵相会議宣言（1998 年 7 月）……… 158
Green Paper（EU, 2001 年）………… 62
Higgs report ………………………… 221
IR ……………………………………… 142
　――活動 ……………………………… 89
　――情報 ……………………………… 76
ISO ……………………………………… 89
　――14001 …………………………… 89
　――社会的責任指針 ………………… 89
　――諸規則 …………………………… 40
Jefferson, Thomas …………………… 96
JR ……………………………………… 185
Locke, John …………………………… 96
Member's Council …………… 209, 223
Mill, John Stuart …………………… 173
NGO（Non Government Organization）
　………………………………… 60, 165, 177, 206
NPO（Not for pofit Organization）
　………………………………… 60, 107, 165, 177, 206
　事業型 ……………………………… 220
ODA …………………………………… 162
OECD ……………………………… 60, 70, 125
　――原則 …………………………… 125
　――コーポレート・ガバナンス原則
　　………………………………… 70, 125, 162
　――コーポレート・ガバナンス原則-
　　1999 ……………………………… 159
　――条約 …………………………… 137
　――多国籍企業行動指針 ………… 61
　――の目的と内容 ………………… 137
OEEC（Organisation for European Economic Co-operation）……………… 137
Sarbanes-Oxley Act of 2002 ………… 221
SD 21000 ……………………………… 89
Sheldon, Oliver ……………………… 51
SIGMA ………………………………… 89
SRI（Social Responsible Investment）
　…………………………………… 25, 49
Taylor, F. W. ………………………… 13
The NHS Improvement Plan ………… 221
White Paper（EU, 2002 年）………… 62

[あ]

悪法も法か …………………………… 174
アフリカ開発国際会議（TICAD）……… 160
天下り ………………………………… 202
アメリカ型企業経営機構 …………… 98
アメリカ独立宣言 …………………… 96
安全保障理事会 ……………………… 136

[い]

委員会設置会社 ……………………… 215
意思能力 ……………………………… 114
一元型議員内閣制 …………………… 97
一元二層制 …………………………… 98

242　索引

1パーセントクラブ……………………49
一般財団法人………………………190
一般社団法人………………………216
　──及び一般財団法人に関する法律（一
　　般法人法）………………………191
　──及び一般財団法人に関する法律及び
　　公益社団法人及び公益財団法人の認
　　定等に関する法律の施行に伴う関係
　　法律の整備等に関する法律（整備法）
　　………………………………………191
イデオロギー差異…………………132
委任状争奪戦………………………113
医療過誤……………………………221
医療法人……………………………180

〔う〕

売り惜しみ……………………………47
運営管理差異………………………133

〔え〕

営利性…………………………15, 34
エンロン………………………………23

〔お〕

黄金株…………………………………22
欧州経済協力機構…………………137
オックスフォード・バス会社（The City of
　Oxford Motor Services Ltd）………224
オランダ東インド会社………………103

〔か〕

改革権………………………………176
会計監査人…………………209, 212, 216
　──設置財団法人の経営機構………218
会計監査報告………………………212
会計基準……………………………175
会計帳簿……………………………212
解散権…………………………84, 115
解散時の配分………………………201
買い占め………………………………47
会社改革権…………………………102
会社経営の自由……………………109

会社契約………………………101, 104
会社所有論……………………………99
会社所有者論争………………………99
会社制度作用………………………103
会社は誰のものか……………………99
会社法…………………………22, 30, 130
　──改正………………………………4
　──の施行…………………………29
会社目的論……………………………99
開発途上国援助……………………137
外部人材登用………………………152
外部的差異…………………………132
価格カルテル…………………………47
科学としての経営学…………………13
各国内原則…………………………124
革命権…………………………101, 176
価値観……………………………158, 165
金儲け論………………………………13
ガバナンス・ハンドブック（Integrated
　Governance Handbook）……………221
ガバナンス機能……………………206
株価操作………………………………47
株式会社………………………171, 221
　近代──制度………………………13
　──の経営機構……………………212
　──の現実的矛盾…………………15
　──論……………………………20, 26
株式会社制度……………………7, 205
　──の外部的問題…………………24
　──の確立…………………………14
　──の内部的問題…………………22
株式相互持合い………………………23
株式争奪戦…………………………113
株式投資……………………………171
株主…………………17, 18, 79, 115
　──重視経営………………………24
　──提案権…………………………212
　──の権利…………………………124
株主総会………18, 115, 185, 211, 212
　──の議決権………………………212
株主利益最大化……………………165
株式会社の制度疲労…………………44

官から民へ……………………184
環境団体………………………138
環境破壊………………………47
環境報告書……………………75
環境保全運動…………………49
環境問題………………………24
監査委員会……………………215
監査役…………………………211, 215
監査役会………………………211
──設置会社………………212
監事……………………………209, 211
監視・監督機能………………155
監視・監督体制………………39, 152
監視・牽制……………………35, 42, 102
患者……………………………221
慣習……………………………173
──法………………………139, 179
感情……………………………91, 173
間接的抵抗……………………116
監督機関………………………124, 207
管理……………………………13
──権………………………84
官僚支配………………………130

〔き〕

議会統治制……………………98
機関投資家……………………121, 148, 164, 171
──原則……………………123
企業運営論……………………6
起業家…………………………22
企業改革法……………………135, 152
企業価値向上活動……………49
企業価値最大化………………115
企業観…………………………11, 79, 131
企業監視政策…………………148
企業規制法……………………130
企業競争力の強化……………20
企業経営機構…………………28, 124
──改革……………………152
企業経営者……………………165
企業経営政策…………………148, 149, 164
企業経営の差異………………132

企業システム…………………4
──差異……………………133
企業市民………………………25
──論………………………182
企業社会責任…………………63, 89
──論………………………172
企業所有者論争………………72, 78, 151
企業所有論……………………5
企業政策・企業法制度政策…147
企業それ自体…………………114
企業独自原則…………………122
企業と社会の新しい関係の確立を求めて
（経団連，1976年）…………59
企業とは何か…………………42, 189
企業の思い……………………174
企業の原理……………………34
企業の社会的責任……………45, 63
企業の存立理由………………34
企業は市民社会のもの………78
企業は誰のものか
………………72, 78, 81, 90, 123, 131, 151
企業破綻………………………182
企業不祥事……………………4, 18
──への対処………………20
──防止……………………155
企業法制度……………………130, 158
──政策……………………149
企業本質論……………………146, 167
企業目的観……………………11, 131
企業モラルの模索……………39
企業倫理………………………132, 175
──論………………………21, 172
企業論の本質…………………227
議決権行使……………………115
機構論…………………………27
技術移転………………………49
擬人物…………………………5
規制……………………………109, 172
擬制物…………………………167
規範的企業……………………36
寄附金税制の優遇……………199
基本社会システム……………126

基本的人権 …………………………… 175
逆機能 …………………………… 36, 150, 155
キャピタル・ゲイン …………………… 17
キャロル ………………………………… 54
キャンペーン …………………………… 116
狭義の支配 ……………………………… 86
狭義の社会貢献活動 …………………… 49
強制 ……………………………………… 38
行政 …………………………………… 166
── 指導 …………………………… 176
── 上の自由の画定 ……………… 105
── 訴訟 …………………………… 178
協調 …………………………………… 129
共同決定方式 ………………………… 107
共同相続財産 …………………………… 82
業務意思決定機関 …………………… 207
業務執行 ……………………………… 215
── 機関 …………………… 124, 207
業務提携 ………………………………… 18
共有 ……………………………………… 82
共和制 …………………………………… 97
許可主義 ………………………… 192, 195
規律性 …………………………………… 38
銀行 ……………………………………… 17
金庫株 …………………………………… 22
金融商品取引法 ……………………… 130
金融庁 ………………………………… 160

〔く〕

組合財産 ………………………………… 82
グローバル化 …………………… 162, 184
グローバルコンパクト（国連，2000 年）
……………………………………… 61

〔け〕

経営学者 ………………………… 11, 109, 165
経営学とは何か ………………………… 11
経営学の学 ……………………………… 12
経営学の本質 ………………………… 227
経営学は学問なのか …………………… 11
経営管理論 ……………………………… 14
経営機構改革 ………………… 206, 211
経営競争政策 ………………………… 111
経営行為 ……………………………… 174
経営財務論 ……………………………… 21
経営者 …………………………………… 18
経営者教育 ……………………… 27, 149
── ・育成 ………………………… 39
── 論 ……………………………… 40
経営者差異 …………………………… 133
経営者支配 ………………………… 17, 23, 84
── 許容法制度 ………………… 107
経営者能力 …………………………… 227
経営者の社会的責任の自覚と実践（経済同
友会，1956 年）………………………… 59
経営者の自由 ………………………… 175
経営者の選解任 ………………… 17, 171
経営者の本質的資質 ………………… 136
経営者への権力集中 ………………… 98
経営者倫理 ……………………… 40, 172
経営者論 ………………………… 27, 136
経営自由阻害要因 …………………… 107
経営戦略 ……………………………… 134
── 論 ……………………………… 21
経営組織体 ……………………… 22, 26
経営組織論 ……………………… 14, 21
経営の学 ……………………………… 12
経営の自由の低下 …………………… 107
経営破綻 ……………………………… 17
経営法学 ………………………… 123, 130
経営目的 ……………………………… 154
経験科学 ……………………………… 11
迎合 …………………………………… 91
経済学者 ………………………… 18, 57
経済協力開発機構 ……………… 70, 125
経済高度化 …………………………… 155
経済システム ………………………… 164
── の主体 ……………………… 154
経済社会理事会 ……………………… 136
経済成長 ……………………………… 137
── の高度化か …………………… 16
経済的権利 …………………………… 117
経済的自由 …………………………… 101
経済的責任 …………………………… 54

経済統合	133
経済同友会	59
経済犯罪	152
計算書類	212
継続事業体	70
経団連企業行動憲章（経団連，1999 年）	59
啓蒙的役割	90
契約	205
契約自由の原則	81
欠陥・有害商品	47
原始経営学	13
原始的契約関係	91
憲法	129, 157
憲法優先説	158
権利	154
——義務	189
——と義務	91
——能力無き社団	82

〔こ〕

公益	178
公益企業	7
公益財団法人	190
公益社団法人	190
——及び公益財団法人の認定等に関する法律（認定法）	191
公益性	190, 195, 223
公益認定	195
公益認定等委員会	192
公益法人	178, 180, 190, 206
公益法人会計基準	192
公益法人制度改革	195
——関連3法案	192
公益法人の認定基準	192
公益目的事業	198
——の非課税	200
公害問題	46, 51, 152
広義の支配	86
高利益の獲得	36
後国家的な人権	178
考査	178

工場経営	13
厚生労働省	160
公的基準	125, 139
公的資金投入	182
高度成長	47
公認会計士	180
幸福追求権	97
合有	82
ゴー・アヘッド・グループ（The Go-Ahead Group plc.)	224
コーポレート・ガバナンス	4, 20, 22, 43, 105, 122
企業独自——原則	148, 156
狭義の——	124
——原則	40, 121, 147, 156
——原則論	123
広義の——	124
最広義の——	106
——政策論	91, 123, 146, 156, 167
世界標準——原則	70
——の範囲	124
——論	19, 123
顧客	74
国営企業	184
国営鉄道	185
国王	98
——の会社	103
——の特許	103
国際会議支持合意説	139
国際機関原則	123
国際協調主義	158
国際司法裁判所	137
国際社会	129
国際提携	134
国際的政策調和	134
国際標準化機構	89
国際平和	158
国際法	131
国際連合	136, 158
——憲章	158
国内経営活動	127
国内経済成長	49

246　索　引

国連憲章 …………………………… 136
後国家的権利 ……………………… 101
個人的法益 ………………………… 114
国会 ………………………………… 129
国家機構における自由の留保 …… 178
国家行政組織法 …………………… 184
国家システム差異 ………………… 133
国家的法益 ………………………… 114
国家と会社の癒着 ………………… 107
国家の自由 ………………………… 110
コミュニティ ……………… 177, 221
コンプライアンス経営 …… 90, 95, 132, 175
　――の限界 ……………………… 149

〔さ〕

サーベンス・オクスレー法（Sarbanes-Oxley Act of 2002） ……………… 221
財・サービス ……………………… 46
最高意思決定機関 ………………… 207
財産 ………………………………… 155
　――権 ……………………… 81, 97
財団 ………………………………… 189
　――法人 ……… 178, 190, 206, 209
裁判 ………………………………… 35
　――外紛争解決手続 …………… 35
　――規範 ………………………… 141
　――権 …………………………… 176
サステナビリティ統合マネジメントシステム・ガイドライン ………… 89
サミット …………………… 139, 158
産業公害 …………………………… 47
三権による自由の画定 …………… 104
産地偽装 …………………………… 47
残余財産請求権 …………………… 115
残余財産分配請求権 ……………… 212

〔し〕

シェルドン ………………………… 51
資金調達 …………………………… 26
資金提供 …………………………… 18
資源管理論 ………………………… 15
事実的標準 ………………………… 139

自主 ………………………………… 38
　――規則遵守 …………………… 35
市場監督者 ………………………… 166
市場の進化と社会的責任経営（経済同友会, 2003年） ……………………… 59
自助努力 …………………………… 102
自制 …………………………… 33, 182
慈善活動 …………………………… 174
自然権 ……………………………… 96
自然人 ……………………………… 153
自然法 ……………………………… 179
事前防止責務 ……………………… 111
事前予防 …………………………… 114
持続可能な開発――企業の社会共同体的責任
　― ………………………………… 89
自尊 ………………………………… 37
実学 ………………………………… 14
実行指針策定説 …………………… 139
執行役 ……………………………… 215
実践経営学 ………………………… 29
実定法 ……………………………… 101
　――体系 ………………………… 22
支配権争い ………………… 95, 115
司法 ………………………………… 129
　――上の自由の画定 …………… 105
資本参加 …………………………… 18
資本主義 …………………… 97, 101
　――経済 ………………………… 6
　――経済社会 …………………… 172
資本の結集 ………………………… 14
市民運動的抵抗 …………………… 26
市民革命 …………………………… 96
市民権 ……………………………… 154
市民社会 ………… 19, 26, 71, 129, 164, 226
　――差異 ………………………… 133
　――とコーポレート・ガバナンス … 123
　――との調和か ………………… 16
　――における自由の留保 ……… 176
　――の自由 ……………………… 109
　――論 ……………………… 72, 77
　――論型経営学 ………………… 72
市民代表者 ………………………… 166

市民統治	19
市民能力	227
事務局（国連）	137
指名委員会	215
社員貢献活動	203
社員出資額	201
社員総会	209, 216
社会	79
——監査役	211, 215
——規則遵守	35, 37
社会契約	102
——論	100
社会権	101, 110
社会貢献的責任	54
社会システム	40, 76, 116, 123, 148, 153, 164
——として企業倫理	41
社会性	15, 35
社会政策	149, 153
社会責任	89
——・統治論	27
社会的企業	107, 226
社会的支援	199
社会的所有	86
社会的制限	85
社会的責任	149
——肯定論	51
——投資	25
——の規準化	88
——否定論	51, 57
——報告書	75, 89
——論	5, 21
社会的即応性	49
社会的存在	5, 46
社会的法益	114
社外取締役	23
——制度	223
社会への利益配分	36
社会保障	103
社会利益	155
社団	34, 189
——法人	190, 209
自由	96, 175, 182, 229
収益権	84
収益事業課税方式	200
宗教・文化論	40
従業員	74, 135
——中心経営	24
宗教法人	180
自由権	100, 109
——の委任	107
——の侵害	107
自由主義	132
修正自由主義	132
集団食中毒	47
集団生活	154
自由と規律の調整	39
自由の委託	175
自由の委任	115
自由の対立	111, 178
自由の留保	176, 206
自由貿易の拡大	137
受益可能性の低迷	107
出資者	151
——と経営者の分離	33
順機能	154
遵法経営	95
準則主義	12, 35, 192
上場規則	38
——改正	4
上場規程	160
消費者	18, 135
——運動	18
——団体	60, 138
——中心経営	24
商品生産	46
商法	130
情報開示・透明性	27, 43, 124
条約	136, 158
——的効力説	139
——批准の精神	140
剰余金の分配	220
剰余金配当請求権	212
職分	46

処分権 ……………………………… 83
所有 …………………………… 72, 81
　──権 …………………………… 81
　──権概念 ……………………… 99
　──者理論 ……………………… 83
　──と経営の分離 ……………… 33
ジョン・ミル …………………… 173
ジョン・ロック ………………… 96
自力救済 ………………………… 117
自力執行条約 …………………… 140
自力執行性 ……………………… 140
自力執行能力 …………………… 141
自立規則遵守 …………………… 37
自律性 …………………………… 38
自律の依拠 ……………………… 37
新NHSプラン(The NHS Improvement Plan)
　………………………………… 221
新株発行 ………………………… 22
人権 ……………………… 136, 158
　──規定 ……………………… 157
　──保障 ……………………… 140
　──保障規定 ………………… 129
新自由主義 …………………… 184
信託統治理事会 ………………… 137
人的管理 ………………………… 134
新統合規範(Combined Code of Corporate Governance) ……………… 221

〔す〕

ステークホルダー ……………… 73
　──・ボード ………………… 224
ステークホルダー原則 ………… 225

〔せ〕

政官財の癒着構造 ……………… 107
税金 ……………………………… 17
制限 ……………………………… 33
　──君主制 …………………… 97
政策 ……………………………… 27
政治献金 ………………………… 107
精神的自由 ……………………… 101
精神論 …………………………… 171

税制優遇 ………………………… 177
制度確立的抵抗 ………………… 26
制度的企業倫理論 ……………… 39
制度論 …………………… 22, 146
制度論争 ………………………… 186
政府の介入 …………………… 111
生命 …………………………… 155
税理士 ………………………… 180
世界標準原則 ………………… 125
責任 ……… 105, 109, 113, 172, 182, 206
　──と国家 ………………… 114
　──と社会 ………………… 114
石油危機 ……………………… 47
絶対王政 ……………………… 97
設立許可制度 ………………… 194
選挙 …………………………… 129
前国家的 ……………………… 96
　──人権 …………………… 178
専門経営者 …………………… 109
専門知識 ……………………… 178
専門的職能 …………………… 180
戦略的CSR ……………………… 174
戦略統治論 …………………… 15

〔そ〕

総会(国連) …………………… 136
相互扶助 ……………………… 177
贈収賄 ………………………… 47
創造物 ……………………… 153, 167
双方向 ………………………… 76
総務大臣 ……………………… 184
総有 ……………………… 82, 99
組織的怠業 …………………… 14
ソフト・ロー ………… 139, 179
損害賠償請求権 ……………… 24
損害賠償責任 ………………… 211
損金算入限度額 ……………… 200
尊敬 ……………………… 38, 154
存在の根拠 …………………… 37
存立 ……………… 37, 132, 154, 229

索引　249

〔た〕

第1義的利害関係者 ……………… 18, 79, 223
第1の企業原理 ………………………… 34
第2義的利害関係者 ………………… 18, 79
第2の企業原理 ………………………… 35
大規模かつ製造業の株式会社の学 …… 13
怠業 …………………………………… 14
体質 ………………………………… 205
大統領制 …………………………… 97
代表執行役 ………………………… 216
代表取締役 ………………………… 215
大陸型会社組織 …………………… 98
代理責任 …………………………… 116
他国間経営活動 …………………… 127
脱退社員の払戻し ………………… 201
団体的結合関係 …………………… 82
単独所有 ……………………… 82, 99

〔ち〕

地域経済統合 ……………………… 134
地域住民 ……………… 18, 124, 135, 221
チェック・アンド・バランス …… 75
チェック機能 ……………………… 19
知事 ………………………………… 194
地方公共団体 ……………………… 103
調整と介入 ………………………… 102
調和 ………………………………… 129
直接的承認者 ……………………… 105
賃金 ………………………………… 74

〔て〕

定款 …………………… 27, 216, 218
抵抗権 …………………………… 26, 101
──の欠如 …………………… 107
ディジューレ・スタンダード … 125, 139
ディスクロージャー ……………… 142
ディファクト・スタンダード …… 139
テイラー …………………………… 13
敵対的買収 ………………………… 113
哲学者 ……………………………… 173
哲学的企業倫理論 ………………… 39

哲学論争 …………………………… 186

〔と〕

ドイツ型企業経営機構 …………… 98
ドイツワイマール憲法 …………… 96
登記 ………………………………… 194
東京証券取引所 …………………… 160
投資家 ……………………………… 76
統制機能 …………………………… 5
統治規定 …………………………… 129
統治機能 …………………………… 157
トーマス・ジェファーソン ……… 96
独占業務 …………………………… 178
──の付与 …………………… 180
独占禁止法 ………………………… 130
特定公益増進法人 ………………… 200
独立国家 …………………………… 136
特許主義会社制 …………………… 98
トップマネジメント ……………… 206
取締役 …………………… 211, 215
──会 …………… 165, 215, 226
取締役会内委員会 ………………… 215
──制度 ………………………… 223

〔な〕

内閣総理大臣 ……………………… 193
内心的事象 ………………………… 34
内心的自由 ………………………… 99
内部告発 …… 18, 74, 76, 102, 116, 135, 179
内部的規律 ………………………… 128
内部的差異 ………………………… 133
内部統制 …………………………… 211
──システム ………………… 215, 216
中村瑞穂 …………………………… 49

〔に〕

二元型議員内閣制 ………………… 97
二酸化炭素 ………………………… 25
二十一世紀宣言（経済同友会，2000年）
　………………………………………… 59
日米構造協議 ……………………… 160
日本経済団体連合会（経団連） …… 59

250　索　引

日本郵政公社法 …………………………… 184
入会権 ……………………………………… 82
入札談合 …………………………………… 47
認可主義 …………………………………… 12
認証法人 …………………………………… 180

〔ね〕

ネガティブ・キャンペーン ……………… 18

〔は〕

排出量 ……………………………………… 25
ハイリゲンダム・サミット ………… 61, 159
パブリック・コメント …………………… 62
バブル経済崩壊 …………………………… 47
反社会的行為 ……………………………… 48

〔ひ〕

非営利活動 …………………………… 178, 206
非営利企業 …………………………… 7, 180
非営利組織 ……………………………… 172
非公式折衝民主主義 …………………… 130
批准手続き ……………………………… 136
非政府組織 ……………………………… 177
ヒッグス報告書（Higgs report）……… 221
人たる存在 ……………………………… 37
人と国家の基礎理論 …………………… 100
人としての個人倫理 …………………… 41
病院 ……………………………………… 7
　──経営 ……………………………… 221
評議員会 ………………………………… 218
評議会（Member's Council）…… 209, 223
平田光弘 ………………………………… 47
非倫理活動 ……………………………… 127
非倫理経営活動 ………………………… 71

〔ふ〕

ファンデーション・トラスト ………… 223
フィランソロピー ……………………… 49
不可視性 ………………………………… 39
復委任 …………………………………… 102
福祉 ……………………………………… 101
福利厚生充実 …………………………… 49

付属明細書 ……………………………… 212
不買運動 ………………………… 18, 116, 179
フランス人権宣言 ……………………… 96
フリードマン …………………………… 57
フレデリック …………………………… 54
分割請求 ………………………………… 82
分業 ……………………………………… 14
粉飾決算 …………………………… 23, 47
紛争 ……………………………………… 178

〔へ〕

平和 ………………………………… 136, 158
弁護士 …………………………………… 180

〔ほ〕

防衛策 …………………………………… 113
法学者 …………………………………… 18
報告請求 ………………………………… 212
報酬委員会 ……………………………… 215
法人 ……………………………… 34, 154, 189
　──格 …………………………… 102, 104
　──擬制説 …………………………… 40
　──実在説 …………………………… 40
　──資本主義 ………………………… 17
　──税の実質的軽減 ………………… 200
法的責任 ………………………………… 54
法令 ……………………………………… 38
　──遵守 ………………… 35, 37, 132, 186
ポスト株式会社 …………………… 28, 116
ボランティア …………………… 177, 225
　──思想 …………………………… 186, 206
ボランティア精神 ……………………… 7

〔ま〕

マーストヒリト条約 …………………… 134
マネジメント機能 ……………………… 206

〔み〕

みなし寄附金 …………………………… 200
水俣病 …………………………………… 63
身分 ……………………………………… 205
　──から契約へ（from status to contract）

索引 251

……………………………… 81
民営化 …………………………… 184
民主主義 ………………………… 97

〔め〕

メイン（Henry Summer Main）………… 81
メセナ …………………………… 49
メチル水銀化合物 ……………… 63
メディア …………………… 18, 116

〔も〕

目的運営論 ……………………… 26
物言う株主 ……………………… 171
モラル …………………………… 18

〔ゆ〕

有価証券報告書 ………………… 76
有限責任 ………………………… 17
——制度 ……………………… 26
郵政株式会社 …………………… 184
郵政事業 ………………………… 184
——庁設置法 ………………… 184
郵政民営化 ……………………… 184
癒着構造 ………………………… 113

〔よ〕

ヨーロピアン・マルチ・ステークホルダー・フォーラム（EMSF on CSR）… 62
抑止力 …………………………… 91
抑制と均衡 ……………………… 97
欲望 ……………………………… 91
横浜行動計画 …………………… 160
横浜宣言 ………………………… 160
欲求 ……………………………… 24

〔り〕

利益第一主義 …………………… 59
利益団体 ………………………… 165
利益配分 ………………………… 151
利益分配 ………………………… 154
利害関係者 ………………… 77, 124
——の細分化 ………………… 74
——の範囲画定 ……………… 136
——の分類 …………………… 80
——論 …………………… 40, 73, 135
——論の否定 ………………… 72
利害調整 ………………………… 128
利権構造 ………………………… 183
リコール隠し …………………… 47
理事 ……………………………… 209
理事会（Executive Directors）
………………………… 209, 216, 223
——・監事・会計監査設置社団法人
……………………………… 216
利潤活動 ………………………… 35
理想 ………………………… 27, 38, 91
立憲主義思想 …………………… 101
立法上の自由の画定 …………… 105
良心 ………………………… 110, 136, 151
臨時計算書類 …………………… 212

〔ろ〕

倫理 ……………………………… 206
——規則 ……………………… 40
——規範 ……………………… 182
——性の確立 ………………… 36
——的責任 …………………… 54
連結計算書類 …………………… 212
労働契約 ………………………… 74
労働サービス …………………… 74
労働問題 ………………………… 107
ロビー活動 ……………………… 107
論理経営学 ……………………… 29

著者紹介

小島　大徳（こじま　ひろとく）

- 1975年　岐阜県関市に生まれる
- 2004年　東洋大学大学院経営学研究科博士後期課程修了
  博士（経営学）
- 2004年　神奈川大学経営学部 専任講師
- 2006年　神奈川大学経営学部・大学院経営学研究科 准教授，現在に至る

専門分野　経営学，コーポレート・ガバナンス論
主要著書　『市民社会とコーポレート・ガバナンス』文眞堂，2007年。
『世界のコーポレート・ガバナンス原則—原則の体系化と企業の実践—』
文眞堂，2004年。

大　学　〒259-1293
　　　　神奈川県平塚市土屋2946
　　　　神奈川大学経営学部　小島大徳研究室
　　　　TEL：0463-59-4111（内線2210）
　　　　FAX：0463-58-9688

著者との契約により検印省略

2009年11月11日　初版発行

企業経営原論

著　者	小　島　大　徳
発行者	大　坪　嘉　春
印刷所	税経印刷株式会社
整版所	美研プリンティング株式会社
製本所	牧製本印刷株式会社

発行所　東京都新宿区下落合2丁目5番13号　株式会社　税務経理協会
郵便番号 161-0033　振替 00190-2-187408　電話（03）3953-3301（編集部）
　　　　FAX（03）3565-3391　　　（03）3953-3325（営業部）
URL　http://www.zeikei.co.jp/
乱丁・落丁の場合はお取替えいたします。

© 小島大徳 2009　　　　　　　　　　　Printed in Japan

本書を無断で複写複製（コピー）することは，著作権法上の例外を除き，禁じられています。本書をコピーされる場合は，事前に日本複写権センター（JRRC）の許諾を受けてください。
JRRC(http://www.jrrc.or.jp　eメール：info@jrrc.or.jp　電話：03-3401-2382)

ISBN978-4-419-05388-8　C3034